儒文化心理学

李炳全　著

WUHAN UNIVERSITY PRESS
武汉大学出版社

图书在版编目（CIP）数据

儒文化心理学/李炳全著.—武汉：武汉大学出版社,2024.11
ISBN 978-7-307-24118-3

Ⅰ.儒… Ⅱ.李… Ⅲ.儒家—文化—心理学—研究 Ⅳ.B222.05

中国国家版本馆 CIP 数据核字（2023）第 221018 号

责任编辑:周媛媛　孟跃亭　　　责任校对:牟　丹　　　版式设计:文豪设计

出版发行:**武汉大学出版社**　（430072　武昌　珞珈山）
　　　　　（电子邮箱:cbs22@ whu.edu.cn　网址: www.wdp.com.cn）
印刷:湖北金海印务有限公司
开本:720×1000　1/16　印张:18.25　字数:271 千字
版次:2024 年 11 月第 1 版　　　2024 年 11 月第 1 次印刷
ISBN 978-7-307-24118-3　　　定价:88.00 元

自　序

2021 年 4 月，习近平总书记在清华大学建校 110 周年校庆日来临之际视察清华大学时指出："广大青年要爱国爱民……不断坚定'四个自信'，不断增强做中国人的志气、骨气、底气，树立为祖国为人民永久奋斗、赤诚奉献的坚定理想。"[1] 在庆祝中国共产党成立 100 周年大会上，习近平总书记寄语中国青年："要以实现中华民族伟大复兴为己任，增强做中国人的志气、骨气、底气，不负时代，不负韶华，不负党和人民的殷切期望！"[2] 在以上讲话中，习近平总书记始终把做中国人放在极其重要的位置。那么，什么是中国人？为什么要做中国人？怎样把中国的学生培养成中国人？这是我们必须弄清的问题。中国人是具有中华文化心理特质尤其是中华文化精神的人。中国的教育要把学生培养成中国人，首先需要培养学生具有并不断增强对中国人的认同感、自豪感，增强做中国人的志气、骨气和底气。要做到这一点，就需要培养并不断强化人们具有中华文化心理特质尤其是

---

[1] 新华网．习近平在清华大学考察时强调 坚持中国特色世界一流大学建设目标方向 为服务国家富强民族复兴人民幸福贡献力量 [EB/OL]．（2021-04-19）[2022-07-18]. http://www.xinhuanet.com/politics/2021-04/19/ c_1127348921.htm.

[2] 新华网．习近平：在庆祝中国共产党成立 100 周年大会上的讲话 [EB/OL]．（2021-07-15）[2022-09-05].http://www.xinhuanet.com/2021-07/15/c_1127658385. htm?ivk_sa=1023197a.

中华文化精神。这是因为：（1）中华文化是中华民族的精神标志，中华文化精神是中国文化的内核和灵魂，是中华民族的立世之本。（2）中华文化的心理特质是中华民族在其发展历史进程中解决所面临的问题或矛盾的独特方式，形成独特的中华文化（民族）精神、基本人生态度、情感方式、思维模式、致思路径和价值尺度。中华文化精神是中华民族作为主体所生发出来的中国人自古至今所具有的内生本质特性。（3）既然中国的教育培养的是中国人，那么应培养学生具有中华文化心理特质，尤其是中华文化精神。（4）依据民族性，应当把中华优秀文化心理品质尤其是中华文化精神作为中国学生应具备的核心素养。

近些年，我国一些人特别是一些文化名人和青少年，他们缺乏文化自信、民族认同感、自豪感，不敢、不愿甚至羞于认同自己的中国人身份，出现了"精日"（精神日本人的简称，指极端崇拜"二战"日本军国主义并仇恨本民族，在精神上将自己视同军国主义日本人的非日籍人群）、"精美"（精神美国人的简称，此类人一般难以成为真正的美国人，却处处宣扬美国的好、中国的差）等精神上的外国人，这些人以自己在精神上认同的外国人自居，处处贬低乃至攻击中国，产生了极其恶劣的国际和国内影响，严重损害了中国的国际形象。导致这一现象的原因主要有：（1）西方国家的舆论战。西方国家利用其先进舆论工具和手段行大肆污蔑、抹黑中国之能事，极力损害中国的形象，使得一些对中国不了解或由于种种原因对中国存在疑虑的人在西方的舆论战下被"洗脑"。（2）自近代以来，由于西方在科技、军事、经济等多方面的优势，一些国人产生自卑心理甚至奴才心理，缺乏民族自信和文化自信，在晕轮效应、刻板印象等心理作用下，戴着有色眼镜看待和评判中国和外国，高估自己认可的外国，而低估自己所在的中国。（3）自近代以来国内外出现的对中国文化的否定，导致一些国人的文化身份认同出现紊乱。（4）一些精神紊乱、崇洋媚外之人尤其是那些有影响的网络大"V"对中国的贬低和对发达国家的过分抬举，导致部分人出现认知偏差，在中国人身份认同上出现"软骨病"，志短心穷，底气匮乏。要解决这些问题，需要开展以培养中华文化心理特质为内容，以中华文化精神为核心的文化教育，持续有力地培养和强化学生的文化自信，增强他们做中国人的志气、骨气和底气。之所以以中华文化精神为核心，是因为中华文化精神是中华文化的根和魂，正是具备了中华文化精神，中华民族才得以战胜一个个艰难险阻和敌人，对人类发展做出巨大贡献。

2014 年，习近平总书记在中共中央政治局第十三次集体学习时强调，"博大精深的中华优秀传统文化是我们在世界文化激荡中站稳脚跟的根基。"[1] "中华文化源远流长，积淀着中华民族最深层的精神追求，代表着中华民族独特的精神标识，为中华民族生生不息、发展壮大提供了丰厚滋养。"[2][3] 习近平总书记明确指出中华优秀传统文化对中华民族存在与发展的重要性和必要性。由于中华文化是中华民族枝繁叶茂的根，是中华民族赖以立足和发展之本，因此必须传承和发展中华文化。2017 年中共中央办公厅、国务院办公厅印发的《关于实施中华优秀传统文化传承发展工程的意见》指出："文化是民族的血脉，是人民的精神家园。文化自信是更基本、更深层、更持久的力量。中华文化独一无二的理念、智慧、气度、神韵，增添了中国人民和中华民族内心深处的自信和自豪。"优秀的中华文化已深刻融入中华民族血脉，蕴含着中华民族最强大的精神基因，是中华民族的精神支柱，能够为中华民族的生存和发展提供不竭的巨大精神力量。正是在中华文化的养育、支撑和激励下，中华民族才能不断战胜一切艰难险阻和一次次危机而屹立于世界之林，不断发展强大，经久不衰。可以说，中华文化是中华民族文化自信的底气和基石，因此，我们必须以坚定的信心和决心继承和发展中华文化，把它发扬光大。继承和发展中华文化的根本路径是把新生代的自然人培养成具有中华文化心理品质的文化人或社会人。这就凸显了开展中华文化教育的必要性和重要性。2019 年中共中央、国务院印发的《新时代公民道德建设实施纲要》（以下简称《纲要》）开篇指出："中华文明源远流长，孕育了中华民族的宝贵精神品格，培育了中国人民的崇高价值追求。"《纲要》既指出了中华文化及文化心理品质

[1] 习近平 . 把培育和弘扬社会主义核心价值观作为凝魂聚气强基固本的基础工程 [N]. 人民日报，2014-02-26.

[2][3] 共产党员网 . 习近平在中共中央政治局第十三次集体学习时强调 把培育和弘扬社会主义核心价值观作为凝魂聚气强基固本的基础工程 [EB/OL]. （2014-02-25）[2022-09-05].https://news.12371.cn/2014/02/25/VIDE1393328405843340.shtml.

的价值，坚定了弘扬和发展中华传统文化的信心，同时，还指出了弘扬和发展中华文化的路径，就是培育公民具有中华民族的精神品格和价值追求，这就需要开展中华文化教育。

中华优秀传统文化教育是落实立德树人根本任务的重要基础，也是近年来教育研究和实践领域的重要问题和热点话题。2014年教育部印发的《完善中华优秀传统文化教育指导纲要》针对当前我国优秀传统文化传播与教育的现状及所反映的问题，指出要"分学段有序推进中华优秀传统文化教育"，并且要"加强各学段的有机衔接"。

中华优秀传统文化主要由各具特色又相互融合的儒、道、佛三大主体文化构成。其中，儒文化是自西汉以来一直占据中国文化主导地位的文化，在当代，更是形成了与时俱进的新儒学，其在塑成中华民族积极向上的自我超越精神和为人处世积极心态等方面具有十分积极的作用。人们常说的"中国是礼仪之邦""中华民族是善良、勇敢的民族"等，基本上是儒文化心理的体现。

之所以选择儒文化心理进行研究，与笔者的经历和学术研究方向有关。笔者自小就喜欢中国文化。小时候，村里的大人们在茶余饭后、农闲时，经常在一起谈论中国的神话故事、民间传说、历史人物。通过这些谈论，笔者知道了孔子是圣人，民间传说其为文曲星下凡，赋予孔子很高的地位。大人给笔者起的名字（怀仁）就与儒家文化有关。虽然当时懵懵懂懂，但笔者幼小的心里产生了对中国文化故事的好奇和学习它们的动机。

在那时，文化生活相对来说比较匮乏，主要是一些比较传统的形式，如说书、唱戏等。一些说书的人被邀到村里说书，说一些中国古典文学作品、鬼神怪异和奇人异事。说书人的精彩讲述激发了笔者的好奇心，使笔者产生了了解中国文化故事、民间传说等的念头。还有，笔者偶尔会去县城看当地的怀梆剧团唱戏，村里也偶尔请民间戏团到村里唱戏。虽然文化生活方式少，看戏的次数也寥寥，但是笔者对戏曲生了喜爱，在戏曲内容的影响下产生了想了解戏曲中所唱的事件、背景等想法。上小学时，笔者晚上睡觉的木板楼上有几箱老人留下的线装书，其内容题材有小说、戏曲、诗词等。由于当时可看的图书比较匮乏，所以没事的时候笔者经常去楼上看这些老书，从这些书中获取了零碎的中华文化方面的知识，产生了对中华文化的兴趣，对中华文化有了初步印象。

在阅读中，笔者逐渐被中国浩瀚的历史及丰富深邃的思想吸引，这以后，只要有这方面的图书，笔者都尽量去阅读。在不断的阅读学习中，逐渐明白儒家思想中蕴含非常丰富、深邃的积极心理思想。例如，在中学时学习孟子的"生于忧患，死于安乐"（《孟子·告子章句下》）、荀子的《劝学》等富有哲理的文章，使人能从中明白深邃的为人处世的道理。"生于忧患，死于安乐"中所表达的"艰难困苦是磨炼人承担大任的素养途径"是非常积极的心理学思想，这一思想告诉人们要以积极乐观的心态对待人生道路上的艰难困苦，乐于迎接艰难困苦的磨炼。《劝学》中所表达的"锲而不舍""青出于蓝而胜于蓝""不积跬步，无以至千里"等积极心理学思想，对人们的学习、生活、工作具有积极的启迪作用。从这些思想中，笔者逐渐体悟到儒家思想的博大和积极价值，更加想了解儒文化心理。

上大学后，笔者所学的专业是关于学校教育，在所学的课程中有"中国教育史""西方教育史""西方心理学史"等，通过对这些课程的学习，一方面，更加认识到包括儒文化在内的中国文化的博大精深，进一步强化了要深入研究包括儒文化在内的中华文化的兴趣；另一方面，逐渐认识到中西方的思想差异，在内心逐渐产生了为什么中西方思想会出现巨大差异的疑问。这使笔者产生了想去弄清心理和行为的文化差异的心理倾向，成为笔者从事文化心理学研究的最初苗头，为以后从事文化心理方面的研究提供了动力。笔者研究生学的专业是心理学，当时的心理学书都是苏联和西方的心理学研究成果和理论，尽管从中学到了丰富的心理学知识和方法，感受到心理学的学海无涯，进一步加深了对心理学的兴趣，但更加深了笔者对中国心理学的困境之问的思考。

1981年4月，时任中国心理学会主席的荆其诚先生出席英国心理学年会，接着又应邀访问法国巴黎。在出访过程中，他发现国外同人对中国心理学充满了好奇，经常向他提问："你们有悠久的文化传统，历史上有优秀的哲学家，那么你们的心理学吸收了哪些中国古代的和近代的哲学思想，诸如孔夫子和毛泽东的思想？你们搞了30年心理学，你们的心理学有什么特点，与外国的心理学有什么不同？你们有没有像皮亚杰（Piaget）、斯金纳（Skinner）那样能自成体系或学派的心理学家？"这些问题暗含着"除

了西方心理学的东西外，中国的心理学还有什么？"或者"中国的心理学中哪些才是真正的中国心理学？"这一令中国心理学人尴尬的问题深深刺痛了中国心理学工作者的心，却警醒和激励了中国心理学工作者对中华文化中的心理学思想的探究。自此以后，潘菽、高觉敷、荆其诚等老一辈心理学家开始重视具有中国特色的心理学建设。

潘菽先生积极致力于中国心理学的特色建设。他指出："我国心理学必须走自己的路，建立我国特色的科学心理学体系，以便能更好地为我国社会主义建设服务。"在潘先生看来，要构建中国特色的心理学，中国传统心理学思想是不可或缺的。他强调："中国古代心理学思想是一个丰富的宝藏，必须认真整理这份丰富且宝贵的先人的遗产，吸收其有益的成分，为建立中国特色的科学心理学服务。"正因为如此，中国心理学工作者必须继承和发展中国古代心理学思想，将其纳入中国科学心理学的体系中，使之成为中国特色心理学的有机组成部分。要建立中国特色的心理学，必须解决三个问题：什么叫"有中国特色的心理学"、为什么要"建立有中国特色的心理学"和怎样"建立有中国特色的心理学思想"。为解决这些问题，潘先生既亲力亲为开展研究，还注重研究团队的建设和后备研究人才的培养。

我国心理学先驱、心理学史的奠基者高觉敷先生积极致力于中国特色的心理学建设，他通过研究取得了丰硕的研究成果。高先生深刻认识到，中国心理学的发展要两条腿走路。在心理学史研究上，他既强调研究西方心理学史，也注重中国本土的心理学思想史的研究，特别重视挖掘我国古代的心理学思想。在理论心理学研究上，他既重视西方的心理学理论研究，也重视中国心理学理论研究。鉴于我国的心理学主要学习西方和苏联的心理学理论，缺乏自己的本土特色和理论体系，高先生等我国心理学前辈们充分认识到建立中国本土心理学的重要性和迫切性，积极呼吁开展具有中华文化特色的心理学研究。他认为，中国是一个古老的国家，在有文字可考的几千年的历史中出现了众多的著名思想家，他们的思想中蕴含着丰富的心理学思想，因此可称他们为心理学思想家。不过，他们的心理学思想不是一个独立的体系，而是散见于他们的政治、军事、社会、管理，尤其是哲学思想之中。要建构中国本土特色的心理学，就需要到包含着丰富且深邃的心理学思想的著作中去挖掘、梳理和发展。正是基于此，高先生大力倡导中国古代心理学思想研究，积极推进"中国心理学史"学科建设。1983年，高先生与潘先生一起主编了《中国古代心理学思想研究》，后高先生又主编了《中国心理学史》。为把中国心理学研究开展好、建设好，高先生强调要全面研究各方面的心理学思想，既要研究中国的，又要把中国的与西方的心理学思想或理论进行比较研究，为此他确立了比较研究法，即将中西方的心理学概念、思想、理论进行对比研究，以便更好地揭示中国心理学史研究的意义。高先生的这些思想和做法对促进中国本土心理学建设，打通中国心理学发展的历史脉络，乃至弥补西方心理学思想的不足，架构中西方心理学之间的联系与桥梁都具有十分重要的意义。

　　荆其诚先生与潘菽先生、高觉敷先生一样是中国特色心理学的积极倡导者。1984年，他在《中国心理学与四个现代化》一文中指出："在中国，仅有一部分的心理学（比如大部分'硬的'心理学与心理生理学方法）能够适合我们的文化，而'软的'心理学，也就是心理学的社会部分，在移植的过程中就有困难。对后者而言，我们必须创立一种符合我们国家条件的、具体文化的心理学。"之后，荆其诚先生在国际期刊陆续发表了多篇介绍中国心理学的文章，在强调中国应向国外学习的同时，开始着手将中国心理学的研究成果推介到国外。他利用中国心理学界将关于中国心理学史研究的最新成果告诉国外同人，中国儒家与古希腊哲学、印度佛学一样，构成了中国心理学的古代根源。他指出，中国的心理学思想历史非常悠久，"可以追溯到两千年前古代哲人对于人性善恶的争论"。荆先生还详细介绍了孔子的人性观、人格观及人格发展观，将孔子"性相近也，习相远也""吾十有五而志于学，三十而立，四十而不惑，五十而知天命，六十而耳顺，七十而从心所欲，不逾矩"等名言原文介绍到国外。他认为，中外心理学交流并非新近之物，而是自古有之。13世纪的马可·波罗及后来的艾儒略、毕方济等西方传教士就是"将西方经院心理学的一些基本理论传送到中国的使者"。除了中西文化交流外，中国心理学也有许多的独特见解与闪光之处。例如，中国的李时珍就已经在《本草纲目》中详细地阐述过心理治疗的相关原理。

　　正是在这样的背景下，带着兴趣和困惑，笔者开始对中国文化心理尝试探究之路。在攻读研究生和毕业工作以后，开始从中华文化思想的视界开展心理学研究。先是从中国独特的文化思想——阴阳学说的视界探讨心理现象。依据阴阳学说，把包括物质的脑在内的身体视为阴，把心理活动视为阳，认为作为阳的心理活动是作为阴的物质的身体尤其是脑的运动方式或活动形式。那段时间的思考和研究尝试为以后的研究奠定了基础，虽然那时没有成果发表或出版，但至少使笔者明白，研究中华文化心理既有价值也很有趣，更对自己的学术发展有益，有助于确立自己的研究方向和研究特色。

真正把笔者带入文化心理学研究的是恩师叶浩生先生。2001年，笔者十分荣幸到南京师范大学跟随叶老师学习，叶老师当时已经成为国内的心理学史和理论心理学的领军人物。20世纪90年代末，恩师开始带领团队对西方心理学的新发展取向进行系统研究。为了把研究做好，叶老师分配给自己的学生每人一个主攻方向。笔者有幸分到了研究文化心理学这一心理学新取向，由此开始了对文化心理学的系统研究。通过研究，笔者系统了解了文化心理学的研究对象、内容、方法、主要理论思想等，进一步加深了对文化心理和行为的差异性或独特性的认识和理解，由此更加明确了中华文化心理具有独特性，中国的心理学应当且必须研究中华文化心理，建构中国特色的心理学必须以对中华文化心理的研究为基础和前提条件。在叶老师的悉心指导下，笔者于2004年完成了关于文化心理学研究的题为《人性彰显和人文精神的回归与复兴——文化心理学研究与建构》的博士论文。论文在系统厘清文化心理学的理论体系的基础上，还专门在最后一章对中国文化心理学建设进行了阐述。这为笔者以后从事中国文化心理学研究作了铺垫。博士论文经过后来的研究补充完善，最后作为恩师主编的"心理学新进展丛书"之一于2007年由上海教育出版社出版。

通过对文化心理学的研究和著作的写作，我的研究思路更加清晰，研究方向更加明确。文化心理学作为一个新的心理学取向，积极回归和复兴长期以来被主流心理学家忽视的人文主义心理学取向，重新恢复了人或人性在心理学研究中的地位，使心理学研究重新回归到真正的对人的研究的道路上来，彻底改变了以往主流心理学以"物性"研究替代"人性"研究的状况，因而必将有助于心理学走出科学主义心理学所坚持的还原论、操作主义和原子主义给心理学发展所带来的困境，克服主流心理学内在固有的、自身无法克服的局限性，促进心理学的健康发展。因此可以说，文化心理学的产生和发展对于整个心理学来说具有十分重要的意义。正因如此，研究和发展文化心理学十分重要和必要。文化是人的存在方式，是以人为中心所建构起来的意义世界，人总是文化的人，因而对文化的研究是研究人所不可或缺的。之所以这样说，是这样的研究能够促进对人的存在和生活方式的理解和鉴赏，认识到人的价值和意义，促进人的优化或发展，使人的生命更有意义。这对于当今社会中人的价值失落和研究人的心理学中"没有人"——人的本体失落来说显得尤为重要。而文化心理学正是这样一门学科或取向，它的研究在很大程度上能促进人们对自身的深层认识或解读，为人更好地选择发展道路提供指导，帮助人解决存在和发展中的问题。这说明文化心理学对心理学和人的存在与生命之优化都是很有价值的。因为通过对文化心理学的研究，可以更好地发挥其作用，促进心理学对"人性"的张扬，对人文精神的回归和复兴，最终为人的存在和优化服务。既然如此，中国心理学研究首先要为中国人的存在和优化服务，为中国社会经济和谐发展服务，为此就需要进行中国文化心理学研究。正是基于这样的认识和考量，笔者在研究文化心理学的基础上，开始有意识地进行中国文化心理学研究。

博士毕业以后，笔者一方面继续开展文化心理学研究，另一方面逐渐把研究方向开始向中国文化心理学转移。在已有的文化心理学研究基础上，取得较为丰硕的成果后，笔者开始着手中国文化心理学方面的研究。如前所述，在博士论文及以博士论文为基础出版的《文化心理学》的最后一章和后记中提出该设想，并作了初步探索。为此组织成立研究小组，以"中国文化心理与和谐广东建设研究"（立项编号：06A02）为题申报2006年广东省哲学社会科学规划课题并有幸获得立项。经过几年努力，我们取得了一定的研究成果，发表了多篇学术论文。2011年，我们又以"珠三角新生代农民工城市文化适应的文化心理学研究"（立项编号：GD11CSH03）为题申报广东省哲学社会科学规划课题并有幸获得立项，该课题从当代中国文化心理层面进行研究。通过研究，完成了一部中国文化心理学的书稿，该书于2016年以《中国人的心理和行为解密：中国文化心理学研究与构建》

为书名由广东教育出版社出版。

在对中国文化心理学研究取得一定成果的基础上，笔者逐渐认识到，要弄清中国文化心理，需要深入中国文化的各组成部分开展研究，由此对中国文化心理的研究逐步深化，开始着手研究中国文化的三大组成部分（儒、道、佛）的文化心理学研究。由于中国化的佛教——禅宗的真正创建者惠能出生和圆寂在南海新兴（今属广东），主要弘法地在广东韶关，所以就先对禅文化心理学进行研究。2015 年，以题为"基于文化心理学视界的六祖心学研究"（立项编号：15YJAZH029）申报教育部人文社会科学项目并有幸获得立项。经过几年研究，取得了一定的成果，发表了数篇文章，完成了《多学科视界下的禅心理学》一书。在研究禅文化心理学的过程中，笔者发现禅文化与中国本土产生的儒、道文化密切相关，从禅宗初祖菩提达摩到六祖惠能在积极汲取儒、道文化思想的基础上实现佛教的中国化，故此，在禅文化心理学研究告一段落之后，开始儒、道文化心理学研究。由于儒家思想是春秋战国时期极具社会影响的思想学派，是自汉武帝"罢黜百家，独尊儒术"以来在中国历史上始终占据主导地位的文化思想，且在当今社会儒学开始复兴，在世界范围内形成了具有广泛世界影响力的新儒学，这说明儒家学说的生命力和影响力巨大。历史上，儒思想家提出的许多概念和警句富有精辟的义理，儒家的经典著作中包含着经世治学之道，过去的中国社会和谐稳定得益于这些思想，现今乃至今后中国社会的发展也要从中寻求社会发展之道和智慧。北宋初年的丞相赵普说"半部《论语》定天下，半部《论语》治天下"[1]；李光耀以儒文化价值观为基础把新加坡建成了一个既有秩序又有活力，既有市场经济又有强有力政府的东方模范社会，成了传统儒家文化适应新时代社会的典范。在 21 世纪，儒文化思想或学说会给人们以新的启迪。罗斯文（Henry Rosemont）、安乐哲（Roger Ames）等著名学者都认为，中国传统儒家思想与当代社会发展关系密切，意义重大；儒家思想能够为解决当前世界各种危机（其实质是遍布于全球

---

[1] 出自宋罗大经《鹤林玉露》卷七。原文是"赵普再相，人言普山东人，所读者止《论语》，盖亦少陵之语也。太宗尝以此语问普，普略不隐，对曰：'臣平生所知，诚不出此。昔以其半辅太祖定天下，今欲以其半辅陛下致太平。'普之相业，固未能无愧于《论语》，而其言，则天下之至言也"。

各地生活领域的伦理危机）提供可贵的生活资源。所有这些都表明，儒文化思想具有重要的历史价值和现实价值。正是基于此，笔者选择儒文化心理学作为研究课题，积极开展这方面的研究，在较为系统深入研究的基础上，把研究成果加以整合系统化，完成本书。

在本书中，笔者提出了一些基本的思想观点。这些思想观点主要有：（1）文化是心理和行为，是民族心理和行为。（2）儒文化心理思想具有强盛的生命力，其原因是具有普适实践价值和理论价值，对中国乃至世界哲学思想的构建与发展，以及人们的日常生活特别是生活质量的提升和生命意义的实现有十分重要的价值或意义。（3）研究儒文化心理学，对构建具有中国式哲学社会科学十分重要和必要。（4）儒文化心理学是富有人文精神和人道主义思想的修身养性和进德修业的学说，是当今国际上有着广泛影响的思想学说和人们建功立业的重要理念和方法。（5）从学习儒文化的目的上看，根本目的是开启生命智慧，培养积极心态，实现生命意义和社会价值。（6）儒文化是中国优秀文化的有机组成部分，对构建中国式哲学社会科学体系大有裨益。

笔者撰写本书的基本目标是建构儒文化心理学，终极目的是切入当代人的精神缺失、信仰危机、价值失落等社会问题，缓解当代人的焦虑和精神痛苦，引导当代人形成身心和谐的健全自我，提升生命质量和人生境界，建功立业，实现自我价值和社会价值，处理好人与环境、社会等各方面的关系。

笔者能完成本书，应感谢的人很多：（1）感谢恩师叶浩生先生，是他引领笔者进入文化心理学领域，并经常给笔者以指导、鼓励与督促。（2）感谢书中所参考的许多资料的作者，有些在书中已经注明，有些则由于种种原因在完成书稿时查阅不到而未注明。（3）感谢肇庆学院教务处、科研处，他们为完成所做的研究提供了极大的帮助，既为本书的前期研究提供了研究资金，又为本书出版提供了一定的资金（出版基金）。（4）感谢阅读本书稿并提出宝贵意见的人，他们为本书稿的修改完善做出了难以忘怀的贡献。（5）感谢肇庆学院应用心理学重点学科组和广东省本科高校教学质量与教学改革工程项目"应用心理学专业人才示范基地"课题负责人张旭东院长和课题组其他成员，他们为完成本研究付出了艰辛的劳动。

本书是肇庆学院应用心理学重点学科和广东省本科高校教学质量与教

学改革工程项目"应用心理学专业人才示范基地"和广东省"质量工程与教学改革项目"之"特色专业项目"之"应用心理学"的研究成果之一，体现了肇庆学院应用心理学专业的办学特色。

当然，儒文化心理学非常广博与深奥，本书仅述其一隅，欲窥其全貌只能寄希望今后有学者进行更为细致、深入的研究。希望本书能够起到抛砖引玉的作用，引发更多的学者进入儒文化心理学研究。另外，由于作者水平和收集资料所限，难免存在疏漏之处，恳请各位读者不吝赐教，以便我们今后更好地开展研究。

目　录

第一章　认识儒文化心理学

研究儒文化心理学，首先要弄清几个问题：（1）何为儒文化心理学？本章主要通过对这些问题的回答，弄清儒文化心理学的基本理论问题，带您认识儒文化心理学。（2）研究儒文化心理学的原因，即为什么要研究儒文化心理学？（3）研究儒文化心理学的价值，即研究儒文化心理学有何现实价值？

第一节　研究儒文化心理学的缘由

之所以选择研究儒文化心理学，主要有如下几个方面的原因。

一、增强文化自信，传承和发展中华优秀文化的需要

之所以要继承、弘扬和发展中华优秀文化，是因为，"中华优秀传统文化源远流长、博大精深，是中华文明的智慧结晶，其中蕴含的天下为公、民为邦本、为政以德、革故鼎新、任人唯贤、天人合一、自强不息、厚德载物、讲信修睦、亲仁善邻等，是中国人民在长期生产生活中积累的宇宙观、天下观、社会观、道德观的重要体现，同科学社会主义价值观主张具

有高度契合性"[1]。2016年，习近平总书记在哲学社会科学工作座谈会上的讲话指出："中华民族有着深厚文化传统，形成了富有特色的思想体系，体现了中国人几千年来积累的知识智慧和理性思辨。这是我国的独特优势。中华文明延续着我们国家和民族的精神血脉，既需要薪火相传、代代守护，也需要与时俱进、推陈出新。要加强对中华优秀传统文化的挖掘和阐发，使中华民族最基本的文化基因与当代文化相适应、与现代社会相协调，把跨越时空、超越国界、富有永恒魅力、具有当代价值的文化精神弘扬起来。要推动中华文明创造性转化、创新性发展，激活其生命力，让中华文明同各国人民创造的多彩文明一道，为人类提供正确精神指引。要围绕我国和世界发展面临的重大问题，着力提出能够体现中国立场、中国智慧、中国价值的理念、主张、方案。"[2]习近平总书记明确指出了传承和发展中华优秀文化的重要性、必要性和紧迫性，要求结合当代实际创新性发展中华优秀文化，使中华优秀文化具有时代活力。之所以要重视发展中华优秀文化，是因为中华优秀文化是中华民族的精神支柱，能够为中华民族的生存和发展提供无穷的精神力量。可以说，中华优秀文化是我们文化自信的底气和基石，因此，我们必须以坚定的信心和决心继承和发展中华优秀文化，把它发扬光大。

儒文化自汉武帝"罢黜百家，独尊儒术"以来一直占据中华优秀文化的主流，因此，传承和发展中华优秀文化，实际上是传承和发展以儒文化为主导的文化。《关于实施中华优秀传统文化传承发展工程的意见》要求传承和发展的中华优秀文化的主要内容大多是儒文化所包含的内容。如讲仁爱、重民本、守诚信、崇正义、尚和合、求大同等核心思想理念；天下兴亡、匹夫有责的担当意识，精忠报国、振兴中华的爱国情怀，崇德向善、见贤思齐的社会风尚，孝悌忠信、礼义廉耻的荣辱观念，体现着评判是非

---

[1] 习近平. 高举中国特色社会主义伟大旗帜 为全面建设社会主义现代化国家而团结奋斗——在中国共产党第二十次全国代表大会上的报告 [N]. 人民日报，2022-10-26.

[2] 中共中央文献编辑委员会. 加快构建中国特色哲学社会科学 [M]// 习近平著作选读：第一卷. 北京：人民出版社，2023：480.

曲直的价值标准，自强不息、敬业乐群、扶危济困、见义勇为、孝老爱亲等中华传统美德；求同存异、和而不同的处世方法，文以载道、以文化人的教化思想，形神兼备、情景交融的美学追求，俭约自守、中和泰和的生活理念等人文精神。2014 年教育部印发的《完善中华优秀传统文化教育指导纲要》所阐述的主要教育内容是儒文化的基本内容，例如，以天下兴亡、匹夫有责为重点的家国情怀，以仁爱共济、立己达人为重点的社会关爱，以正心笃志、崇德弘毅为重点的人格修养等。因此，研究儒文化心理学，明晰和系统化儒文化中的积极心理思想，有益于深化对中华优秀传统文化重要性的认识，增强文化自觉和文化自信；有益于挖掘中华优秀文化价值内涵，以及激发其生机与活力；有益于构建中华优秀文化传承发展体系；有益于传承中华文脉、全面提升人民群众文化素养、维护国家文化安全、增强国家文化软实力、推进国家治理体系和治理能力的现代化。

二、培养有志气、骨气和底气的中国人的需要

中华文化的传承和发展是通过一代代中国人的中华文化化而实现的。人的中华文化化实质上就是培养人具有中华文化心理品质。培养人的过程实际上是教育的过程，也就是说，文化化是培养人的文化心理品质的文化教育。所以，培养人的中华文化心理品质实质上就是中华文化教育。继承和发展中华文化的根本路径是把新生代的自然人培养成具有中华文化心理品质的文化人或社会人。这就凸显出开展中国文化教育的必要性和重要性。习近平总书记非常重视培养有志气、骨气和底气的中国人。2021 年 4 月他在视察清华大学时，强调应培养和不断增强做中国人的志气、骨气和底气。2021 年在中国共产党成立 100 周年的大会上，他又一次强调培养有志气、骨气和底气的中国人，殷切希望年青一代要有并不断增强做中国人的志气、骨气和底气。

志气是积极上进和承担并完成某种任务或使命的决心和勇气，是一个人的理想和信心的体现。《论语·子罕》中言："三军可夺帅也，匹夫不可夺志也。"如果一个人有志气，那么其奋斗目标通常十分明确，意志非常坚定，无畏并勇于解决任何艰难困苦，甚至乐于迎接各种艰难困苦的挑战，越是艰难困苦，越是兴奋，斗志越强，充分展现志气的精神、力量。

有志气的中国人不会被任何艰难困苦吓倒、难倒，而是将其作为磨炼自己、增益自己所不能的机会。这正是儒文化特别强调的。由此可以看出，儒家文化在锻造做中国人的志气方面有着特别重要的作用。

骨气是指人刚强不屈的人格及操守。缺乏骨气的人就会奴性、媚性十足，缺乏自信、自强；反之，如果一个人有骨气，就会坚贞不屈，奋勇向前。孟子把骨气作为大丈夫、真君子的重要品质。他指出："富贵不能淫，贫贱不能移，威武不能屈，此之谓大丈夫。"（《孟子·滕文公章句下》）意思是说，在富贵时，能使自己节制而不挥霍，高官厚禄收买不了自己；在贫贱时不改变自己的意志，经受贫穷困苦的折磨而不屈服；无畏于强权暴力的威胁，在强权下不会改变自己的信念、信仰和态度。这样的人才是大丈夫、真君子。有骨气的中国人自强不息，厚德载物，绝不向任何困难低头，压不扁、折不弯、顶得住、吓不倒，勇于战胜任何困难，勇往直前。儒文化特别强调做人的骨气。孔子、孟子等儒思想家把骨气作为君子的重要心理品质加以强调，甚至把有没有骨气作为判定君子和小人的重要标准。这说明，儒文化在培养和增强做中国人的骨气方面具有十分重要的积极价值。正是在儒文化的熏陶和锻造下，培养了一代又一代有骨气的中国人，塑造出正心笃志、崇德弘毅、坚韧豁达、奋发向上、勤劳勇敢、求真务实、刚毅坚卓、发愤图强等中华民族品格。

底气是指人的劲头、信心和力量，是一个人完成任务和做事情的实力基础和保障，是人发自内心的一股正气、才气和豪气。常言道："没有金刚钻，别揽瓷器活。"其中的"金刚钻"就是"揽瓷器活"的底气。从底气的实质来看，底气是信心和实力的结合体，信心是底气的内在心理品质，实力是底气的基石和保障，是底气的外在表现，二者缺一不可。没有实力而只有信心那是盲目的自信，是自狂自大或狂妄；只有实力而缺乏内在的信心，也不会有底气，因为个体不相信或没有认识到自己有实力，故无底气。在底气中，"底"是基础，而这个基础就是实力。实力包括能力、积极心态等积极的心理品质、知识素养、财力、物力、精神信仰等。"气"是气势、精神状态、心气劲儿等。是否有底气或底气是否充足，决定着人的魄力和办事风格。底气足，则处事雷厉风行、果断有力，做人昂扬向上、独领风骚；底气不足，则畏畏缩缩、优柔寡断，让人不可信、不放心，必失之于软、困之于力、流之于俗、毁之于形。因此，做人需要有底气，干事更需要有底气。

有底气的人，通常能从容面对生活，乐观自信地面对各种挑战和艰难困苦，有大局观，能够掌控局面，甚至主宰人生。当然，底气的主体多种多样，可以是个体，也可以是民族或国家，还可以是职业、群体和组织。有底气的中国人都有中华文化认同感、民族自豪感、文化自信和承担民族发展大任的责任感和使命感。他们对中华民族的发展前景充满信心，以中华民族的伟大复兴为己任，积极培养和增强承担家国责任的实力。鲁迅指出："我们从古以来，就有埋头苦干的人，有拼命硬干的人，有为民请命的人，有舍身求法的人，……这就是中国的脊梁。"这些埋头苦干、为民请命、舍身求法、救民族于危亡的人所具有的以儒文化为主导的中华文化心理特质被一代代传承，成为中华民族屹立于世界之林的基石，也是文化自信和做中国人的底气。由此可以说，儒文化是充满底气的文化，对培养当代人做中国人的底气具有十分重要的意义和现实价值。

综上所述，儒文化是有志气、骨气和底气的文化，对塑成和增强做中国人的志气、骨气和底气有十分积极的作用或价值。正是在儒文化的熏染下，培养出了一代代有志气、骨气和底气的中国人，他们是中国的脊梁，是中华民族生生不息、发展壮大的强有力支撑和活力源泉，是实现中华民族伟大复兴的宏大力量。2016 年 5 月 17 日，习近平总书记在哲学社会科学工作座谈会上的讲话中指出："吸吮着中华民族漫长奋斗积累的文化养分……我们走自己的路，具有无比广阔的舞台，具有无比深厚的历史底蕴，具有无比强大的前进定力，中国人民应该有这个信心，每一个中国人都应该有这个信心。我们说要坚定中国特色社会主义道路自信、理论自信、制度自信，说到底是要坚定文化自信。文化自信是更基本、更深沉、更持久的力量。历史和现实都表明，一个抛弃了或者背叛了自己历史文化的民族，不仅不可能发展起来，而且很可能上演一场历史悲剧。"[1]

三、建设包括心理学在内的中国式哲学社会科学的需要

2016 年 5 月 17 日，习近平总书记在哲学社会科学工作座谈会上的讲

---

[1] 中共中央文献编辑委员会.加快构建中国特色哲学社会科学 [M]// 习近平著作选读：第一卷.北京：人民出版社，2023：479-480.

话中指出："坚持和发展中国特色社会主义，需要不断在实践和理论上进行探索、用发展着的理论指导发展着的实践，在这个过程中，哲学社会科学具有不可替代的重要地位，哲学社会科学工作者具有不可替代的重要作用。"[1]2021 年 4 月，习近平总书记在视察清华大学时指出："要坚持中国特色社会主义教育发展道路，充分发挥科研优势，增强学科设置的针对性，加强基础研究，加大自主创新力度，并从我国改革发展实践中提出新观点、构建新理论，努力构建中国特色、中国风格、中国气派的学科体系、学术体系、话语体系。"[2]习近平总书记系列讲话明确指出建设中国特色哲学社会科学的必要性、重要性，而建设中国特色哲学社会科学必须以中华优秀文化为基础。因为"中华优秀传统文化的资源，这是中国特色哲学社会科学发展十分宝贵、不可多得的资源。……绵延几千年的中华文化，是中国特色哲学社会科学成长发展的深厚基础"。[3]包括中国式心理学在内的中国特色哲学社会科学必须以中华优秀文化为根基。

"式"指模式、方式、形式、式样等。以此来看，"中国式"是指中国模式、方式、形式、式样，即中国独有的或具有中国特点的模式、方式、形式、式样等。中国式哲学社会科学是中国模式、方式、形式、式样的哲学社会科学，即中国独有的或具有中国特点的哲学社会科学，即有中国特点的话语体系、研究对象、元理论和基本理念、方法论、方法等的哲学社会科学，它植根于中华文化，是在中华文化中孕育形成和发展起来的哲学社会科学，其研究对象是中国独特的中国人共享的结构化的"历史—社会—时代"的稳定的深层意义系统，是适应中国的地理环境条件、农业生产形

[1] 人民网. 结合中国特色社会主义伟大实践 加快构建中国特色哲学社会科学 [EB/OL]. （2016-05-18）[2022-09-06]. http://politics.people.com.cn/n1/2016/0518/c1024-28358328.html.

[2] 新华网. 习近平在清华大学考察时强调 坚持中国特色世界一流大学建设目标方向 为服务国家富强民族复兴人民幸福贡献力量 [EB/OL].（2021-04-19）[2022-07-18]. http://www.xinhuanet.com/politics/2021-04/19/ c_1127348921.htm.

[3] 中共中央文献编辑委员会. 加快构建中国特色哲学社会科学 [M]// 习近平著作选读：第一卷. 北京：人民出版社，2023:479.

态等的独具中国特色的适合中国人的存在方式（向世陵，2013）。"大同世界理想""自强不息，厚德载物""平常心""顺其自然""遇到问题解决问题"等就是独具中国特色的存在方式。该意义系统或存在方式既经历长久的历史发展与演变，又被当代社会赋予新的意义或内涵，不仅在历史上对中华文化心理特质和民族性格的形成和发展起着决定性作用，而且在当代社会也制约着中国人的心理活动或行为，在中国人的塑成和发展中发挥决定性作用。

哲学是文化深层，是文化的精髓和灵魂。文化深层又可称为精神文化或文化精神层，是人的文化心态和它在观念上的对象化，是文化的主体和中心或核心部分，体现出文化心理和社会意识的诸形式。"文化心理是指浮现在社会文化表面的某种意向、时尚或趣味，包含在经济、政治、道德、文学、艺术、宗教、哲学等诸方面的观念因素以及由'原始—古代积淀层'（或曰'文化基因'）所制约的人生态度、情感方式、思维模式、致思途径和价值尺度。它往往带有明显的文化本能性"（杨启光，1999）。其中，"原始—古代积淀层"（或曰"文化基因"）是文化心理的核心或深层部分。社会意识是文化种群"对社会存在的一种自觉反映，其诸种形式往往表现为通过专门专家的自觉活动而形成的定型化的思想体系"（杨启光，1999）。从精神文化的结构看，它由文化目标、哲学、种群精神、种群道德和风气等组成，其中种群精神最为重要，是种群价值观的主要部分；而哲学是最高层次，是精神文化最概括、最一般的反映。

中华文化是中国在形成与发展的历史进程中为适应其在地理环境、经济形态、民族心理、语言文字、认知方式等方面的特殊性和特殊需要而产生和发展起来的（向世陵，2013）。中华文化既具有文化一般性或共同本质属性，又有自己的特殊性，是文化的世界性和民族性的统一。植根于中华文化的哲学社会科学有独具鲜明特色的研究问题、概念思想体系、方法论、发展脉络等。其鲜明特色主要表现在辩证思维方式、浓郁的社会情结、独特的研究范畴和基本问题、特色鲜明的概念体系和知识结构（向世陵，2013）。中国式哲学社会科学必须以中华文化为根基和源泉，唯有如此，才能解决中国社会发展所面临的问题，有效地服务于中国社会发展，形成

自己的特色和独特价值。由于儒文化在中华文化中占据主导地位，儒文化心理又是儒文化的核心，因此研究儒文化心理学对建设中国式哲学社会科学具有十分重要的价值或意义。

四、构建中国式心理学的需要

长期以来，在中国心理学界存在几个相互关联、发人深思的问题：（1）以西方白种人文化建构起来的心理学是否具有普适性？是否适用于其他不同于西方文化的文化？（黄光国，1998）（2）现今中国的心理学中有哪些是中国自己的？中国的心理学除了重复验证和改造西方心理学的研究和理论外，对世界心理学有何独特贡献？（荆其诚，1981；杨文登和叶浩生，2009）（3）中国人有独特的民族心理，但现在中国心理学中有哪些是关于中国独特的民族心理研究或理论？（汪凤炎，2019）

对于第一个问题，中西方诸多学者通过研究给予了否定回答。人类学、文化学、心理学等学科研究表明，人是一种文化存在，"存在"本身就是世界的基本性质和基本命题；人的心理与文化相互建构、相互界定，心理与文化是它们自己本身的原因和根据，是自足、自我生成、自我运动、自我发展的。

许多学者研究后发现，以西方文化为根基而开展的心理学研究和建构的心理学理论在中国社会出现了水土不服的现象，这些研究和理论传入中国以后发展缓慢，即"低度发展状态"（黄光国，1998）。究其原因，是中西文化存在的明显差异导致心理差异。有研究表明，西方哲学关注的主要问题是"知识"，由此促进西方科学的发展；而中国哲学是一种"实践哲学"，主要关注的是人的"行动"，由此形成了以人为中心的文化（黄光国，1998）。也有研究表明，西方的文化是个体主义文化，以个体自己的需要或欲望为导向，强调个人的中心地位和作用，要求尊重个体，从个体出发考虑问题，突出个体的价值、自由和权利；而中华文化是集体主义或整体主义文化，以突出整体、和谐为基本特征。

正因为以西方文化为根基的心理学在中华文化土壤中出现水土不服，因此，中国式心理学要发展必须建构植根于中华文化、适合中国人的心理学。既然植根于中华文化，而中华文化由儒、道、佛三大主干文化构成，且儒文化占据主导地位，所以研究儒文化心理学对中国式心理学构建具有重要意义。

对于第二个问题，虽然对中国心理学工作者来说有些尴尬，但引发了中国心理学工作者对中国心理学的沉思与反思。通过沉思与反思，他们开始意识到构建中国特色心理学的重要性和必要性。潘菽、高觉敷、荆其诚等心理学先辈们开始重视中国传统心理学思想，积极倡导并亲力亲为研究中国传统文化心理学。中国港澳台地区的心理学学者认识到西方心理学对中国社会的水土不服现象，由此兴起了"心理学本土化"运动。由于儒文化在中国文化中占据主导地位，所以中国本土文化的心理学研究和建设不能离开儒文化。

对于第三个问题，人们通过研究逐渐认识到，中国人有自己独特的民族心理或文化心理，要构建适合中国人的心理学，对世界心理学做出贡献，就必须研究中华文化心理。著名的跨文化心理学家川迪斯（H. C. Trandis）指出："在得到中国的资料之前，心理学不可能成为一门普遍有效的科学，因为中国人口占了人类很大的比例，对于跨文化心理学来说，中国能够从新的背景上重新审查心理学的成果。在这样做时，中国的心理学家应该告诉西方的同行，哪些概念、量度、文化历史因素可以修正以前的心理学成果。"（万明钢，1996）

有比较研究发现，中华文化心理与西方文化心理在形式和内容方面有很大的不同。中国重血缘情感，西方重精神追求；中国宗教是入世的宗教，西方宗教是出世的宗教；中国哲学注重直觉体验，西方哲学注重理性思辨。在言情文学方面，中国模式是才子佳人，西方是英雄美人；中国侧重夫妻恩爱、家室之感的描写，而西方侧重精神恋爱或骑士式的热恋描写；中国多是怨而不怒、哀而不伤，追求大团圆结局，而西方多直面人世苦难、正视血流遍地的悲惨结局（杨启光，1999）。也有研究表明，西方的主客二分文化传统使西方人重认识与自然之研究、现象与本体之分、推理和分析方法、追求真理和功利，而中国的天人合一、注重整体的文化传统使中国人重人生与精神的探讨、本末与源流之分、直觉与体悟方法、追求自身修养和德与善、重义轻利等（汪凤炎，2003）。有人对中西方古代神话中神的人性比较研究发现，中国神话中的神与西方文化中的神存在如下差异：

壮士悲歌与自在逍遥、正人君子与风流男女、以德服人与崇尚武力、性本善良与天生原罪（张庆松，2009）。所有这些都说明，中西文化心理存在巨大差异。不过，中西方文化心理差异并不是不能兼容的，而是相互补充的。随着中西文化的交流、沟通，二者已开始呈现出融合趋向。例如，西方的一些思想家、心理学家等对西方文化的不足进行反思时，把目光转向东方，力图从东方文化中汲取灵感，找到解决西方文化和文化心理与行为内在固有问题的办法和途径。由此看来，通过对中国文化心理进行研究，构建中国文化心理学，能弥补当今占据世界主流的西方心理学体系的不足，使世界心理学更加完整。由于儒文化在中国文化中占据主导地位，因此研究中国文化心理，不能不研究儒文化心理，否则建构的中国式心理学将是不完整或有缺陷的。

中国式心理学研究隐藏在人的行为或反应模式之后，却支配着人的心理活动、行为或反应模式的结构化的意义系统。在日常生活中，人们按照意义系统对环境及其客观事物进行反应，但并不了解这样的意义系统，即"百姓日用而不知"。中国式心理学则要把这一意义系统明晰化，探明它对中国人的精神活动的影响，对中国人的致思方式或认知方式的制约与决定作用，对中国人的心理和行为的模塑的机理或机制。由此看来，中国式心理学是从中国的生态、经济、社会、文化和历史的土壤中自然萌发并演化而来的，而不是从其他国家输入（进口）、引进或移植而来的，是"内发性或内源性中国心理学"（杨国枢，1997）。

五、儒文化历史悠久，影响深远

儒文化历史悠久，内涵丰富，在长期的发展过程中，形成了许多深邃且影响广泛的文化思想。儒文化的创始人孔子与道文化的创始人李耳（老子）、禅文化的开创者六祖惠能被国际上普遍尊称为"东方三圣人"，成为东方思想最具代表性的先哲之一。在儒文化产生以后，由于具有积极的社会价值，逐渐发展成为中国的主导性文化，对中国社会乃至世界产生了广泛而深远的影响。

作为一种文化形态的儒学诞生于中国春秋时期，那时社会动荡，民不聊生。生逢乱世，当时的有识之士自觉承担起平定乱世、还社会以安定的责任和使命，积极探讨治世之道。由于立足点、看问题的角度等不同，形成了不同的治世思想，这就是诸子百家，儒家就是其中非常有影响的思想学派之一。

儒家思想又称儒学，是起源于中国并同时影响及流传至其他东亚地区的主流文化思想、哲理。儒学脱胎于周朝礼乐传统，以仁、恕、诚、孝为核心价值，注重君子的品德修养，强调仁、义、礼、智、信相辅相成。

孔子是儒文化的创立者，孔子在他那个时代就是很有影响的思想家，对后世中国文化的影响更是巨大。"'高山仰止，景行行止'……诸生以时习礼其家……天下君王至于贤人众矣，当时则荣，没则已焉。孔子布衣，传十余世，学者宗之。自天子王侯，中国言六艺者折中于夫子，可谓至圣矣！……尼丘诞圣，阙里 [1] 生德。七十升堂，四方取则 [2]。卯诛两观，摄相夹谷 [3]。歌凤遽衰 [4]，泣麟 [5] 何促！九流仰镜，万古钦躅 [6]。"（《史记·孔子世家》）自孔子创立儒文化时，儒家思想就成为春秋战国时期非常有影响的思想学派。"世之显学 [7]，儒、墨也。儒之所至，孔丘也；墨之所至，墨翟也。"（《韩非子·显学》）孔子之后，儒文化一花开八叶，分化发展为"子张之儒，子思之儒，颜氏之儒，孟氏之儒，漆雕氏之儒，仲良氏之儒，孙氏之儒，乐正氏之儒"（《韩非子·显学》）八个学派，其中最

[1] 指孔子授徒之所，借指孔庙、儒学。

[2] 指孔子的弟子中有七十多人（七十二）登堂入室（学问或技艺有很深的造诣），名声威望传四方。

[3] 指孔子在鲁定公与齐侯在夹谷相会时摄相事（代理司仪），在其中发挥了十分重要的作用，出自《孔子家语·卷一·相鲁》。

[4] "歌凤"出自《论语注疏·微子》的"凤兮凤兮，何德之衰。往者不可谏，来者犹可追。已而已而，今之从政者殆而"，后遂以"歌凤"为避世隐居之典。"遽衰"指急速没落。

[5] "泣麟"出自《春秋公羊传·哀公十四年》，指悲叹麒麟被猎身死，为哀叹悲泣世衰道穷之典。

[6] "钦躅"是恭敬、钦佩、敬佩之意。

[7] "显学"原意是指盛行于世且影响较大的学术派别，后指在社会上处于热点的、在社会上被广泛讨论、显赫一时的学科、学说、学派。其研究从业人员众多，有较高的社会地位，大量研究观点和成果被更多百姓接受。

具影响力并发展成为儒文化主流的是由子思到孟子而发展起来的一系，另一具有影响力的是由子夏到荀子发展出的一系。到汉武帝时，由于儒学对社会治理有很大作用，故在董仲舒等人的倡议下"罢黜百家，独尊儒术"，儒学成为中国社会的正统思想，对中国文化乃至世界文化发展产生了十分重要的影响。

与所有的文化一样，儒文化是中华民族的心理和行为系统，是中华民族的文化心理的基本组成部分，在历史发展中逐渐融入中国人的日常生活，成为中国人潜意识的重要构成，在中华民族的发展历程中一直发挥着重要作用，尤其是在社会相对稳定时期，需要用儒文化来规整社会秩序，形成稳定和谐的社会关系与人伦。当社会发生巨大动乱之时，总有一些具有儒文化心理特质的"士"本着"修身齐家治国平天下"的理想和信念，积极主动站出来平定乱世。据记载，北宋初年的宰相赵普一生仅读《论语》，用《论语》，这表明了《论语》对平定和治理天下的价值。

南怀瑾等大师认为，中国历史上鼎盛时期的政治治理的基本方略是"内道外儒"，即"内用黄老，外示儒术"（佚名，2015；秀水托蓝，2012）。他打比方说：儒家是粮店，佛家是百货店，而道家是药店。如果没有了粮店，我们就要没饭吃；如果没有百货店，我们就会生活不便；但如果我们不生病，我们可能不会主动迈进药店（佚名，2015；秀水托蓝，2012）。这明显把儒家思想比作人们不得不食的精神食粮，由此可见儒文化的重要价值。

儒学自创建以后，经历了曲折的发展过程。其创立之初就是当时十分有影响的"显学"，战国时期发展为颇具影响的多个流派，秦王朝时遭遇毁灭性打击，汉初因推崇道家思想而被边缘化，汉武帝时成为"独尊"的统治思想，魏晋南北朝时被冷落排挤，唐代儒学兼容并蓄开始复兴，最终到宋明时期形成了对中国和世界文化影响巨大的宋明理学。近代中国由于受到西方列强的欺凌，导致对包括儒学在内的中国传统文化的否定，儒学遭受有史以来最为强烈的批判，由此儒学跌落到谷底。即便如此，儒文化也未因此而沉沦，更未因此而消亡，反而在今天再度崛起，并走出亚洲，走向世界。究其原因，是其具有深厚的根源性——超越根源[1]、内在根源[2]、社会根源[3]与文化根源[4]，它们既是儒家文化生命力的源泉，又是其独特性的内在根基（赵卫东，2020）。儒学中的许多思维方法对克服西方实证科学思维方法中的某些片面性有重要的启发意义；儒学中许多政治理想、治国原则、官僚人格等理论对改善目前的政治制度和环境等大有裨益。再度复兴的儒文化被称为新儒学，它是在继承、发展和弘扬儒学的优秀传统以保持民族的自主精神前提下与西方文化会通的结果。新儒学坚持"返本以开新，守常以应变"的原则，力图对儒学进行现代阐释，发扬民族传统文化，使其在当代人的思想道德修养和民族主体意识的确立方面发挥积极作用。

综上所述，儒文化历久弥新，具有极强的生命力。这与它所具有的包

---

[1] 超越根源是指儒文化中存有具有普遍性与必然性、在超越层面存在的形上本体。原始儒家的"天"、"天命"、宋明理学的"天理"，都是超越性的存在，它是儒家哲学的本体，天地万物包括人类皆由其生成、主宰与成就，其道德原则也源于此。正是有了这个超越根源，儒文化才具有了普遍性与必然性，成为人之行为的必然选择与准则。儒家的超越根源作为一种理论上的根据，虽然不能保证儒家理论或学说在经验层面上的绝对实现，但至少从理论上使儒家思想更加圆融，使儒家道德原则的普遍性与必然性成为可能，而这种可能性又对儒家学说的落实与推广产生了重要作用。

[2] 内在根源是指儒文化将形上的超越本体深植于人性之中，使人之本性成为内在的"天"或"天理"。作为人之本性内容的仁、义、礼、智等道德原则，除了有一个超越根源外，还具有了一个内在根源，因这一内在根源等于"天"或"天理"，所以其仍然是形上之本体，实现儒文化的道德原则的普遍性、必然性与道德主体内在要求的统一，达到合内外之道与通上下之道，实现内外上下的一体贯通。

[3] 社会根源是指儒家文化立足于中国古代社会，以古代社会中的社会与文化为根基产生与发展起来，且具有极强的开放性、包容性与适应性，能在中国社会中不断汲取营养，与时俱进，使儒学的生命与中国社会乃至文化的生命融为一体。儒文化的这一社会根源，使其深深地扎根于中国社会，即使枝干受损，只要根源还在，总有一天仍然会成长为枝繁叶茂的参天大树。

[4] 文化根源是指儒文化继承和发展了中国古代学术之大体，源于中国文化的发端并源远流长。文化根源有"六经"、从尧舜到周朝的文化、有中国远古以来的礼乐文化等。

容性和开放创新精神及积极的精神内涵有密切关系。这主要表现在：（1）"自强不息、厚德载物"的文化精神；（2）"修身齐家治国平天下"的入世理想；（3）以"仁"为中心的人文主义精神；（4）民本思想；（5）家国情怀、使命意识、仁义礼智信的处世之道、恕之道、和为贵思想等。这些精神已经植根于中国人的内心，成为中华民族的文化基因。

第二节　儒与儒文化源考

要认识、厘清儒文化心理学，需要明白什么是"儒"，为此，需要从"儒"的源起进行探讨。

通过分析综合，可以看出关于"儒"的来源主要有如下几个方面的看法。

一、术士说

术士说是关于"儒"的源起比较普遍的看法，认为"儒"是有知识、有特殊技能的术士或源于术士。《说文解字》认为："儒，柔也，术士之称。"

司马迁在《史记·儒林列传》中指出："及至秦之季世，焚《诗》《书》，坑术士，六艺从此缺焉。陈涉之王也，而鲁诸儒持孔氏之礼器往归陈王。"司马迁在《史记·淮南衡山列传》中指出："昔秦绝圣人之道，杀术士，燔《诗》《书》，弃礼义，尚诈力，任刑罚，转负海之粟致之西河。"在这些论述中，司马迁借他人之口指出"儒"是术士。

《汉书》也把"儒"称为术士。据《汉书·睦两夏侯京翼李传·夏侯胜传》记载，……吏白大将军霍光，光不举法。是时，光与车骑将军张安世谋欲废昌邑王。光让安世以为泄语，安世实不言。乃召问胜，胜对言："在《洪范传》曰'皇之不极，厥罚常阴，时则下人有伐上者'，恶察察言，故云臣下有谋。"光、安世大惊，以此益重经术士。……其与列侯、中二千石博问术士，有以应变……胜复为长信少府，迁太子太傅。受诏撰《尚书》、《论语说》，赐黄金百斤。年九十卒官，赐冢茔，葬平陵。太后赐钱二百万，为胜素服五日，以报师傅之恩，儒者以为荣。在这段记载中，被称为术士的夏侯胜是位儒者，由于他做出杰出贡献，获得相当高的荣誉，故当时的儒者都以他为自豪。颜师古认为："儒"是术士的通称，是具有道术的人。他在注解《汉书·司马相如传》时指出："凡有道术皆为儒。"

王符也认为"儒"是术士，他说道："世之所以不治者，由贤难也。所谓贤难者，非直体聪明服德义之谓也。此则求贤之难得尔，非贤者之所难也。故所谓贤难者，乃将言乎循善则见妒，行贤则见嫉，而必遇患难者也……故德薄者恶闻美行，政乱者恶闻治言，此亡秦之所以诛偶语而坑术士也。"（《潜夫论·贤难》）这段话中的"贤"明显指的是有本事的儒者，"诛偶语而坑术士"说的是秦始皇的"焚书坑儒"，其中的"术士"指的是儒者。在这里，王符明显把"焚书坑儒"作为"贤难"的比较典型案例，将其视为秦王朝灭亡的重要原因之一。

这种观点在现在仍然存在。例如，《现代汉语词典》（第7版）把"术士"解释为"遵从儒家学说的读书人"和"方士"。"术士"中的"术"的本义是"技术""技能""技巧""方法"，后衍生出"谋略""策略""战略"；"士"是善于做事情的人，"士，事也"（《说文解字》），后泛化为"有知识、有才智、善做事的人"，如果擅长做哪方面的事情或在哪些方面做得好，就在"士"的前面加上这方面的词语，如谋士、学士、侠士、义士、仁士等。依据上述"术"和"士"的词义，"术士"是指有知识、才智、谋略、见识，掌握特殊技能，善于做事或做事高效的人。既然"儒"是术士，那么可以说，"儒"是掌握某些专门知识和技能的善于做某些事情的人，尤其是那些有通天彻地之能的通经治世的人才。

《扬子法言·君子》指出："通天、地、人曰儒，道术深奥。通天、地而不通人曰伎。"伎艺偏能。《春秋繁露·立元神》云："天、地、人，万物之本也。天生之，地养之，人成之……三者相为手足，合以成体，不可一无也。"皇甫谧认为："通天地人曰儒，通天地不通人曰技，斯医者虽曰方技，其实儒者之事乎。……儒者助人君，顺阴阳，明教化，此亦通天地人之理也。"（《针灸甲乙经·序》）以上论述都把"儒"视为有通天彻地本领的人。"通天、地、人"中的"通"是通达、通透、通彻之意。"通天、地、人"是说儒者或精通儒家学说的人能够融会贯通或通达天、地、人，对天、地、人有透彻或通透认知，明白天道、地道和人道，并遵循这些"道"来做事，由此能把事情做好。他们做学问也好，在世间处理事情也好，处理人与人之间的关系也好，都会顺顺利利，没有任何障碍。学儒就是学习、探究掌握融通天、地、人的学问。

依据中国文化，"天、地、人"是三才，其中天位上，地位下，人位中。人由天与地相互作用、孕育而生，所以具有天和地的特性。正因如此，中国文化认为，人要像天那样自强不息，要像大地那样厚德载物。不过，人虽然由天地相互作用、孕育而生，但人也具有自己的特性。《易经·系辞传下·第十章》指出："有天道焉，有人道焉，有地道焉，兼三才而两之，故六。六者非它也，三才之道也。"其意是说，天、地、人都是由阴阳两方面构成的，阴与阳相互作用在天上主宰天的变化即天道，在地下主宰地的变化即地道，在居中的人身上主宰人的发展变化即人道，人道是"道"在人身上的体现，是人的本性或天性。天道、地道、人道都是阴阳的相生相克之道，即儒、道等中国文化说的"一阴一阳之谓道"[1]，三者是相通的。正因为天、地、人相通，遵循的"道"相同，所以才可以通过"道"来"通天、地、人"。如果没有天、地、人共同遵循的"道"，也就无法实现对天、地、人的通透、通彻、通达和沟通。据此可以说，"通天、地、人"可概括为通"道"，正因为通"道"，所以能够遵循"道"安排组织社会秩序，教化民众，构建符合"道"的礼乐制度。儒者就是这样的人，所以说"儒"是"以道得民"（《周礼·天官》）。由此看来，术士说实际上是把儒学视为"通天、地、人"或通"道"的学问，把儒者视为具有通天彻地之才并能依据"道"来通经治世的人。

二、官职说

官职说也是比较普遍的看法之一，其源头可以追溯到西周时期，甚至更早。

---

[1] 中国历史上许多先贤大儒，如孔子、孟子、董仲舒、张载、程颐、程颢、朱熹、王阳明等非常推崇阴阳之道，强调阴阳和合的重要性。

（一）师保说

师保说是指"儒"源自帝王师和保氏等官职。按照《周礼》[1]的说法，"儒"是西周设置的比较高的官职。《周礼·天官冢宰·大宰》指出："以九两系邦国之民：一曰牧，以地得民。二曰长，以贵得民。三曰师，以贤得民。四曰儒，以道得民。五曰宗，以族得民。六曰主，以利得民。七曰吏，以治得民。八曰友，以任得民。九曰薮，以富得民。"其中，"儒"是联系民众使上下和谐的方法或途径、官职的第四种，其职责是"以道得民"；"得"是得到、获得、取得；"民"是民众、人民；"得民"是获得民心，得到人民或民众的支持，使人民怡然自得、安居乐业。"以道得民"通常有如下几层意思：（1）用"道"来教化民众，使民众能够明白并遵循"道"，依据"道"为人处世，进而为人做事高效，由此获得民众或人民的支持；（2）依据"道"制定与"道"相符合的礼乐制度、社会规范，并用它们来教化民众，使民众各安其位、各司其职、和谐相处、怡然自得，借此得到民众支持，其实质是通过教化使民众认同统治阶级的合理性、合法性，即天命所授；（3）引导、教化民众认同对他们的教育，进而心甘情愿地接受教育或教化，这是做好教育的前提或基础；（4）引导、教化民众学"道"、探究"道"以明道、合道，即学习、认识、探究规律（包括自然规律和社会规律），以便能够懂得规律，按规律做事；（5）明明德，开心智，即开

---

[1] 据记载，《周礼》为周公旦所创，是周代的礼制，即礼乐制度，分礼和乐两个部分。礼的部分主要是对人的社会地位和身份及其作用进行划分和规范，最终形成等级制度。乐的部分主要是基于礼的等级制度，运用音乐来缓解社会矛盾。前者是所有制度的基础和前提，后者是制度运行的形式和保障。《周礼》讲述西周王朝的官制和政治制度，其目的是以当时周人的标准来规范各族和各代礼乐内容，并通过制度的形式推行到各个不同等级的统治阶级，加强周人血亲联系和维护宗法等级秩序，其本质是"经国家，定社稷，序民人，利后嗣"。《周礼》通过管制来表达治国方案，内容极为丰富，涉及社会生活的所有方面。《周礼》中所记载的礼的体系最为系统，既有祭祀、朝觐、封国、巡狩、丧葬等国家大典，也有用鼎制度、乐悬制度、车骑制度、服饰制度、礼玉制度等具体规范，还有各种礼器的等级、组合、形制、度数的记载。儒文化的创始人孔子崇尚周朝的礼乐制度，由此《周礼》成为儒家经典，是儒家的"五经"之一。

化民众的心智，使民众懂得道理，领悟到自身所具有的仁、义、礼、智、信等光明本性，积极向善。正如朱熹所言："盖自天降生民，则既莫不与之以仁义礼智之性矣。然其气质之禀或不能齐，是以不能皆有以知其性之所有而全之也。一有聪明睿智能尽其性者出于其闲，则天必命之以为亿兆之君师，使之治而教之，以复其性。"（《大学章句集注·序》）"大学者，大人之学也。明，明之也。明德者，人之所得乎天，而虚灵不昧，以具众理而应万事者也。但为气禀所拘，人欲所蔽，则有时而昏；然其本体之明，则有未尝息者。故学者当因其所发而遂明之，以复其初也。新者，革其旧之谓也，言既自明其明德，又当推以及人，使之亦有以去其旧染之污也。"（《大学章句集注·第一章》）

郑玄认为，"儒，诸侯保氏有六艺以教民者"。贾公彦解释说："'儒'，以'道'得民者，诸侯师氏之下，又置一保氏之官，不与天子保氏同名，故号曰'儒'。"（《周礼注疏·卷二》）这段话的意思是说，作为保氏的"儒"的职责与"师"基本相同，只是"师"是教化天子的，"儒"是教化诸侯的。这些论述表明，"儒"是周王朝设立的官位之一，也指在官位上承担相应职责的官员，是社会上有知识的阶层，相当于现在的知识分子，其职责是通过六艺[1]教化民众。正因如此，后世一般把儒者视为读书人或有知识有学问的人。

除教化民众外，"保氏掌谏王恶，而养国子以道。"（《周礼·地官司徒·师氏/媒氏》）"谏者，以礼义正之……师氏掌三德、三行，以美道诏王；保氏以师氏之德行审喻王，王有恶则谏之，故云掌谏王恶。"（《周礼注疏·卷

---

[1] 儒文化的六艺有两层意思：一是指礼、乐、射、御、书、数六种能力或技能。《周礼·保氏》指出："养国子以道，乃教之六艺：一曰五礼，二曰六乐，三曰五射，四曰五驭，五曰六书，六曰九数。""五礼"指吉礼、凶礼、军礼、宾礼、嘉礼五种礼节；"六乐"指《云门大卷》《咸池》《大韶》《大夏》《大濩》《大武》六套乐舞；"五射"指白矢、参连、剡注、襄尺、井仪军事射箭技术；"五御（驭）"指鸣和鸾、逐水曲、过君表、舞交衢、逐禽左驾驭马车战车的技术；"六书"指象形、指事、会意、形声、转注、假借等书写方法或技巧，是"造字"之本；"九数"指九种计算、数学方法或技术。二是指儒文化的"六经"，即《易经》《尚书》《诗经》《仪礼》《春秋》《乐经》。孔子强调学习这些内容可以培养"仁心"。

十四》）这就是说，"儒"这个官职兼有谏官的职责，对王进行劝谏，并用道艺来教导国子，其劝谏的目的是让被劝谏的当权者认识到自己的错误，并积极加以改正。所以，孔子说："人君无谏臣则失正。"（《孔子家语·子路初见》）正因如此，统治者专门设立了谏官，早期担任谏官的就是有知识、有才能、懂礼仪的儒者。

"凡三王教世子必以礼乐。乐，所以修内也；礼，所以修外也。礼乐交错于中，发形于外，是故其成也怿，恭敬而温文。立大傅、少傅以养之，欲其知父子、君臣之道也。大傅审父子、君臣之道以示之；少傅奉世子，以观大傅之德行而审喻之。大傅在前，少傅在后；入则有保，出则有师，是以教喻而德成也。师也者，教之以事而喻诸德者也；保也者，慎其身以辅翼之而归诸道者也。"（《礼记·文王世子》）这段话是说：夏商周三代设立太傅、少傅来培养世子，目的是要让他知道父子、君臣的关系该如何处理。太傅的责任是把父子、君臣之道给世子讲明白并且身体力行做榜样，少傅的责任是把太傅所讲的、所做的给世子仔细分析使之领会。太傅、少傅、师、保，他们时时刻刻都在世子左右，形影不离，以便在他们的教化和身体力行的熏陶下使世子明白道理，形成美德。"师"的责任，是把古人的行事说给世子听，并分析其中的善恶得失，使世子懂得择善而从。"保"的责任，是谨言慎行，以身作则，以此来影响世子，使世子的一言一行都合乎规范。这段话明确指出，夏商周三朝设立的"儒"官职是君王和诸侯的孩子的老师，其教育的内容主要是礼乐。

为了培养世子和教化民众，儒者负责用于教化民众的典籍和六艺的记录、整理、选取、编撰等。为什么要用这些教化民众？"民受天地之中以生，所谓命也。是以有动作、礼义、威仪之则，以定命也。能者养以之福，不能者败以取祸。是故君子勤礼，小人尽力，勤礼莫如致敬，尽力莫如敦笃。敬在养神，笃在守业。国之大事，在祀与戎，祀有执膰，戎有受脤，神之大节也。"（《左传·成公·成公十三年》）周公在祭祀先祖以自己代替生病的武王姬发时说："予仁若考能，多材多艺，能事鬼神。乃元孙不若旦多材多艺，不能事鬼神。"（《尚书·周书·金藤》）这段话明确指出，学习熟练才艺与敬事鬼神有关，反映出上古艺事和教育的性质和功能价值。正因如此，上古时代的学校和祭祀场所合在一起。在六艺中，祀是祭祀，戎是军事，它们是夏商周三代教育的根本目的。六艺中的礼、乐早期用以祭祀，服务于原始宗教；射、御出于田猎征战，属于军事训练；书、数为文化知识，应用于各种场合资料的记录、编撰、整理。

上述分析表明，"儒"在上古时期兼具官员、教师、祭祀、劝谏等角色。师保说就是在突出"儒"的教化、劝谏、祭祀等职能。正因如此，自孔子把儒学独立出来自成一家始，儒者主要从事教师尤其是帝王师、劝谏、祭祀等一种或多种工作，以安定社会、劝谏帝王和官员、制定社会规范、祭奠等为己任，构建这方面的思想学说。

（二）司徒说

司徒说认为"儒"出自司徒官职。《汉书·卷三十·艺文志第十》说："儒家者流，盖出于司徒之官，助人君顺阴阳、明教化者也。"这句话指出，儒者最有可能出自古代的司徒一职，他们帮助国君按照阴阳之道顺应自然（指导人们根据自然如季节天气变化开展活动，由此可以推断儒者通晓天文地理），教化民众。汉代的刘向、刘歆明确指出，"儒"出自司徒之官，以"六经"[1]为理论基础，中心思想是宣传仁、义，并以仁义来规范自己的行为，遵循尧、舜治天下之道，效法周文王、周武王时之制度。

司徒说有其合理性，这从儒者主要从事的活动和建立的儒学思想体系可以得到印证。据记载，舜曾为尧的司徒，负责管理民众、土地及教化等事情。商族始祖契为舜时的司徒，负责教化。"契为司徒，敬敷五教。"[2]（《帝王世纪·五帝·舜》）"帝曰：契，百姓不亲，五品不逊，汝作司徒，敬敷五教，在宽。"（《尚书·舜典》）孔颖达对之解释说："帝又呼契曰：往者天下百姓不相亲睦，家内尊卑五品不能和顺，汝作司徒之官，谨敬布其五常之教，务在于宽。"（《尚书正义·舜典》）用现在的话说

---

[1] "六经"是指《易经》《尚书》《诗经》《仪礼》《春秋》《乐经》，孔子对它们进行整理、修编。由于《乐经》失传，因此后来儒家经典变为"五经"。

[2] "五教"是指五种道德品质教育，而这五种道德品质是后来儒文化所强调的"五常"。"一家之内品有五，谓父母兄弟子也。教此五者各以一事，教父以义，教母以慈，教兄以友，教弟以恭，教子以孝，是为五教也。五者皆可常行，谓之'五典'。"（《尚书正义·舜典》）

就是契所担任的司徒一职主要负责对民众恭敬地开展父义、母慈、兄友、弟恭、子孝等五种道德规范教育，而这五种道德规范是儒文化十分重视的。

"圣人有忧之，使契为司徒，教以人伦：父子有亲，君臣有义，夫妇有别，长幼有序，朋友有信。"（《孟子·滕文公章句上》）在这段话中，孟子明确指出，圣人（指舜）担忧人民没有受到教化，就任命契担任司徒，教导百姓做人的道理，使他们知道父子要有亲情，君臣要有礼义，夫妇要有分别，长幼要有次序，朋友要诚信。

商周时期的司徒为六卿之一，其主要职责是掌管土地和教化人民。"司徒掌邦教，敷五典，扰兆民。"（《尚书·周书·周官》）其义是说：司徒主管国家的教育，传布五常[1]的教训，使万民和顺。这种说法与孟子的相同。"司徒修六礼以节民性，明七教以兴民德，齐八政以防淫，一道德以同俗，养耆老以致孝，恤孤独以逮不足，上贤以崇德，简不肖以绌恶。"（《礼记·王制》）其义是说：司徒司掌修习六礼以节制人民的性情，明辨七教以提高人民的道德，整齐八政以防止僭越，规范道德以统一风俗，赡养老人以促进孝顺的风气，救济孤独以避免这部分人被社会遗弃，奖励贤者以鼓励人人学好，清除坏人以警诫人们改正错误。"司徒……掌人民事。凡教民孝悌、逊顺、谦俭，养生送死之事，则议其制，建其度。"（《后汉书·志第二十四·百官一》）"司徒主教，教其徒众。"（《礼记正义·卷四·曲礼下第二》）这些话也是在说司徒一职负责对民众的道德教化，以及社会规范、礼乐等典章制度的制定等。

司徒说实际上是突出"儒"的道德教化作用。这就说明了儒家为什么十分重视司徒承担的职责，并将其作为儒学的核心。在这一意义上可以说，儒家学说基本上是关于司徒所做的事情的学说。

---

[1] 儒家所说的五常，即仁、义、礼、智、信。这实际上是说，司徒的职责主要是理顺伦理纲常关系，培养人们的仁、义、礼、智、信等品质，以使社会和谐有序。《左传·文公十八年》指出："品谓品秩，一家之内尊卑之差，即父母兄弟子是也，教之义慈友恭孝，此事可常行，乃为五常耳。"而这正是儒学或儒文化的目标。

（三）多官职说

多官职说认为"儒"源自多种官职。章太炎认为：诸子百家都源自王官，儒家也不例外。他说，"儒有三科，关达、类、私之名"，"儒亦知天文，识旱潦"，"今独以传经为儒，以私名则异，以达名类名则偏，要之题号由古今异。儒犹道矣，儒之名于古通的术士，于今专为师氏之守；道之名于古通为德行道艺，于今专为老聃之徒"（《原儒》）。依据这种看法，道、儒等诸子百家同源，都出自远古时期的官，在发展中逐渐有所侧重而逐渐分离开来。

依据多官职说，"儒"的来源有多个方面，"儒"具有其来源的多个官职的多种职能或作用。因此，如果从单一的官职来理解"儒"，有可能会对"儒"的职能或作用的认知出现偏颇。

三、巫说

巫说是指"儒"起源于"巫"的看法。李泽厚认为"儒"是巫师演化而来的。孔子自己曾经说过："吾与史、巫同途而殊归也。"

（一）同途

"同途"是指儒、史、巫都来自《易经》[1]，《易经》为群经之首，道、儒等诸子百家都是通过研究《易经》建立起自己的思想学说的。正因为儒、史、巫的思想学说都源于《易经》，所以都注重"道"，把"道"作为理论核心，由此，"道"成为中华文化的核心概念。"道"是包括人在内的天地万物最本质的共相，体现为"阳"与"阴"相生相克的矛盾法则或对立统一规律，"阳"与"阴"矛盾双方的协调、和谐或转化是其出发点和归宿。由于万事万物都由"道"生，因此可以说"道"是既超越又内在于天地万物及社会人生的形而上的存在本体和价值本体，其在价值观上体现为真善美的统一。孔子当然也不例外，他从《易经》中获得思想源泉，注重对"道"的研究，"言性与天道"（《论语·公冶长》），构建了以"道"为中心的

---

[1]《易经》是诸经之首之源，儒家也不例外，排在儒家经典的五经（《周易》《诗经》《尚书》《礼记》《春秋》）或六经（五经加上《乐经》）之首。

儒家思想体系，这成为儒家思想的一个传统，孔子之后的儒思想家都把"道"作为思想核心，只不过在不同的历史时期有不同的称谓，如道或天道、性或天性、理或天理等。

孔子对《易经》的研究非常深刻，"序彖、系、象、说卦、文言。读易，韦编三绝。"（《史记·孔子世家》）这十分明确地指出孔子作了《易传》，即对《易经》的义理加以诠释（朱翔飞，2002），这种诠释成了后世儒文化的思想源泉和基石。

（二）殊归

"儒"与"史""巫"有相同的起源，却有不同的归宿，即它们的着力点、目的及由此建构的思想学说各不相同。孔子说：《易》，"我后其祝卜矣，我观其德义耳也。幽赞而达乎数，明数而达乎德，有仁（存）者而义行之耳。赞而不达于数，则其为之巫；数而不达于德，则其为之史。史巫之筮，乡之而未也，好之而非也。"（帛书易传《要》）"君子德行焉求福，故祭祀而寡也；仁义焉求吉，故卜筮而希也。祝巫卜筮其后乎？"（陈鼓应，1992）这就是说，孔子把占问吉凶看作次要，他所要做的是探明卦象的德义，学"易"、研究"易"的目的是通过筮占沟通神明和人以赞助造化神明的德行，从而明了数的神妙义理，进而明了卦象的德义。概言之，孔子学习和研究的是"易"中所蕴含的道理及其中所蕴含的德性或德行。这样，在依据筮占结论做决策时，自觉地做到服从卦象的德义，心守于仁而行合于义。如果只会解占沟通神人以赞助造化神明的德行，而不能明了数的义理，那就成了"巫"；而通晓了数的义理却又不明了数的德义，那也只不过是"史"。孔子虽然向往"史""巫"的筮占术，但却不追求它，内心对之不以为然。孔子要做的只是探索卦象的德性，而不像"史""巫"那样筮占吉凶。在他看来，君子是靠德行求得幸福，因而虽讲祭祀，但并不频繁地举行祭祀活动；靠信守仁义来求得吉祥，因而虽也讲卜筮却很少用它。这充分表明了儒者从事的事业与史、巫等的差异，所以说"殊归"。

（三）儒与巫的分化

在古代，"巫"是一个崇高的职业，具有通天彻地之能，从事祈祷、卜筮、

星占，并兼用药物为人求福、祈福禳灾、治病等。远古时代只有"巫"，"巫"兼具祭祀、教育、占卜、医疗、制定社会规范、典籍的整理与传播等多种职能。现在的一些原始部落的巫师仍是如此。例如，现今我国一些原始彝族部落的毕摩，被部落称为智者，掌管神权，司通神鬼，在当地人眼里他们似乎无所不能。不过，随着社会的发展，知识的积累越来越多，知识越来越趋向专业化、职能化，社会管理与教化越来越分化、精细化，由此"巫"逐渐分化出史、儒、医等多种职业，当然仍保留了"巫"，只不过此时的"巫"更加专门化、职业化。分化出来的"史"（史官）负责记录、整理和阐述、解释史料，老子、司马迁等就是这类官员；"医"即医生，其职责是行医治病；"儒"的主要职责是负责各种祭祀活动和礼仪形式。

按照上述巫说，"儒"是从"巫"中分化出来的专门从事伦理教育、礼仪规范制定、典籍整理、道德学说的创建等活动的职业，亦指从事这些职业的以"明明德""亲民"为己任，以"止于至善"为人生目标，以"修齐治平"为使命担当的人（儒者），或以伦理道德为核心的思想学说（儒学）。

四、结语

综上所述，儒文化的来源是多方面的，孔子积极汲取、整合各方面的思想，创建了独具文化特色的儒学。该学派"游文于六经之中，留意于仁义之际，祖述尧、舜，宪章文、武，宗师仲尼，以重其言，于道最为高"（《汉书·艺文志》）。其特色主要有如下几个方面：第一，强调文化传统，提倡人文精神。第二，以伦理道德为核心，重视道德修养，致力于在人伦关系中实现人生价值和人格完善，并将之运用到政治实践中，成为其政治活动的指导性原则。第三，遵循"仁者爱人"的人道主义和"克己复礼"的政治理念。第四，追求"中庸之道""以和为贵""天人合一"的王道理想和精神境界。其精神是"不陨获于贫贱，不充诎于富贵，不溷君王，不累长上，不闵有司……言加信，行加义"（《礼记·儒行》）。第五，突出对人生的理性调节，即信天命"敬鬼神而远之"，更重人事"发愤忘食，乐以忘忧，不知老之将至"。第六，以"六经"（秦后因"乐经"的遗失变成"五经"）为经典，通过对经典的不断诠释得以发展。第七，以"六艺"

为教育内容。第八，在思想上形成了仁与礼的一种张力结构。

孔子对儒学或儒文化的贡献主要表现在：（1）创立儒学。他不满于春秋末期世俗中对"儒"名的滥用及由此造成的对"儒"的轻视倾向，期望把"儒"转化成治国安邦的君子儒。为此，他积极地从各方面汲取有益于治国安邦这一根本目的顺利实现的思想，凝练"儒"的精神，着力提升、规范、概括、构建以"仁"为中心的儒思想体系，终于使儒成为社会结构中一个比较特殊的智者阶层。子贡说，孔子"性服忠信，身行仁义，饰礼乐，选人伦，以上忠于世主，下以化于齐民，将以利天下"（《庄子·杂篇·渔父》）。其义是说，孔子这个人心性敬奉忠信，亲身实践仁义，修治礼乐规范，理顺人伦关系，对上来说竭尽忠心于国君，对下而言施行教化于百姓，以造福于天下为根本目标。这明确指出了孔子所创立的儒文化的思想内容、根本目标和实现目标的方法或途径，以及为治国安邦而施行的人才培养。（2）培养儒文化人才。为使儒学能够传播开来，培养具有儒学思想有治世安邦之能的人才，孔子是在中国历史上首开私学的教育家，有"弟子三千，七十二贤"，孔子及其弟子把古代为贵族所垄断的礼仪和各种知识传播到民间，为儒学的创立和发展奠定了人才基础。（3）创建礼乐制度和以"仁"为核心的社会规范。他发展西周的礼乐传统，以西周的礼乐制度为主干创建了礼乐制度。（4）整理典籍。他整理并诠释古代重要的文化典籍，主要有"六经"。

综上所述，（1）儒文化有悠久的文化根源，其源头可追溯到中国文化的源头，文化基础深厚。（2）儒文化继承和发展了其各种来源中的入世思想，注重教化、经世治国，形成了积极的文化人格和文化精神，因此，具有很强的生命力。（3）孔子从"儒"的各方面归纳概括出"儒"的基本特征，认为"儒"应当有社会责任感或使命感、有德行和才能，由此终于把原来杂乱的"儒"改造成"君子儒"。这些儒者有安邦定国的志向、能力，并积极主动地作为，甚至明知不可为而为之。简言之，"儒"是"通经治世"的人才。

第三节 文化与心理学的基本概念

要弄清儒文化心理学的概念，有必要弄清文化、文化心理、中国文化心理、文化心理学、中国文化心理学等概念。

一、文化

文化是一个十分复杂、难以明晰的问题，尽管从人类诞生之初就开始对其进行探讨，但至今对它的看法仍然是五花八门。词源上：在中国，文化的词形是《易传》"观乎人文，以化成天下"中的"文"和"化"的合成词，其基本含义是"人文化成"，即"文治与教化"。用文化来指人，就是通过人对物和自身的作用，使它们具有属人性。在西方，文化原指耕作土地，也引申为耕种的农作物和收获。后来，随着人从认识自然向认识自己的逻辑转折，文化就有了培育人参加各种人类活动的品质和能力的意蕴。由此可见，文化的词源意义是人"有意识地"把"原有"的自然物（包括自然的人）"改变"（或"改造"）成"文化物"，成为"属于人的"，具有了"文化秩序"（李鹏程，1994）。学界通常把文化界定为人的生活或存在方式。广义的文化是包括物质生活方式和精神生活方式的"任何社会或民族的全部生活方式"（沙莲香，1990）。狭义的文化是人的精神生活方式，是某一民族和地区的人所"共享的意义系统"，一个民族所具有的"文化个性或民族精神""制度和社会结构""实践和习惯""人造物和工具""发生在人类的心理生活和相互作用之中的超越其基因所决定的任何东西"，"在分析上可与社会和社会制度等概念区分开来的……一套某社会中的个体共享或至少可以共享的意义"（Peng et al., 2001），"由符号来传递的行为模式。这些符号表明人类种族的独特成就。文化也可被看作一套促进社会内部稳定与和谐的规则和准则"（Lee & Sum, 2001）。本书主要采用狭义的文化概念，主要突出文化的心理性或精神性，据此，可从心理学视界将文化界定为：人优化或提升精神境界和生命质量的心理活动和行为过程及其结果，是人的精神创造活动和人的精神演进过程及这一过程中人所创造的精神产物的积淀，这一过程及其积淀物又反过来影响或制约人的进一步的心理活动和发展，由此二者呈一种相互生成、相互影响的辩证循环关系。其中，精神创造活动是指创造并使用各种各样的精神产品，如语言、音乐、书画、报纸杂志、电影电视、仪式等的行为或活动；精神产物指人创造或作用过的非纯自然的主要作用于精神的东西，包括语言、规范、信仰、价值体系及所形成的心理品质等非物质的东西（车文博，2009；李为鸿和李炳全，2013）。

（一）文化是人的精神活动、工具与产物

精神活动实际上就是心理活动，是人创造文化产品，如画作、音乐、文学、宗教信仰、风俗习惯等的活动。"中国文化"一词的实质是人对世界及其中万事万物（包括人自身）的"人化"。"人化"是人有目的、有意识的活动，体现、反映和满足人的需要和目的，正因如此，人的心理特征或水平、思想观念、价值取向、智慧或能力等在文化活动中发挥着关键性、核心性作用。因此，要研究文化、弄清文化品性和特征，就有必要弄清人从事文化活动的需要、目的、智慧或能力、价值取向、思想观念等。

精神生产活动的工具是从事文化产品创造活动所使用的工具，如语言文字、基本符号等。文化活动的工具，既是人们从事精神活动所使用或运用的手段，同时它本身也是文化活动的产物或产品。

精神生产活动的产品或产物是精神活动的产品，如思想、方法、理念、画作、文学作品、影视作品等，这些产物中蕴含、表达和浮现一定的文化精神、价值追求、生活理念等文化心理，如音乐作品的精神感染作用和心理蕴含及其表达（李炳全 等，2017）。事实上，精神性或心理性是文化产品之魂，好的文化产品之所以好，就在于它有着丰富的精神或心理蕴含，并能够给予受众以精神感染或心灵震撼、净化等。因此，文化产品是塑造人心灵的有效载体。精神活动及其产物反映人的生存价值和生存意义，表达人的内心活动、精神世界及作为人的精神世界客观表达的文化传统及其辩证关系（王青，2013）。

上述几方面是文化心理学研究的内容，即研究文化产物所浮现、蕴含和表达的心理或精神内容或特征，人们从事精神生产活动所使用的工具，如语言、图形、思维方式等蕴含和体现的心理或精神元素或特质，精神生

产活动，如绘画、音乐创作、影视作品制作中的动机、价值追求、情感表达等。

（二）文化是结构化的意义系统

文化是人不断改进或不断完善自己精神世界的心理活动和行为，以及隐藏在人内心深处支配人的心理和行为的结构化的意义系统。该系统具有历史性、社会性和时代性，是"历史—社会—时代"的整合体。文化心理学家斯威德尔（Shweder，1993a）认为，文化心理学是研究"近经验概念"的一门学科。"近经验概念"是人所获得的隐藏在其行为背后一般不为其所意识或觉察的但支配其行为的经验或观念，其本质是文化意义和资源，即为文化种群所有的、为个体所学习掌握的意义。这些意义藏在人的内心深处——潜意识尤其是集体潜意识中，具有隐含性、潜在性，不能也无须说明和解释。"人们自发、无意识地使用'近经验概念'……他们一点也无法认识到任何所涉及的概念。"（Geertz，1984）这一结构化的意义系统作为行为或活动的原因被包含在人的活动和人对世界的反应之中。

人都是文化的载体，都是"历史—社会—时代"的整合体，是一个源自历史并持续与当代社会现实发生相互作用的结构化的意义系统，是源于历史、处于社会发展的历史进程中，并持续与当代社会发生相互作用的"关系中心"和意义系统（黄光国，1998）。人的存在必然和一定的意义结构紧密地结合在一起，这种意义结构通常是由符号所承载的表征系统——源于历史，是经过长久的历史发展积淀下来的文化基因，又通过符号传送给每个人，并成为人的文化心理特质，以此为中心与当代社会发生相互作用，对人所处的情境中的人、事、物、境等作出意义结构所规定的反应，形成特定的反应模式。在这一过程中，意义也会发生一定的改变，由此促进文化的更新发展。儒文化就是如此。

文化是"'使一种特定的生活方式显得与众不同'的符号（symbols）的创造与使用……符号限定了事物的含义，虽然单个的符号可能会有许多含义。比如，一面国旗可以代表'一个国家'这样一种物理实体，也可以代表一种抽象的价值观念，如爱国主义。由此，研究文化就是要询问一种服装样式、一套举止规范、一个地方、一种语言、一种行为规则、一个信仰系统、一种建筑样式等的含义"（阿雷恩·鲍尔德温 等，2004）。

文化在某种意义上表达了人对世界的一种"想法"，表现了人的一种"目的"和"追求"，代表了以人为出发点和归宿的人与世界的关系（李鹏程，1994）。人在自己的实践活动中，逐步地运用符号进行抽象的心理活动，在促使外在自然人化的同时，也使自己的内在自然人化，从而创造出一个有意义或有价值的世界，通过意义把人与自然、人与他人等联系起来，以意义为中心构建自己的观念、生活方式、制度等。概言之，人通过文化赋予各种对象或现象以意义，并根据这些意义对它们反应、解释和表现出相应行为。不过，在日常生活中，人们按照意义系统对环境及其中的事物进行反应，但并不知道这样的意义系统，即"百姓日用而不知"。文化心理学研究的就是这种结构化的意义系统，"致力于理解这些差异怎样与解释活动和社会所结构化的刺激事件的意义或表征相关联"（Shweder，1993），即隐藏在人的行为或反应模式之后却支配着人的行为或反应模式的结构化的意义系统，厘清它影响人的精神活动、制约人的思考方式、塑造人的行为方式的机制或机理，如规定人们对艰难困苦或挫折、失败的反应或应对方式或模式的意义系统。例如，儒文化把"仁"作为区别人和动物的本质特性，即赋予人以"仁"的意义，据此做人就要行仁，教育就要培养人的"仁心"。

（三）文化是人的存在方式

文化是"某一民族所特有的与其整个生活环境相适应的生存方式（包括幼儿养育方式、成年仪式及家庭组合形式）"（周晓虹，1997）。文化是伴随着人类社会产生而产生的人类活动之产物，也是人类得以形成与存在的前提或首要条件。文化构成了人特有的一种存在形态或方式，是人类区别于动物的活动和生活方式。文化是"人化"过程，即人通过对自然物（包括自然的人）的作用而创造各种器物、风俗习惯、语言、精神理念、价值追求、宗教信仰等文化产品的过程。其实质是人通过与世界及其中的万事万物的相互作用以满足自身的存在需要，达成自己的愿望或目的的过程及结果。在这一过程中，人逐渐形成了适合自己所处的环境、经济生产形态、生存条件、需要等诸方面的独特存在方式。例如，中国文化是适应中国的

地理环境条件、农业生产形态等的独具中国特色的适合中国人的存在方式。"自强不息，厚德载物""平常心""顺其自然""遇到问题解决问题""越挫越勇""吃一堑，长一智"等就是独具中国特色的中国人的存在方式。

（四）人的心理和行为既是文化的产物，又是文化活动的基础或前提条件

综上所述，文化与心理是一体两面（同一现象的两个方面或说法），文化是人的世界的基本特征，人的世界是文化的（李鹏程，1994）。这样就不必到人或其世界的文化性质之外去寻找本质或第一因，人或其世界就是自己的文化性质本身。"人既是文化世界大厦的建筑师，同时，又是这座大厦的砖瓦。"（李鹏程，1994）文化是人用自己的心灵（心理）构筑或规整的世界图景，而心灵在构筑和规整活动中被改造，从而进化为人的心理，具有新的意义、结构和功能。具体地说，人在实践活动中，一方面，依据自己的心理（意志、需要、认识等）来改造世界，赋予世界新的图景（如梅花在我们中国人看来就不只是一种植物的花，它更意味着坚强），使之文化化，适合于人；另一方面，人又运用心理来认识和体验世界，获得有关世界的知识。在这一过程中，世界和人本身都文化化了。世界转化为主体化了的世界，成为文化的组成部分；而人的生理和心理也在活动刺激的不断作用下形成、发展和深化，具有文化特征，成为文化世界的重要组成部分，并转化为进一步的文化创造活动。由此可以说，心理是与外在文化世界相应的内在世界，而外在文化世界是心理这一内在世界的表达或展现。正是内在文化世界（心理或精神）使外在文化世界成为可认识、可意向和可寄情的，于是自然的事物变得对人有意义，而意义又反过来制约人的心理，使人的心理得以运用和展现。如同一种花（如菊花）对不同文化中的人（如中国人和日本人）有不同的意义。换言之，既可以说人的心理是文化的，在某种意义上也可以说文化是人的心理的表现，二者是相互构成或建构的。对儿童来说，他们生来具有学习文化的潜力和文化基因，基于这种潜力和文化基因，他们在后天的社会互动中接受外部的文化影响，并基于自身的认知、知识经验等对文化进行具有自己独特性的建构，使得文化成员共享的文化具有个性。对成人来说，他们所处的具体的文化是自然的、基础性的，

通过文化，他们组织思维，构建自己的世界。打个比方，我们的心理好比是计算机的硬件（hardware），文化就像是软件。依靠下载的软件的种类，计算机可进行差异很大的操作。人的心理和行为不仅是在创造、掌握和使用文化产物的过程中得以产生和发展，也是通过它们而得以展现或体现。这告诉我们，研究文化物（包括故事、语言、风俗习惯等）是研究人的心理和行为的重要途径。

二、文化心理

研究发现，人的行为存在文化差异，不同文化中的人对同样的刺激或情境有不同的行为反应。日常生活中的许多现象也表明，人的心理或行为具有文化性，由一种文化到另外一种文化（文化移植、文化传播）需要文化适应，即要求与当地的文化相一致，否则就会遭遇尴尬，甚至难以生存。这些表明，文化是一种心理或行为，可称为文化心理或文化行为。

文化心理是文化的深层，即精神文化，是人的文化心态及其在观念上的对象化，是文化的主体和中心或核心部分，体现出文化心理和社会意识的诸形式，"包含在经济、政治、道德、文学、艺术、宗教、哲学等诸方面的观念因素及由'原始—古代积淀层'（或曰'文化基因'）所制约的人生态度、情感方式、思维模式、致思途径和价值尺度"（杨启光，1999），可分为表层、中层和深层三部分。

（一）文化心理的表层

文化心理的表层是指"特定时代浮现在社会文化表面、笼罩或散发着感情色彩和光辉的某种意向、时尚或趣味"（许苏民，1990）。它包括民族情感、意志、风俗习惯、审美情趣、道德风尚等要素，是文化心理的外在表现形式或外部特征。它主要是通过文化器物、人的日常行为等所浮现或表现出来的文化心理部分，如绘画的艺术特色，日常待人接物为人处世所表现出的心理与行为特征，对待特定情境和事情的态度、应对方式和反应模式。例如，儒文化把挫折或失败作为磨炼人的积极心理品质、增强智慧的机会或途径、反躬自省的认知方式等。

（二）文化心理的中层

文化心理的中层是文化成员的行为或活动的一般规范、模式或方式，直接制约或规定着人对刺激的反应方式和对刺激意义的理解或解读，表明刺激和人的行为的基本意义或内涵，它是人之观念在实践活动中不断凝结、沉积的结果，是人行为的直接原因。这一层次的文化心理主要通过社会道德规范、信仰信念、风俗习惯、基本观念等体现。

（三）文化心理的深层

文化心理的深层是文化所蕴含的精神面貌和生活态度，是文化心理的核心和主体，展示文化的精神本质，是结构化的意义系统，相当于荣格所说的集体潜意识，是历史演变过程中逐渐积淀下来并植根于民族心灵深处的文化经验，其本质是文化意义和资源，即文化种群所有的、为个体所学习掌握的意义（Shweder，1993a）。它是"对于人类心理深处所包含的五对永恒矛盾——入世的与出世的（或现实的与理想的）、情感的与理性的、个体的与种类的、理智的与直觉的、历史的与伦理的矛盾——的解决方式的总和，构成了不同民族的基本人生态度、情感方式、思维模式、致思途径和价值尺度"（许苏民，1990）。

（四）文化心理的表层、中层和深层的关系

文化心理的三个层次相互影响、相互制约，形成一种双向互动的关系，结合在一起共同构成一个有机的整体。

第一，深层制约或决定中层，中层决定或制约表层。深层是最根本的决定因素，统摄着其他两层。深层渗透并融入中层，通过中层制约表层。中层结构中的观念尽管纷繁复杂，甚至存在矛盾，但总是与深层的精神特质相一致，在深层意义系统中表现出统一性和同一性。表层凝聚、展现着中层因素，中层制约或决定着表层。表层因子尽管丰富多样、千姿百态，但是从中层引申出来的，是中层中的各种规范、观念等的表现。

第二，表层影响中层，而中层影响深层。这些影响体现在：（1）中层和深层依次由表层、中层发展概括或内化而来。一般而言，在文化心理结

构中，表层是最积极、最富变化的因素。文化心理的形成、发展与演变首先从表层开始。在文化形成之时，表层因子逐渐凝结、结合和稳固下来，概括形成观念或理念，形成中层；中层的观念、规范、制度等不断向纵深方向渗透、蔓延，由此概括内化为深层。这就是说，文化心理的形成是从表层到中层再到深层（表层→中层→深层）的过程。在文化或文化心理的发展过程中，表层因子在人的历史实践或活动的感性酵母的催化下不断发展，产生或形成新情感、新理想、新愿望和新情趣等。这些新的东西不断地泛化或概括化，凝结出新观念或新规范，并融入中层结构，使之不断丰富、更新，进而通过持续同化和顺应，发生新的离析、整合，使中层结构越来越完善。而中层结构的发展、变化又不断地向深层渗透、凝结，深层中结构化的意义系统通过对它们的同化和顺应而不断完善、充实，变得典雅精致。

（2）深层通过表层和中层来体现，中层通过表层得以表现。换言之，中层和表层是深层的表现形式，表层是中层的表现形式。没有表层，中层就无法得以表现，没有中层、表层，深层就无法体现出来。由此看来，表层是整个文化心理的最终表现者，没有表层，人们就无从认识中层，也就无法以中层为中介而认识深层，这样中层和深层也就失去了意义。

综上所述，文化心理的三个层次相互联系、相互影响，在通常情况下是一致的，但有时也不一致，甚至产生冲突或矛盾，尤其是在文化或文化心理的变迁乃至变革的情况下更是如此。这时就要求中层和深层必须随表层的变化而作相应的顺应性变化，使三者重新保持一致。这表明文化心理的三层处于动态平衡过程中，整个文化或文化心理的发展是由三者的不平衡到平衡再到不平衡再到平衡的循环发展过程，其中每一次平衡都比上一次上升到一个更高水平。正因如此，文化心理学要对文化心理深入了解，就有必要探究、厘清文化心理演变或变迁的规律，以此帮助人们了解和把握文化心理和行为发展演变的方向。因此，有必要将研究置于"历史—社会—时代"的框架下，从时间的维度研究人的存在和文化心理。儒文化也是如此，它之所以历久弥新，就是因为它能够不断结合实际情况调整创新。

三、中国文化心理

中国文化心理是中国文化的深层，它是中国文化的核心部分，制约并表现于表层和中层。中国文化心理是统一的整体，尽管它也可像其他文化心理那样分为不同的层次部分，但其各部分密切联系、相互渗透。例如，中国文化心理中所蕴含的哲学层面虽然是其最高层次，但中国传统哲学是一种实践哲学，它融入人们的日常生活，指导、制约人的日常活动或行为。中华文化主要是一种伦理文化，这单从中国的"文化"词源含义上就可以看出，它的各方面都以人的自我修养和行为规范为中心，其所有方面就必然渗入人的日常生活。另外，中国文化注重血缘关系，强调整体性，这反映到文化心理中，也必然注重文化心理各方面的统一。其核心是在中华民族发展历程中逐渐形成内化的、结构化的意义系统，这一系统制约或决定、调节中国文化心理的中层，如社会规范、信仰信念、风俗习惯等，表现在中国文化心理的表层，如应对挫折和艰难困苦的方式、对待人接物的基本态度等。例如，中国文化尤其是儒文化赋予困境和挫折以特殊意义，使中华民族以乐观的心态面对困境或挫折，以百折不挠的精神想方设法战胜困境和挫折，以"自强不息"的精神积极主动地在困境和挫折中磨炼自己。

四、文化心理学

文化心理学研究的是文化心理和行为，即决定人的心理和行为的文化符号的意义，而这种意义又是由人来赋予或建构的。

（一）文化心理学以文化符号及其意义为研究对象

文化心理学研究的主要内容包括：人怎样使世界"人化"或"文化化"而具有意义？意义又怎样作用于人的心理和行为而使人表现出心理和行为的文化差异？这些差异表现在哪些方面？意义怎样演变？它们都以意义为中心，因而文化心理学是研究（刺激）文化意义的学科，研究文化意义如何决定行为，如何制约着人对刺激的反应或人的行为。

文化意义对同一文化圈中的人来说具有共享性或通用性，但对不同文化圈中的人来说则具有差异性。意义既由人的心理活动来赋予，又通过人的心理活动来解释，同时意义又制约着人的心理和行为，因此，文化符号及其意义与人的心理和行为是一种相互建构的关系，建构不同，文化符号及其意义就具有差异性、相对性。因此，文化心理学既研究人如何用自己的心理和行为建构文化（符号或意义）世界——结构化的意义系统，又探讨文化（符号或意义）——结构化的意义系统如何影响、制约个人的心理和行为的生成与发展。

（二）研究心理和行为的文化品性

文化心理学研究人的心理和行为的文化品性。文化心理和行为是特定文化中的人内在固有的对刺激的解释和以此为基础表现出的心理和行为模式或方式。文化刺激指某一种（族）群在其进化和发展过程中根据自己的需要或一定的目的而赋予一定意义或价值的刺激，即对该种（族）群的人具有特定意义或价值的刺激。文化行为是人依据赋予刺激的特定意义或价值所表现出的行为。由于刺激的意义或价值对特定的文化语境中的人来说都是特殊的、有差异的，因此，对它的研究应在具体的文化语境中体验、认识、解释与探究。

（三）注重心理和行为与文化的相互建构

文化（符号或意义）——结构化的意义系统与人的心理相互建构，人的心理或精神使外在变成具有文化意义的世界，成为可认识、可意向和可寄情的世界，自然的事物变得对人有意义，而意义又反过来制约人的心理，使人的心理得以运用和展现。对中国人来说，挫折或失败不是令人沮丧的事，而是磨炼人的抗挫折心理能力、心理韧性等积极心理品质，以及增长人的智慧的途径。正如中国人常说的"宝剑锋从磨砺出,梅花香自苦寒来""不受苦中苦，难为人上人""不经历风雨，怎能见彩虹"等。

五、中国文化心理学

（一）中国文化心理学的一般概念

中国文化心理学主要研究中国人的心理和行为的中华文化特性，切实以中国人的文化心理和文化行为为出发点和归宿，真正反映中国人的文化心理和文化行为，能够很好地描述、说明、解释和促进中国人的存在和优化。

1. 中国文化心理是动态发展的

中国文化是中国人民一代接一代的文化活动的过程及其产物，其中每一代人都有对以往文化的继承，也有对以往文化的创新。即便是当代人，随着全球化和社会的迅猛发展接受了许多外来文化尤其是西方文化因素，其文化心理和行为变化很大，但也不能割裂与中国文化传统的联系，既表现出中国人特有的心理和行为特征，又与前辈的心理和行为有所不同，表现出中国人心理和行为发展的连续性与时代性。

2. 突出中国人的心理和行为的特色

中国文化心理学应以中国人特有的文化心理和行为为主要研究对象和内容，即主要研究或探讨中国人特有的不断优化和发展的心理和行为。由于中国人在其进化和发展过程中所处的生态环境的独特性、历史积淀的独特性、人与人之间关系的独特性等，中国人以其独特的文化来优化自己的活动，进而形成了自己独特的心理和行为特征。

3. 中国文化心理与中国文化相互建构

中国人的文化心理和行为既是文化活动（创造和发展文化）的前提，同时又通过文化活动来表现，并在文化活动中被进一步模塑，由此形成了中国人比较稳定的心理和行为特征。因此，中国文化心理学必须以文化心理和行为的相互建构为研究出发点，这样才能更好地理解二者之间的关系，并揭示中国人的心理和行为的形成与发展规律及其特征。

中国文化和中国文化心理总是处于一种动态发展的过程，总是以已有的发展水平为基础，在环境等因素变化的作用下不断地演进。因此，在看待中国文化和中国文化心理时不能静态地看待，而应用动态的、发展的眼光看待。由此看来，那种把中国文化和中国文化心理看作过去的东西或称为"老古董"的观点是片面的。中国文化心理学的研究必须置于"历史—社会—时代"的框架下，从中国独特的历史进程、社会结构、时代要求与特色等综合性视界开展研究，既研究中国文化心理的特色或特质，也研究中国文化心理尤其是结构化的意义系统的演变及导致其演变的因素。

儒文化也是如此，它肇始于中国远古文化，在春秋战国时成为"显学"，遭遇秦朝的打击，经董仲舒等大儒的宗教化改造成为中国主导文化，后在与佛、玄、道等的斗争中积极吸收它们的思想而使儒学复兴，最终形成影响巨大的宋明理学。近现代，儒文化又遭受空前的批评否定，但它又积极结合社会发展实际，汲取西方文化中的积极因子加以改造，形成新儒学。儒文化心理学应当研究儒文化的演变与发展，知其然还要知其所以然。

（二）中国文化心理学是体认式心理学

中国文化心理学是在中国文化框架下开展心理学研究所建构的具有中国文化特色的心理学思想和心理学理论（汪凤炎，2019），它不同于西方的主客二分的心理学，是"基于第一人称视角的主客一体的心理学"（刘昌，2021）。"第一人称"是个体从自我的视界描述、看待、对待事物、事情或人。这一视界表现在心理学研究上，是个体从自我（主体）的视界描述、认识、对待心理活动和行为；体现在对自我心理活动的研究、了解上，是个体对自己的心理活动和行为进行认知、描述、对待等。其中，个体既是主体，也是客体，"我"既是认识者、研究者，又是认知或研究的对象。由于从自我视界对心理活动和行为进行探讨，因此，必然重视个体自身的体验或体认。体验是个体通过亲身经历而获得某种感悟和认知，体验到生命的价值或意义，把消极心理转化为积极心理，强化提升心理境界或精神层次。体认是个体通过亲身体验去认知、认可或认同。

中国体认式心理学与西方的以主客二分为基石的客观心理学的不同体现在：（1）中国体认式心理学的目的不是认识心理本质和心理活动规律，而是提升人的心理境界和精神生活质量或精神层次，使人获得心灵上的自由。中国的儒、道、佛文化都是如此。儒文化心理学的目的是通过修炼逐步达到"内圣外王"的心理境界，如孟子的"人皆可以为尧舜"思想，王阳明的"人人皆圣""致良知"思想等；道文化心理学的目的是通过修炼逐步达到贤圣智真的洒脱心理境界，如庄子的"坐忘"思想（王诗语，2020）；佛文化心理学的目的是通过修炼达到佛的无忧无虑、免除烦恼、空灵愉悦的心理境界，如惠能的"禅定"与"自性自度"（李炳全 等，2020；李炳全和张旭东，2021a）思想等。不管是儒家要达到的圣人境界，还是道家要达到的真人境界，或是禅宗要达到的佛的境界，都要靠个体自己体认。（2）中国体认式心理学的研究方法主要是内省或反省、感悟和亲身体验。儒家的反躬自省、道家的内观、佛家的明心见性都是这样的方法。（3）中国体认式心理学的结果是个体通过体认把消极心理转化为积极心理，如把压力转化为动力、把悲观转化为乐观、把心理负能量转化为心理正能量等（LI & DU，2020a），从而获得快乐和幸福的人生体验，提高活动实效，实现生命意义或人生价值。老子的"福祸相依""阴阳相生相克"思想、庄子的"向死而生"思想、孟子的"生于忧患死于安乐"思想、惠能的"烦恼即菩提"思想等都是如此。（4）中国体认式心理学的研究对象是主体自己的心理体验或体认，是"心流"（米哈里，2017），研究视界是主体的自我视界，研究者是参与者、体验者，而不是旁观者或局外人，因此，它突出主体性，强调自我感悟、体验和心理转化。孔子的"己所不欲，勿施于人"（《论语·颜渊》）和"己欲立而立人，己欲达而达人"（《论语·雍也》）思想，孟子的"老吾老，以及人之老；幼吾幼，以及人之幼"（《孟子·梁惠王上》）思想，惠能的"心地无非自性戒，心地无痴自性慧，心地无乱自性定"（《六祖坛经·顿渐》）思想，都是强调主体性作用。所有这些说明，中国传统文化心理学，尤其是构成中国传统文化主体的儒、道、佛文化心理学，都重视人的主体性作用，强调人的自觉、自修和自我体验及自我建构（李炳全和张旭东，2021b）。其实质是一种积极的修身养性思想。

第四节　儒文化心理学的基本含义及特征

儒文化心理学是研究儒文化心理的一门学问。儒文化心理是中国文化心理的主要组成部分，具有中国文化心理的基本特征。因此，儒文化心理学是中国文化心理学的组成部分，具有中国文化心理学的所有属性，除此之外，它还具有自己的特殊性。

一、主客体融合的体认式心理学

儒文化心理学隶属于中国文化心理学，所以，它是体认式心理学。既然如此，其研究方法应是以主位研究和同文化研究为主的多种方法的结合。

（一）体认式心理学的研究方法和策略

主位研究是指站在研究对象的立场上来研究、分析文化或文化心理（李炳全和叶浩生，2004）。主位研究包含两层密切联系的含义：（1）把文化看作像人一样的主体而不是客体，从所研究文化的角度或立场理解、解释或研究文化心理和文化行为。对儒文化心理学研究来说，就是站在儒文化的视界和立场出发进行研究。（2）研究者深入研究对象的文化，了解、获得并被同化，从而与研究对象具有文化相似性，以当地人、当地社会、当地文化为主体。这样研究者才能比较容易体认、理解、推断和解释被研究者的文化心理和文化行为，使自己的研究活动和理论建构更适合被研究者的心理和行为。按照这一观点，儒文化心理学研究者要切实理解掌握儒文化，具有儒文化心理素养。菲斯克（Fiske）认为："如果人们获得文化在很大程度上是通过观察、模仿和逐渐增多的参与，那么，研究者也必须做同样的事情——不是请他们解释这些规则或知觉结构——而是通过观察他们的行为和学习他们的文化，而这是他们获得文化技能和经验的相同方式。"（Harris & Johnson，2000）从这两层含义来看，主位研究实际上认为文化心理和行为与当地的社会、文化背景、地理环境和历史语境等有密切的关系，对它的研究应以此为出发点和归宿。

同文化研究是指处于某文化境遇中的研究者研究该文化心理和行为，即处于某文化中的人研究自己的文化心理和行为。同文化研究强调或突出研究者与研究对象的文化同质性。在文化心理学的研究中，人们通常有这样的假设：研究自身所处的文化通常比研究异己文化容易。这一假设是基于自己对所处的文化比较熟悉，对它的了解、理解一定比非本身文化的人更多、更正确、更深刻，就像人们常说的"只有自己最了解自己"。由于人是在一定的文化中模塑出来的，文化制约着人的心理和行为方式及人对事物或现象的解释，因此，相对来说，生活在某一文化中的人更能认同、理解该文化。有些在外人看来是不可理解的现象，在该文化下的人看来却是合理的。因此，这样的研究，研究主体与客体更能达到心灵相通——通情。这告诉人们，研究儒文化心理学最好是儒文化者。

（二）主客融合的认知方式

如前所述，体认式心理学是主客相融或一体的心理学，不同于发端并发展于西方的科学心理学。西方的科学心理学的指导思想是主客二分，研究的基本原则是客观性原则、价值中立原则（刘昌，2021，2022），研究的方法论是实证主义、实验主义和个体主义（周晓虹，1997）。为保证研究的客观性，使研究者从众多的质料中归纳概括出一般形式（事物的本质或规律），获得真理性知识，研究者（主体）必须作为一个局外人或旁观者站在研究对象（客体）之外（刘昌，2021，2022）。而体认式心理学则不然，其研究或认知方式是主客体融为一体的体认，而不是客观性认知。

儒文化追求的是对至高无上的"（大）道"或"（天）理"的把握，以便移植到社会中以实现自我修养的提升和社会的治理。由于"道"或"理"融在具体的人、事、物中，因此，必须通过对具体人、事、物的认知才能把握"道"或"理"。这与"从特殊到一般"的西方科学认识过程相同。不过，不同的是：（1）儒文化对"道"或"理"的认知把握是体认式的，是通过主体的体悟而不是通过归纳概括来实现，其过程是格物→致知→诚意→正心，这都需要凭借主体心灵的感悟来实现；（2）其价值或作用不是获取知识，而是用于实践尤其是为人处世，善假于物。

这种体认式认知具有很高的价值，中国古代许多科学家运用这种体认式认识发明了许多科学理论与科学技术和工具，缔造了辉煌的文明，使中国的科学从远古到明代一直走在世界前列。"这种以事物原始之样态，利用厚生，所发展出来的科学是'有机论'科学，它和西方人从'质料'中抽象出'形式'，并以逻辑推理作为基础的'机械论'科学有本质不同，其生产效率也不可同日而语。"（黄光国，1998）李约瑟（Joseph

Needham）指出：十五六世纪前，中国的科学一直比西方发达，世界上许多重大的关键性发明，都是由中国人完成的，而这些发明在传入欧洲之前，早已在中国使用了几百年。这些发明传入欧洲之后，立即对欧洲社会造成重大影响，但它们对中国社会的结构的影响却甚为微小（黄光国，1998）。除此之外，中国人在医学、天文学、机械学、动力学方面，都有十分辉煌的建树（Needham，1969，1970）。据此，李约瑟一再提醒：现在的科学并不是科学的最终形式，科学本身还处于不断变革之中。在实证主义造成西方文化危机的情况下，中国的整体式世界观对科学尤其是人文社会科学能够发挥积极作用。

二、以"内圣外王"为人生目标的入世心理学

入世指进入社会中积极作为、建功立业，这是儒文化的基本人生态度，表现为儒文化的世界观、人生观、价值观。儒文化确立的人生目标是"内圣外王"，即有崇高的内在修养和外在伟大的事业。"内圣外王"是统一的，"内圣"是成就"王业"应具备的素养，没有"内圣"，"王业"就缺乏必要的支撑，因此也实现不了；"王业"是"内圣"的外在表现和内在价值的实现。儒文化的修身修的是能够成就事业的内在素养，齐家治国平天下是人生价值实现和内在素养的展现。

"儒"在源起上就是有本事并积极在社会中展现其本领的人。"儒"的源头巫[1]是如此，儒文化所尊崇的尧、舜、禹、周文王、周公等也是如此。其创始人孔子期盼平定乱世，还社会和谐稳定。后世的儒者秉承孔子的入世之心积极投身社会有所作为，遇到任何艰难险阻都毫不退缩。"士不可以不弘毅，任重而道远"（《论语·泰伯》）明确表明，儒者应该积极承担齐家治国平天下的重任，有责任担当和社会使命感，为此，要修炼自己的坚毅、宽广胸怀等积极心理品质。如果自己的修养不够，那就不断增强自己的修养，增益己所不能，以使自己德配其位；如果自己有素养但不得志没有机会，那就退而继续增强自己的修养，或教化人以培养社会所需要

---

[1] "巫"的创始人巫咸利用自己的才能辅佐统治者取得战争胜利、治理好国家、治病救人等。

的人才，或著书立说以宣扬自己的主张，这就是儒学所说的立功、立德、立言。孔子就是最为典型的代表，他不仅积极倡导入世，而且身体力行积极入世有所作为，教育弟子入世，建构入世思想以影响后人。孟子继承发展了孔子的儒学，他说："尊德乐义，则可以嚣嚣矣。故士穷不失义，达不离道。穷不失义，故士得己焉；达不离道，故民不失望焉。古之人，得志，泽加于民；不得志，修身见于世。穷则独善其身，达则兼善天下。"（《孟子·尽心上》）

儒文化的入世思想逐渐植根于中华民族内心深处，成为其文化基因和精神品性及中华民族生存和发展的不竭动力源泉。在其作用下，一代代中国人本着"国家兴亡，匹夫有责"的精神和使命担当，自强不息，百折不挠，克服种种艰难险阻，屹立于世界之林。

既然儒文化的基本人生态度是入世文化，那么儒文化心理学就应当研究儒文化的入世心理和行为。从这一意义上可以说儒文化心理学是入世心理学。

三、以儒文化心理意义为研究对象的意义心理学

儒文化心理学的研究对象是儒文化心理，而儒文化心理是儒文化在其形成和发展过程中逐渐形成的以独具文化特色的结构化的意义系统为核心的心理系统。既然是意义系统，因此可以说儒文化心理学是意义心理学。

意义心理学是指以意义为研究对象，研究意义的生成、演变、诠释及其与行为的关系的心理学，其基本特点是重视意义，把意义置于心理学研究和构建各自理论体系的中心。意义心理学认为，人的行为"由事件对人的意义决定……而不是由它们的客观特性所决定"（Mackay，2003）。事物或事件等对人的意义不同，所导致人的行为也就不同：（1）意义和人们试图理解事物、事件、情境等的方式及讲述的方式等对心理学来说极其重要，处于心理学的中心，即具有中心重要性；（2）同样的客体或事件、刺激对于不同的人、不同的时代和文化来说或许具有不同的意义，由此可以说意义并不是客观世界中的客体、事件或刺激内在固有的属性或特征，而是以人为中心的、是人所建构的世界及其中刺激的基本特性；（3）客观存在

的刺激、事件、客体和符号等本身并不具有意义，其意义是人与它们相互作用的结果，因此，人的行为不是由客观的刺激或客体及其属性等决定的，而是由人们制造的关于客观刺激或客体及其属性的原则、观念等意义决定的，是由人如何理解或解释它们决定的；（4）人生活于其中的世界是人所创造的以人为中心的，而不是自然状态下实际存在的客观世界。质言之，意义实际上构成了人把自己安置于或生活于其中的现实。由于意义由符号来表征，符号活动是表征意义的基质或发源地，因而可以说人生活于符号世界中，唯有该世界最为实在和可知。

符号是意义不可或缺的组成部分，每种符号都有其内在的意义，离开了符号的意义，符号也就没有存在的价值和必要。从日常生活或实践活动中使用的符号来看，人们创造和使用符号主要是用它来表征一定意义，通过它更好地认识世界，形成与对象的关系——对象化关系。从符号与人的心理和行为的关系来看，塑成、制约乃至决定人的心理活动和行为的因素是符号的意义。在人与人的相互作用中，人们不在乎别人使用什么符号，即"说什么"，而非常在意他所使用的符号意义，即"说的是什么意思"。同样的符号，人们所感受到的意义或内容不同，所产生的心理反应或行为也就不同。由于符号在文化形成和发展中被创造和演变，具有文化性，因此符号的意义也就具有文化规定性和文化历史性。

从符号的形成来看，人在文化活动中，为了更好地与世界发生关系和表达内心所形成的意义，一方面把各种客观对象或现象符号化，赋予它们意义，使它们成为意义的载体或媒介；另一方面人创造符号来承载意义，使内在意义外化。表面看来，人的行为由符号引发，但实际上是对意义的接收、解释和输出过程。意义既由人的心理活动来赋予，又通过人的心理活动来解释，同时制约着人的心理和行为，二者是相互作用、相互建构的关系。

综上所述，儒文化心理学在研究儒文化的意义系统时，要关注如下几个方面：（1）儒文化意义的形成、演变历程；（2）儒者与儒文化意义的相互建构，包括儒文化意义对儒者思想或理论建构的影响和儒者通过对儒文化意义的诠释而赋予其新的意义；（3）根据当代社会发展需要对儒文化意义进行创新性诠释和发展。

四、以伦理为内容的"和"心理学

儒文化的目标是"修身齐家治国平天下",而要实现这一目标,首先就要处理好人与人之间的关系,因此儒文化特别重视伦理问题,试图以良好的伦理关系来治理社会问题,作为社会和谐稳定的途径或手段。儒文化的"五常""八德"都是用于处理各种人与人之间关系的,有天伦、人伦、上下级、同级、正式和非正式的各种关系。所以,人们普遍认为,儒文化是一种伦理文化,伦理思想是儒学的核心,儒文化的哲学、政治、礼教等思想理论都是围绕伦理而建构起来的。赵卫东(2019)指出:"整个社会是由各种人际关系所交织而成的一个网络,每个人都是这个网络中的纽结,处于多重而复杂的人际关系中。这种人际关系网络以血缘亲情为基础而形成。在血缘亲情的基础上,每一个中国人都处于一定的伦常关系中,能否处理好各种伦常关系是衡量一个人成功与否的关键。"儒文化首先重视的是天伦关系,即由血缘关系联系起来的人际关系网络,以此为基础将其推广或泛化到国家或社会中的各种关系,进而推广到世间有生命的万物,把万物统一起来,"万物皆备于我"(《孟子·尽心章句上》),由此向内探求天道或天理,就可以逐步走向仁德,止于至善。正如孟子所言:"亲亲而仁民,仁民而爱物。"(《孟子·尽心章句上》)

在处理伦理关系时,儒文化重视"和"。"和"是儒文化特别倡导的伦理、政治原则和社会原则。《论语》明确提出了"礼之用,和为贵"(《论语·学而》),后来的儒思想家加以发展,成为儒文化的重要思想。

"和"是由差异性的事物或人相生相克、相辅相成而形成的动态平衡的系统。"相生"是事物或人之间相互促进、相互助力的关系;"相克"是事物或人之间相互限制、克制、抑制的关系。通过相生相克,系统各要素间实现一种有利于整个系统稳定和发展的平衡,否则其中一些或某一因素太强或太弱就会导致平衡被打破,使整个系统被破坏。例如,不同的音符以恰当的方式联系起来形成美妙的音乐;生态系统中生态链上的各要素相生相克,形成动态平衡。这是包括儒文化在内的中国文化所依据的阴阳五行理论的基本观点。

"和"的前提是差异性，体现出对差异性的尊重。所以，"和"之前先要"分"，即分别、区分、分工、分配。"礼"的首要作用是"分"，即把人的身份、角色、职能或职责等加以区分。儒文化的"五伦"[1]就是区分。在此基础上，对区分出的人的行为加以规定或限定，这就是"礼"。每个人按照"礼"（规范或规则）而行，就能处理好人与人之间的关系，形成"和"，这样就能依"道"而行，为好人处好世。"天下之达道五，所以行之者三。曰君臣也、父子也、夫妇也、昆弟也、朋友之交也，五者天下之达道也。知、仁、勇三者，天下之达德也。"（《中庸》）由此可知，处理好"五伦"关系是通行于天下而畅通无阻的大道。那怎样才能处理好这五种关系呢？那就要"君臣有义，父子有亲，夫妇有别，长幼有序，朋友有信"（《孟子·滕文公章句上》）。在此基础上，对五伦每一方的心理和行为都作出规定，如父慈、子孝；君仁、臣忠；夫义、妇听；友信即朋友之间讲诚信（《礼记·礼运》）。如果人们都能按照这样的规定来做，相互之间就能建立"和"的关系，社会就会稳定和谐；若有一方不按"礼"做，就会不"和"。"夫仁政，必自经界始。经界不正，井地不钧，谷禄不平。是故暴君污吏必慢其经界。经界既正，分田制禄可坐而定也。……出入相友，守望相助，疾病相扶持，则百姓亲睦。……此其大略也。"（《孟子·滕文公章句上》）按照"礼"，君主或统治者应实施仁政，这是实现与民或被统治者"和"的前提。儒文化中的"民为本""水能载舟亦能覆舟"等思想，也是在强调君臣、官民等之间"和"的重要性。由此来看，"和"是儒学追求的目标，"礼"是实现"和"的手段或途径。

综上所述，儒文化重视伦理，从伦理角度对包括天伦和人伦在内的人与人之间的关系尤其是上述五种关系作出规定，即"礼"。这种规定形成了儒文化中人的存在方式，每个人都在这种伦理关系中存在，依据儒文化的道德规范处理人与人之间的关系，实现人生价值或生命意义。从这一意义上来说，儒文化心理学是"和"心理学，"和"是其研究对象与主要内容。

---

[1] "五伦"指君臣、父子、夫妇、兄弟和朋友五种关系，是儒文化所强调的最基本的人与人的关系。

五、崇尚务实笃行的做事或活动心理学

儒文化强调学以致用，知行合一，崇尚务实笃行，注重从实际出发，追求有用性或实用性，其确立的人生目标和人生价值的体现是"修身齐家治国平天下"，倡导人生在世一定要有所作为。因此，儒文化心理学应当研究儒文化的务实笃行、有所作为思想，可将这样的心理学称为做事或活动心理学。

"务实笃行，有所作为"是儒文化非常有价值的思想。"作为"是积极走进并作用于社会，对社会稳定、和谐发展产生积极影响。儒学反对空谈清谈，注重做事，尤其是有关民生的事情，民生事情做好了，才能真正实现安邦定国。儒学认为，人的生命意义或人生价值取决于他为家国社会做的事情及其作用好坏、大小。儒文化的这种思想不仅是世界观、人生观和价值观，也是方法论，还是一种人生智慧，它在历史发展过程中，逐渐形成了"重实际而黜玄想"的文化性格和"实用—实践理性"的基本文化精神。这种性格和精神使儒文化不追求获取反映事物的本质和规律的一般知识，而以知识应用于世为目标。具体表现在对"道"或"理"的体认上，儒文化的终极目的不是对"道"的认知及在此基础上归纳概括出知识，而是依据"道"来行动或做事，以提高行动和做事的有效性。这与西方文化中产生的科学有根本不同。科学研究的是知识性问题，而包括儒文化在内的中国文化研究的是行动或活动的有效性问题，必须付诸主体的行动或活动才能完成（黄光国，1998）。

《易经》说："形而上者谓之道，形而下者谓之器。"（《易经·系辞上》）作为宇宙本源的形而上的"道"是无形的，只可通过人的体认感悟来认识；而形而下的器是有形的，是"道"的载体，它可以被人认知、传授。儒文化说的"天道"或"天理"是"道"，因此"可传而不可受，可得而不可见"（《庄子·大宗师》），即"道"只能意会而不可言传。中国的道学、佛学也持这一观点。老子说的"道可道，非常道"，佛学说的"真法不可说"等就是这一思想的表达。比如，学中医，老师可以教给学生中医知识，但学生仅掌握中医知识并不能成为真正的中医，要成为真正的中医，需要学生自己在实践中体认感悟。再如管理工作，从他人那里获得丰富的管理知识、方法、技巧等，并不能保证成为优秀的管理者，要成为优秀的管理者，就需要在运用所学的知识、方法等过程中反复揣摩体会。这就是中国人常说的"纸上得来终觉浅，绝知此事要躬行"。从这一意义上来说，儒文化所推崇的"行"，即行动、活动、作为，比知识的层次更高。实际上，人的行动或作为过程是行与知的螺旋式上升的过程，不管是先知还是先行。

正因为"作为"或"活动"是儒文化的追求，所以，"作为"或"活动"应当是儒文化心理学的研究对象。从这一意义上来说，儒文化心理学是作为、行动或活动心理学。

六、以本体论解释学为方法论的解释心理学

既然儒文化心理学研究的是儒文化的结构化的意义系统，那就决定了其方法论主要是解释学。解释学方法是施莱尔马赫、狄尔泰等人力图确立的与自然科学的实验主义、社会科学的实证主义相对应的人文科学的研究方法。之所以如此，因为人文科学是以人而不以物为研究对象，以人为出发点和归宿，其研究对象与自然科学不同，不是自然科学所研究的事物本身（事物的属性及其关系）和（科学实证意义上的）事实，而是相对于人的各种意义。事实或事物及其属性可以被认知、证实，意义则需要被理解或诠释。对事实或事物属性及其关系的认知、掌握并不等于对意义的理解和把握，它只是理解的基础、前期准备和前提条件，而不是理解和解释本身。认知、证实的对象是物性，而理解或诠释的对象是人性，即人赋予事物或刺激的意义。

解释学分为两种：一种是以施莱尔马赫、狄尔泰为代表的方法论解释学；另一种是海德格尔及其弟子伽达默尔开创的本体论解释学。方法论解释学是避免误解的学问，其任务是揭示文本的真正含义。它旨在追求绝对的客观性，以客体为中心，树立对象在分析或理解中的绝对地位，抹杀分析或解释主体的主观能动性或文化历史性。其方法是分离主客体，在分离中实现主体对客体的理解。本体论解释学认为，解释不能以理解作者原意为目标，文本的意义只能在解释者的自我理解中实现，而这一过程是视界融合过程，其间，文本经验获得存在意义的增长，同时解释者的视界也在

不断扩大并修正。这种解释学打破了主客二元对立和认识论中的认识者和认识对象的彼此之分。一方面，解释是一种视界融合，而视界融合是动态发展的，任何一种解释或理解首先应移置到一个包含解释主体和对象双方的历史视界的更广阔的视界中；另一方面，在解释的过程中，解释者总是不断地扩大并修正自己原有的视界，而这一新视界又成为更新、更大一轮解释的起点。这样，解释的视界将逐渐拓展，既包括原有两个视界，又超越它们，依次达到更高的层次或水平。依据其理论，文本没有固定的客观意义，其意义只能存在于具有历史性的不同解释和理解中；解释者与文本是一种互动和共同发展，即互为主客体的关系；理解是在特定的语境中进行的，理解主体和对象都有历史性，二者都内在地镶嵌于特定的历史语境中，不考虑历史语境而追求纯粹的客观性根本上就是一种不切实际的梦想。

儒文化心理学研究主要采用本体论解释学，在研究儒文化的意义系统时，应将其置于"历史—社会—时代"的框架下，把儒文化心理思想产生的历史语境、历史演变和当代社会发展需要结合起来，对儒文化进行创新性发展。如果只是追求其提出者的本义，那是不可能的，也是无意义的。例如，老子和孔子对《易经》的理解和解释存在很大差异，不同时代甚至同一时代不同的思想家对儒文化经典四书五经的理解或诠释也存在差异。

第二章 "儒"字的文化心理内涵

　　要弄清儒文化心理，首先必须弄清"儒"字的文化心理内涵。从"儒"字的结构上看，它由"人"和"需"两字构成。从"亻"，指代从巫、史、祝、卜中分化出来的特殊人群，即专门从事与祭祀、医疗、记录历史、祷告、占卜等需要具有专门知识和技能才能从事的职业的人。从"需"，表示能够满足当时人们需要的人。二者合在一起，可以说"儒"的字源本义是春秋时从巫、史、祝、卜中分化出来的、熟悉诗书礼乐而为贵族服务的有知识的人士，以及社会或人们所需要的人。既然儒家采用了"儒"这个字，说明"儒"这个字最能说明儒家思想。因此，要对儒文化心理思想有更全面深刻的理解，有必要对"儒"字的文化心理内涵加以分析探讨。"儒"字由"亻"和"需"构成，若想弄清"儒"字的文化心理含义，有必要对其组成部分进行分析。

第一节 "人"字的文化心理内涵

　　史学家钱穆（1962）认为："中国人很早便确定了一个'人'的观念，由人的观念中分出'己'与'群'。但己与群已包涵融化在人的观念中，因己与群同属人，如何能融凝一切小己而完成一大群，则全赖所谓'人道'，即人相处之道。"钱穆先生说的中国人，实际上主要指在儒文化熏陶下具有中国文化心理特质尤其是儒文化心理特质的中国人。他们之所以重视人与人相处之道，与他们对人的认识和对人生的感悟是分不开的。而这样的认识和感悟体现于中国的"人"字之中。

中国文字中的"人"字有十分丰富的心理内涵，其心理内涵与英语单词中的"man"或"person"不同，中国文字中的"人"体现了中国文化尤其是儒文化特有的心理和行为特征。从这一角度进行分析，有助于对不同文化心理或行为有根本的认识和理解。鉴于此，首先有必要在此对中国的"人"字进行分析，并与西方的"人"及其心理内涵的差异加以比较。

中国的"人"字是一个相互连接或交融的对称结构，它蕴含着如下几层意思：人与人之间形成一种相生的"和"关系；男女相生的"和"关系；个体与群体、群体与群体的相生的"和"关系；构建良好的、积极的天伦和人伦是儒文化的根本目的；个体的身心和谐。其中最后一点放在其他章节来讲，在此主要分析前四点。

一、人与人之间形成一种相生的"和"之关系

相生是不同事物或属性之间相辅相成、相互促进强化。"和"是不同事物或属性之间相互配合、协同作用的过程及其形成的能发挥良好系统效应的有机整体。

（一）"人"字的文化心理释义

从"人"字的结构来看，其两个笔画可以看作两个人，两个笔画相连可看作人与人相互支撑、相互作用或和谐，意指每个人都不是单独存在的，都离不开他人而存在。正因如此，为了自己的存在，每个人必然要与他人发生关系，并在这种关系中实现自己的人生价值和社会价值。《集韵》《韵会》《正韵》都明确指出，"人"如邻切，音仁。《释名》指出："人，仁也；仁，生物也。"而"仁"是"人二"或"二人"。从"仁"字的结构来看，人是两个人，"仁，……从人从二"（《说文·人部》），其基本含义应该是人与人的相互作用。这实际上是儒文化思想的体现，孔子、

孟子等儒思想家都表达了这一思想。孔子说："仁者，人也，亲亲为大；义者，宜也，尊贤为大。"（《中庸》）其义是，"仁"是指人，亲爱亲族是最大的仁；"义"是事事做得适宜，尊重贤臣是最大的义。孟子说："仁也者，人也。合而言之，道也。"（《孟子·尽心章句下》）其义是，"仁"的意思是"人"，"仁"与"人"合起来，就是做人之道，即人生正道。《六书正讹》指出："元，从二从人，仁则从人从二。在天为元，在人为仁。人所以灵于万物者，仁也。"其义是说，"元"字分开来看，一个是"二"，一个是"人"；"仁"字分开来看，一个是"人"，另一个是"二"。"元"为初始，喻天地之始；"仁"为生成，授万物以性命。有了"元"与"仁"，万物得以生发。这种生养万物的东西[1]在天上是元气，元气是构成所有物质的基础；在人身上体现出来的就是"仁"，"仁"是一个人的立身根本。这实际上告诉人们，"仁"是人所具有的生养万物而不自恃的特性。表现在人身上，"仁"是关爱他人，为他人的成长发展提供有利条件，就像父母对待孩子那样发自内心的毫无私心的关爱、抚养，为孩子的成长发展尽可能提供有利条件。这样，"仁"就具有了"爱"的基本含义。按照儒文化，具有这一特性的人才是真正的有人性的人，否则就是与动物一样的生命体，根本就不是真正的社会意义上的人。由于"仁"的本义是爱人——"仁者爱人"，因此，从这一意义上来说，"人"字的基本含义是人与人之间相互关爱、敬重，由此建立相生的"和"的关系。因此，以儒文化为主导的中国文化非常重视人际关系，把许多心思放在人事（处理人际关系）上。常言道："在家靠父母，出门靠朋友。"这句话道出良好的人际关系既是自我发展和个人成功的一个必要条件，也是自己生活的重要组成部分，更是社会稳定和谐的重要条件与组成。

（二）人与人相互支撑的文化心理根源

"人"所蕴含的人与人之间建立相生的"和"的关系的思想和心理，源自中国人对自然和自身的认识及由此形成的生活方式。

---

[1] 实际上是中国文化所说的"道"："道生一，一生二，二生三，三生万物。"

1．中国人早期的自然环境与相生的"和"心理形成

总的来说，生态是生命体和生存环境之间关系的整体形态，包括人类和其他生命体共同所有的自然环境。温度、湿度、土壤、地形和水的供给等对人类和其他生命体的存在都有很大影响。在人类历史初期，人类逐渐地研究出应对和适应所处的生态环境的策略，在不同的生态压力下形成不同的相对稳固的反应模式。一般而言，人类越是原始，对自然的依赖性越强。由于早期人类与自然抗争的能力十分有限，因而受自然的影响很大，他们更多的是适应环境。在这种适应、抗争中逐渐形成了一些稳固的心理特征、对世界的看法和对生活的适应方式。合作就是这种适应方式之一。之所以如此，是因为在人类生活早期，单个人适应自然的能力和可利用的手段与工具十分有限，单靠个人很难生存或获得生命的延续，要使个体生命乃至整个种族得以延续和发展，就必然要求人们相互之间联合起来，形成一种足以适应和抗争自然的整体力量，如群猎。

研究表明，中华民族早期的生存条件十分恶劣，水涝、干旱等自然灾害不断，中华民族是在不断与恶劣自然条件和灾害的抗争中延续和发展的。中国的许多寓言故事，如"女娲补天""后羿射日""大禹治水""愚公移山"等表明了这一点（汪凤炎和郑红，2004）。而要抵御恶劣气候和大的自然灾害，单靠个人或少数人的力量难以实现，必须依靠大家的相互帮助、协作。由此就逐渐形成中国文化把人作为"社会的人"或"相互作用、相互依靠的人"的认识或观念。

2．中国人的生活方式

从泰勒开始，许多人把文化看作一种包括物质生活方式和精神生活方式的生活方式。从物质生活方式来看，中国是一个农业社会，其物质生产的主要方式是农业，人们生活所需主要源于农业，由此形成了中国人依靠农业的生活方式。从古至今，中国人非常重视农业，将其作为人、家庭乃至整个国家的命脉。正因如此，中国人历来"重农""兴农"，把农业生产作为第一要务。而农业生产有两个基本特点：季节性和土地依赖性强。季节性强导致中国人忙时必须合作，而闲时有时间沟通。农业生产的忙时主要表现为耕种和收获两个时期，这两个时期的时限性强、时间短，要求在较短的时间内完成大量的工作，而这单靠个人的力量难以完成，必须多人协作。这就为人与人之间建立相生的"和"之关系提供了现实的物质或实践基础或客观要求。闲时主要指农闲时期。在农闲时期，人们大多无事可做，有大量的空余时间，这既为人们交流、沟通（包括经验、情感、思想观念的交流和沟通及物质交换）提供了时间条件，也使人们产生了交流、沟通的需要或愿望，因为他们想排解闲时所带来的无聊、寂寞等。另外，季节性强要求人们储存、保护自己的生活资料和生产资料，避免粮荒等问题出现，而这也需要人们的分工协作。土地依赖性强，既导致不同地域出产不同的物品，也导致人口流动性小，人的生活空间很少变动。不同地区出产不同物品会迫使人们进行物质交换，从而使人与人之间的相互依赖与交流成为必要。尽管我国百姓信守着"靠山吃山，靠水吃水"的生存方式，但这主要指利用自己当地的物品来生存，如用粮食来换盐等。生活空间稳定，人口流动小，使人际关系相对稳定，这就极易形成对外人的排斥和同地区人的相互认同、凝聚。当今我国许多地方的人的地方色彩仍然很浓，本土观念很强。许多大学、大型企业和地区有"乡党"性质的群体或组织，如老乡会等。人们常说的"老乡见老乡，两眼泪汪汪""美不美，故乡水；亲不亲，故乡人"等便是对这种状况的描绘和认可。

正是农业社会所导致的人与人的相互依赖，形成了中国人相生的"和"关系或"相互支撑"的人观念。这种观念融入中国文字，通过中国文字表现出来。

从精神生活方式来看，中国文化尤其是儒文化历来把建立人人平等、和睦相处的"大同世界"作为自己的社会理想，企盼人与人能互帮互爱、相互支持。陶渊明的《桃花源记》就是这种愿望的最明确表达。这种愿望的产生是稳定和谐的匮乏。纵观中国历史，远古时代战争频繁，频繁的战争导致民不聊生、生灵涂炭、骨肉分离，从而导致中国文化对人与人和睦相处与社会和谐稳定的强烈企盼或渴望，使中国人"尚和""求和"。这

种心态必然会在中国人制造的并在生活中运用的文字中体现出来，使"人"字具有如此意蕴。

（三）人的个别差异性与相生的"和"关系

中国的"人"字虽然突出了人与人的和谐、平等，但并不蕴含着把人作为等同或一致的人，而是把人看作有差异的人。因为"人"字的两个笔画不是完全等同的。当然，把人看作有差异的，并不意味着人与人的不平等，相反更追求人的平等。这体现在以下几个方面。

1. 尊重差异性

人有差异并非一定表明人有贵贱高低之分，也就不存在把谁的意志强加于其他人之上的含义。相反，正是人与人有差异，且这种差异并不是谁好谁坏、谁优谁劣，因而每个人都应尊重差异性，尊重其他人，而不应以自我为中心，片面否定他人，而应真正学会尊重和欣赏异文化中的他者，并在极具差异或不可通约的文化或话语之间牵线搭桥（Mcnamee，2003）。

2. 差异性需要交流与沟通

正因为人与人之间存在差异，才需要人与人之间进行平等对话与交流，以便通过对话与交流实现人与人的相互理解与和睦相处。在对话与交流中，有差异的人也是平等的，谁也不能自恃优秀而看不起对方，把自己凌驾于对方之上。不然，对话和交流很难顺利进行下去，很难实现人与人的相互理解，甚至还会产生更大冲突。

3. 差异性是合作的基础

正因为人与人之间存在差异，人与人的合作才成为可能和必要。倘若人与人没有差异，你会的我（他）也会，你有的我（他）也有，你、我、他之间就没有合作的必要。

从社会心理学的角度看，合作是两个或两个以上的个体或群体为达到某种共同目的或满足某种共同需要而自觉或不自觉地在行动上相互配合的一种社会互动方式。一般而言，合作必须具备如下条件：一是合作各方必须具备与合作项目有关的知识或技能；二是这种社会互动必须满足各方的需要或达至各方的目的，至少各方在合作之前或合作过程中会这样认为；三是各方对合作的原因和方法手段（如何合作）有大体一致的认识；四是行动上相互配合，且在配合中各方能弥补其他方的不足，提供并使用相互配合的工具或手段（周晓虹，1997）；五是相互协调或和谐，形成整体效应。

4.差异性是社会丰富多彩的必要条件

正是人与人之间存在差异，才构成了丰富多彩的、有意义的和谐生活。若大家都相同，千篇一律，人类生活会十分单调；倘若要求万人同声，就会丧失许多有价值的意见，社会就会僵化。就如同音乐一样，只有一根弦发出一种声音，难以构成美妙的乐章，使人听起来乏味无趣，只有多根弦弹出的不同声音相互协调，才能构成动听的乐曲。孔子指出，"和而不同"（《论语·子路》），这里的"和"虽主指无乖戾之心，但有和谐之意。尹氏曰："君子尚义，故有不同。小人尚利，安得而和？"这说明"和"不是片面与他人相同，而是与他人不同。即使是同样追求"义"，但其表现各不相同。

从中国的"人"字所发掘出来的意蕴与中国文化的基本思想是一致的，可以说是中国文化的平等思想在处理人与人之间关系上的体现。中国历来有"王子犯法，与庶民同罪"等思想，这些思想既认识到人与人的差异，也由此认识到人与人的平等对话与交流的必要。正因如此，中国文化非常重视人际关系的重要性，突出主体间性和主体的相互作用，把"和"置于人际关系的核心。

（四）中国文化尤其是儒文化对人与人之间"和"关系的重视

从中国文化尤其是儒文化来看，它非常重视人与人之间的关系，要求人们相互支撑、差异互补、相辅相成、和谐融洽，以便有差异性的人有机地结合形成一个有机整体，发挥系统效应。这表明"人"字有人与人相互和谐、支撑之义。因为符号（尤其是语言符号）是文化的重要或主要组成，它构成了人的意义世界，甚至可以说文化就是符号世界。

中国"人"字的内涵与西方"人"字的内涵是不同的。西方的"person"

主要指单个的个体，如果说多人或人与人之间，就需要加入复数性后缀或体现个体与个体之间的前缀。如果指单个男人时，用"man"；指单个女人时，用"woman"。《牛津英汉双解词典》认为："指一个人时，'man'或'woman'更常用。"如果指代人际关系，用"interpersonal relationship"。由此从"人"字上看，西方文化突出个体性，中国文化尤其是儒文化突出人与人之间的关系性。从儒文化的基本思想来看，无论是哪个历史朝代、哪家哪派的思想，都强调良好的人与人之间相生的"和"的关系的建立。

拓展阅读材料：六只猴子的实验启示

美国加利福尼亚大学的学者做了这样一个实验：把六只猴子分别关在三间空房子里，每间关两只猴子，房子里分别放着一定数量的食物，但放的位置高度不一样。第一间房子的食物就放在地上，第二间房子的食物分别从易到难悬挂在不同高度的位置上，第三间房子的食物悬挂在房顶。

数日后，他们发现第一间房子的猴子一死一伤，伤的缺了耳朵断了腿，奄奄一息。第三间房子的猴子也死了。只有第二间房子的猴子活得好好的。

究其原因，第一间房子的两只猴子一进房间就看到了地上的食物，于是，为了争夺唾手可得的食物而大动干戈，结果伤的伤，死的死。

第三间房子的猴子虽做了努力，但因食物太高，难度过大，够不着，被活活饿死了。

只有第二间房子的两只猴子先是各自凭着自己的本能蹦跳取食，最后，随着悬挂食物高度的增加、难度增大，两只猴子只有协作才能取得食物。于是，一只猴子托起另一只猴子跳起取食。这样，这两只猴子每天都能取得够吃的食物，很好地活了下来。

这个实验告诉我们，无论干什么事情，在遇到矛盾或冲突时，都应想办法解决矛盾或冲突，使大家协调一致，这样各方才能从中受益，就像第二个房间的那两只猴子；反之，倘若相互争执，加剧矛盾或冲突，不仅无法实现目标，而且对冲突或矛盾各方来说有可能导致重大损失或伤害。这说明，在人生道路上，要尽可能避免不必要的矛盾或冲突，以免把自己的精力、时间、财力、物力等白白浪费在无谓的冲突或矛盾中。当然，如果能够在此基础上进一步化解矛盾或冲突，把不利的因素变成对自己有利的因素则更为妥帖、恰当，更有利于自身的发展。

拓展阅读材料：两个博士生两败俱伤

在某所 211 高校，有两名博士研究生住在同一间宿舍。其中一位喜欢早睡早起，另一位喜欢晚睡晚起。早睡早起者晚上十点半前睡觉，早上六点前就要起床；而晚睡晚起者晚上十二点前还不睡觉，上午九点前绝不起床。早睡早起者嫌晚睡晚起者晚上开灯学习和睡前洗漱影响自己，很生气，于是二者之间发生矛盾，经常吵闹。两人因生气吵闹而使自己心里无法安静，无精力学习，以致两人因此筋疲力尽，最后都没有拿到博士学位。

这个案例中的两个人之所以两败俱伤，没有获得博士学位，其根本原因是他们缺乏反省，都只看到对方的过错、对方对自己的影响，而没有认识到自己的过错和对对方的影响。这就导致他们的矛盾不可调和，越闹越大，把他们的时间、精力都用在了吵闹这样的事情上，而没有用在学习研究上，以至于影响了自己的学业，也影响了自己的身心健康。如果他们能够通过反省发现自己对他人的影响，就会各自做出改变，由此他们就有可能折中调和，形成融洽的宿舍氛围。然后他们可以把时间和精力用在学习研究上，甚至他们相互之间能够取长补短，相互鼓励、相互交流学习心得、体会和感悟，共同进步。倘若在日常生活中能够化解自己与他人的矛盾或冲突，把不是朋友的人变成朋友，把不支持自己的人变成自己的支持者，甚至把敌人或仇人变成自己的朋友，那么自己就多了自我发展的条件或路径。在生活中，如果出现冲突，那么首先要反躬自省，在自己身上找原因，而不能总把过错归因于他人，只是要求他人做出改变。这就是儒文化的"恕之道"。

这不仅对为好人做好事非常重要，也十分有益于人的身心健康和心理境界的提升。

二、男女相生的"和"关系

如果把"人"字的两个笔画看成男女双方，则可以说它体现出男女相生的"和"关系的建立，即男女平等地相互依存、相辅相成、互补合作，形成一个有机的系统。

在中国，无论是古代还是现在，在说某一性别时，都需要在"人"字前加上"男"或"女"，如"男人""女人"。在中国的神话传说"女娲抟土造人"中，人在被制造时就被分出男女，不存在谁先谁后的问题。若论先后，从传说来看实际上是女人在先，男人在后。造人的女娲是女人，她在造人时是先按照自己的模样造出女人，然后再造出男人。因而女人的地位并不比男人差。尽管在中国历史上有很长一段时间是父权社会，但中国人一直崇尚男女恩爱、和谐平等，这从中国的众多传说和戏曲作品如《天仙配》《花木兰从军》等中明显可以看出来。中国文化尤其是儒文化特别重视男女相互配合，中国传统社会的"男主外女主内"[1]就是男女分工协作的典型模式。现代社会男女的社会角色虽然已经发生变化，不再是典型的"男主外女主内"，但不管如何变化，在一个家庭中夫妻双方的互补式合理分工协作是必要的。如果男女都干同样的事情，而一些在家庭发展中所必须做的事情夫妇双方都不做，那么这样的家庭必然不和，很难长久稳定发展。

"人"字所体现的男女相生的"和"关系实际上是中国"文化"一词的原初或本原意义。"文化"一词的原初含义就是男女结合。按汉字的古义解释，"文"同"纹"，而"纹"既指花纹、纹路、纹样等，又指在物体上做记号，留下痕迹，即在物体上刻画纹路、纹样等的过程或活动。用它来指人，就是指男女结合好似不同的色彩交织而成的花纹，并由此化生

---

[1] "男主外女主内"是指男人主要负责在外面建功立业、赚钱养家糊口，女人主要负责家务劳动，比如带养孩子、孝敬父母、洗衣做饭等。

出其他人文，如父子、长幼等。于是从这些基本人文中产生所谓的生存和活动规则（道德规范）或方式。"人文"就如同色彩搭配得当的花纹，既鲜明生动，又和谐悦目，从而达到"情深文明"（《小戴礼记》）的境界（杨启光，1999）。其中，男女结合成夫妻是最基本的相生"和"关系。因为只有男女结合为夫妻，才有亲子关系、兄弟姐妹关系等。所以，儒文化特别重视家庭关系，基于家庭成员之间的天伦[1]关系提出了孝悌等基本心理和行为规范，并把这种天伦的基本心理和行为规范推广到家庭之外的人与人的关系乃至整个群体、国家等人伦[2]关系上，由此构建出"仁、义、礼、智、信"或"忠、信、孝、悌、礼、义、廉、耻"等思想体系。

在男女的这种结合中，男女双方是平等的、相互协作和配合的，任何人都不能说谁起主要作用，谁起次要作用，或谁的作用大，谁的作用小，谁从属于谁。由于"人"是由男女双方构成的，因此可以把它的两个笔画理解为代表男、女两种性别的人，并由其结构推出男女平等、协作或和谐。换言之，男女和谐是中国人的"和"的重要组成部分。

中国的这种男女平等和谐的心理植根于中国的农耕社会。中国人的农耕生活要求男女双方相互配合与协作（如男耕女织、男挑女浇）。

中国的这种男女平等、相辅相成、互补合作的"和"的心理和思想与西方有很大差异。在英语中，"man"指的主要是男人，而要说女人，则需要在它之前加上"wo"。这就是说，"女人"一词是由"男人"一词衍生出来的。这与《圣经》故事相一致。在《圣经》中，上帝是男性，他先按照自己的模样造出了男人（亚当），觉得男人孤单才取下其一根肋骨造了女人（夏娃）。从这一神话故事中可以看出，女人来自男人，生来就是为男人服务的。这就为男女的不平等埋下了祸根。

---

[1] 天伦是指由血缘关系联系在一起的父子、兄弟等关系，主要指家庭成员之间的关系。

[2] 人伦是由无血缘关系的人建立的人与人之间的关系。

三、个体与群体、群体与群体的相生"和"关系

人类最根本的特性就是群聚性，每个人从出生到死亡都始终处于某种群体之中。例如，每个人一出生就是某个家庭中的一员，而家庭就是一个群体，这就自然而然地形成个体与其家庭的关系。既然存在这一关系，就要处理好这一关系。儒文化就特别注重家庭关系的处理，将此作为为人处世的基石，而其他社会关系是基于家庭关系衍生出来的。儒文化的做人目标是"修身齐家治国平天下"。"修身"是第一位的，"齐家"是首要目标，"治国平天下"是"齐家"的衍生。"齐家"中的"齐"有治理、整理、一致化、同等、平整之义，"齐家"是使家族成员能够齐心协力、和睦相处。而要做到这一点就要求个体，尤其是家长用德行来影响、感化家庭成员，用自己的模范行为、德行品格和"五常"的能量来感化和转化自己的家庭成员，从而使整个家庭的成员都以自己为榜样，随同自己一起立德修身，共同地建立道德观和人生观，从而共同建设一个道德家庭。这明显是在强调家庭成员之间相生的"和"关系。比如，父母是否关心、爱护孩子，对孩子的成长来说非常重要。如果父母关心爱护孩子，那么孩子就会对父母产生一种爱和信任；反之，如果孩子一出生就遭受父母嫌弃甚至虐待，那么孩子就不会对父母产生爱和信任，甚至还会生出仇恨，进而很有可能把仇恨泛化，对所有人都产生敌意。常说的"家和万事兴"就是在强调家庭成员之间建立相生的"和"关系的重要性。

儒文化认为，"家和"是建立一切群体之和的基础。"欲治其国者，先齐其家；欲齐其家者，先修其身……身修而后家齐，家齐而后国治，国治而后天下平。"（《礼记·大学》）这段话表明，儒文化的做人目标——君子修身养性的首要目标是"齐家"，而"齐家"是"治国平天下"的基石，家不齐，根本谈不上"治国平天下"。

人在小时候更多的是受成人的影响，尤其是父母的影响。在上学之后就是老师对其产生影响。但是到了高年级阶段，对人们影响较大的就是同侪群体，即同龄人或一起交往的朋友对人的影响就非常大。概言之，人们的朋友圈对其成长发展起到非常重要的作用。所以人们经常会说，如果要知道这个人怎么样，看他朋友就行了。如果他交的朋友都是品性不良的人，那么这个人被影响的概率就会变大。如果他交的朋友都是非常好的人，那么他也会受到好人的影响。大家都听说过孟母为了教育孩子三次选择邻居，由此可见群体关系的重要性。

在处理个体与群体的关系时，是把群体放在前面，还是把群体放在后面？如果做事都以自我为中心，如小时候总跟兄弟姐妹抢玩具，这个人就可能不善于处理与群体的关系。反之，如果以集体为上，就会多以谦让他人为主。

在一个公园里，母亲问女儿有几个苹果，女儿摸了摸包说还有两个，母亲就说我们一人一个。小女孩把苹果拿出来后先在大的苹果上咬了一口，然后又在小的苹果上也咬了一口。旁人一开始不理解，认为小女孩自私。结果是小女孩先尝尝哪个甜，把甜的那个给妈妈。

在处理个人与群体关系时，到底是群体至上，还是个人至上？对于个人和群体来说，都非常重要。如果一个人对其所处的群体都满不在乎、不关心的话，那么这个人是不可交的。比如，一个人如果和他的兄弟姐妹甚至父母为了一点利益都会争得不可开交，甚至大打出手，那么当和他没有什么血缘关系的人与他有利害冲突时，他又会怎么做呢？所以，这样的人绝对不可交。

另外就是群体与群体的关系，这种关系在社会生活中普遍存在，如单位之间的关系、国家之间的关系等。群体与群体之间的关系处理得如何，也会直接影响人们生活的幸福、快乐。比如，左邻右舍相互之间能处理好关系，相处融洽，就能创造一个和谐有安全感的生活环境。

四、构建良好的、积极的天伦和人伦是儒文化的根本目的

儒文化的五常（即仁、义、礼、智、信）、八德（即忠、孝、悌、信、礼、义、廉、耻）讲的是人的基本品格、德行和立身处世的标准，其根本作用或目的也是建立各种各样相生的"和"关系。

（一）仁

"仁"是儒文化所重视的人应该具备的最基本素养，也是处理人与人之间关系最基本的准则。"仁"在儒文化中处于核心地位，《论语》中提到"仁"有 109 次。在儒文化中，"仁"的基本含义有慈爱、对人亲切、和善、关心爱护他人、尊敬或敬重他人、同情、正直、有节操、热心助人等义，孔子认为，"仁"的含义广泛，有"恭、宽、信、敏、惠、智、勇、忠、恕、孝、悌"等（实用汉语字典，1985）。"志于道，据于德，依于仁，游于艺""求仁而得仁，又何怨？""仁远乎哉？我欲仁，斯仁至矣"（《论语·述而》）。最为常见的是人与人互相爱护或关爱，也就是"仁者爱人"。"仁者，不忍也，施生爱人也"（《白虎通义·性情》）明确指出，"仁"是不冷酷、不残酷，是给予他人关爱、爱护等。

"仁"还有人与人或多人、众人一条心，同心同德之义。这就是说，不同的人形成合力，一心一意。这实际上是相生的"和"关系的基本含义。

（二）义

"义"字是人字出头，加一点，其意是在他人有难时出手，帮人一把。古字"义"，离不开"我"，意思是像对待或善待自己那样对待他人，用自己善的标准作出辨别、判断、评估，在发现他人有需要时及时伸出援手。《说文解字》说："義"（"义"的繁体字）是"己之威仪也，从我羊。……此与善同意，故从羊"。《说文解字注》说："谊者，人所宜也……谊为古文仁义字……训仪为度……义之本训谓礼容各得其宜。礼容得宜则善矣……从我，从羊。威仪出于己，故从我。仁者，人也。义者，我也。谓仁必及人，义必由中断制也。从羊者、与善美同意。"意思是说，"义"字的本义是人所具有的受人尊崇的威仪、威严、威信等，而威仪、威严、威信等源自人自身的修养，这种修养使人做事情得当、适宜，用仁爱之心对待他人，使他人获益，使事物各得其宜。

"义"是儒文化的重要概念，《论语》中提到"义"有 24 次。"义"主要指"道义或正义""情谊""利他"。"'利'者，义之和也……利物足以和义。"（《周易·乾·文言》）其中的"利"即有利于，"物"

为万物（包括人），"和"为和谐、和合，"义"即宜。这就告诉人们："义"有利于万物，足以使之和谐相得益彰。这就是做利万物之事能够发挥的作用。如果把其中的"物"换成人，那就是做利他、利社会之事能够与社会、他人形成一种相辅相成的"和"之关系。"'直'其正也，'方'其义也。君子敬以直内，义以方外，敬义立而德不孤。'直、方、大，不习无不利'，则不疑其所行也。"（《周易·坤·文言》）用现在的话说就是："直"说明品性纯正，"方"说明行为适宜。君子恭敬不苟，于是促使内心正直；行为适宜，于是促使外形端方，做到恭敬不苟、行为适宜，就能使美德广布而不孤立。"正直、端方、宏大，不学习也未必不获利"，说明美德充沛、一切行为都无须疑虑。"义者，宜也"（《礼记·中庸》）明确指出，"义"即适宜、合适、合宜。"仁，体爱也；……义，利也；……礼，敬也"（《墨子·经上》）告诉人们，"仁"是体谅关爱他人，"义"是做对他人有利的事，"礼"是敬重、尊重、礼让他人。"利物为义"（《孝经》）表达了与《易经》一样的思想，把"义"界定为"有利于万物"，对人来说就是"有利于他人"。"义者，宜也，断决得中也"（《白虎通义·性情》）把"义"界定为"适宜，做决定恰到好处，为人处世恰到好处"。《容斋随笔·人物以义为名》中说："人物以义为保者，其别最多。仗正道曰义，义师、义战是也。众所尊戴者曰义，义帝是也。与众共之曰义，义仓、义社、义田、义学、义役、义井之类是也。至行过人曰义，义士、义侠、义姑、义夫、义妇之类是也。……禽畜之贤，则有义犬、义鸟、义鹰、义鹘。"其义是说，可以称为"义"的人和物多种多样。主持正义、维护百姓利益的叫义，如义师、义战。大众所尊重拥戴的叫义，如义帝。与大众共享或共同从事的叫义，如义仓、义社、义田、义学、义役、义井之类。至高无上、超过常人的行为叫义，如义士、义侠、义姑、义夫、义妇之类。……有善行的禽鸟牲畜，就叫义犬、义鸟、义鹰、义鹘。不过，尽管种类繁多，但有一个共同特征，那就是对人或事物有益，这就是"义"的本质属性。

"义"是中国文化尤其是儒文化注重的一种良好品质，也是人在与他人交往中应持的规范。孟子说："生，亦我所欲也；义，亦我所欲也，二者不可得兼，舍生而取义者也。"（《孟子·告子章句上》）孟子把"义"

看得比自己的生命还重要。这段话被中国人推崇，逐渐成为仁人志士对自己的要求。荀子把"义"看得更重，他说："从道不从君，从义不从父。"荀子把"义"看得比君主、父母还重要。墨子更是把"义"推崇到极致，把"义"看得比什么都重要。他说，"万事莫贵于义"（《墨子·贵义》），不给"不义"留下任何立足的余地。荀子说："荣辱之大分，安危利害之常体。先义而后利者荣，先利而后义者辱；荣者常通，辱者常穷；通者常制人，穷者常制于人。"（《荀子·荣辱》）其义是说，荣与辱的最大区别，要根据一个人对安危利害的态度来判别，把义放在首位然后取利的为荣，把利放在首位而后才求义的就是辱；以义立身的就荣耀相随，处处通达，以利立身的就耻辱困扰，困窘交加；通达顺利者就可以驾驭别人，窘困者受制于人。荀子把"义"和"利"孰先孰后作为君子和小人、荣与辱、人生命运好与坏的重要指标。

上述内容告诉人们"义"对于为人处世而言很重要，正因为重要，所以中国文化尤其是儒文化非常重视"义"，认为不能因其他任何借口而"不义"。正所谓"义者不以存亡易心"（《三国志·魏书·曹爽传》），此句告诉人们，有"义"的人不会因为面临生死存亡而变心。在人际交往中，要"以义取人""以义正我"。"多行不义，必自毙。"（《左传·隐公元年》）这句话告诫人们不要做不"义"的事情，否则会自食恶果。

（三）礼

"礼"是指在他人面前弯腰，自己弯腰就会显得他人高大，由此表示对他人的尊敬。故此，敬人即为"礼"。换言之，礼是尊敬、尊重他人，克制自己的想法、自谦，可以让他人感觉被尊重。"礼"的字源是"豊（丰）"，字形像一个礼器中放着两串贵重的玉，用于祭神。通常人们在祭祀时会对着神灵或祖先的牌位跪倒、弯腰，虔诚地祈祷神灵或祖先的佑护，而要得到神灵或祖先的佑护，就必须内心虔诚、尊崇神灵或祖先，由此"礼"就有了尊敬、敬重之义。《说文解字》指出：礼"履也。所以事神致福也"。《说文解字注》说："所以事神致福也。从示，从豊。'禮'（礼）有五经，莫重于祭。故礼字从示。丰者行礼之器。"此处明确指出"礼"是祈求神灵给予自己幸福、福气。《韵会》指出："孟子言礼之实节文斯二者，盖因人心之仁义而为之品秩，使各得其叙之谓礼。"这句话明确指出"礼"是用来规范人的行为，以使人的行为按一定的秩序表现。

"礼"是儒文化的重要概念，《论语》中提到"礼"有 75 次。"礼"主要指"仪式或规范"和"礼节"。就前者而言，它是指社会生活中由于风俗习惯而形成的为大家所共同遵守的仪式或规范；就后者而言，指人们在日常生活中为人处世、待人接物的惯用形式，这些形式用来表示尊敬、颂祝、哀悼、欢庆等，如鞠躬、握手、鸣炮、献礼物等。在儒思想家中，荀子是最重视"礼"的，其学说以"礼"为中心，所以，他对礼的论述最具代表性。他说："礼起于何也？曰：人生而有欲，欲而不得，则不能无求；求而无度量分界，则不能不争；争则乱，乱则穷。先王恶其乱也，故制礼义以分之，以养人之欲，给人之求，使欲必不穷乎物，物必不屈于欲，两者相持而长，是礼之所起也。……故礼者，养也。君子既得其养，又好其别。曷谓别？曰：贵贱有等，长幼有差，贫富轻重皆有称者也。……孰知夫出死要节之所以养生也！孰知夫出费用之所以养财也！孰知夫恭敬辞让之所以养安也！孰知夫礼义文理之所以养情也！故人苟生之为见，若者必死；苟利之为见，若者必害；苟怠惰偷懦之为安，若者必危；苟情说之为乐，若者必灭。故人一之于礼义，则两得之矣；一之于情性，则两丧之矣……礼有三本：天地者，生之本也；先祖者，类之本也；君师者，治之本也。无天地，恶生？无先祖，恶出？无君师，恶治？三者偏亡，焉无安人。故礼，上事天，下事地，尊先祖而隆君师，是礼之三本也。"（《荀子·礼论》）在这里，荀子不仅指出了"礼"的缘起，也说明了"礼"的根本作用。在荀子看来，"礼"的根本作用就是理顺关系，使人各安其位、各司其职，由此形成相生的"和"，以在满足各自需要的同时使社会和谐稳定。

儒思想家表达出与荀子同样的思想。"礼者，履也，履道成文也。"（《白虎通义·卷八·性情》）意思是说，"礼"是用文字表达出来的躬行正道，即符合正道的行为规范。"礼者，体也，履也。统之于心曰体，践而行之曰履"（《礼记正义·礼记疏序》）明确指出，"礼"是内心品性与外在行为的统一。"夫礼者，经天地，理人伦……礼者，理也，其用以治，则与天地俱兴"（《礼记正义·礼记疏序》）明确把"礼"视为理顺关系，使人形成一种相生的"和"，使社会像天地那样井然有序地运行。

在儒文化中，"礼"的作用主要有三方面：（1）使社会稳定和谐；（2）使人们相互理解；（3）提高社会和人的文明程度。

（四）智

"智"在字源上是一个会意字和形声字，原义是"知道某人会中箭而生疾病"，由此产生"知道情况"之义[1]，在此基础上衍生出"见微知著，能预测事物的发展方向"之义，而见微知著，在对事物发展方向恰当预测的基础上采取有效措施或方法做事，就能把事情做好，就是智慧、智谋等，所以"智"具有智慧、智谋等义。《广韵》《集韵》《韵会》《正韵》认为：智，"知义切，音置，同䁈，或作智"。《说文解字》认为：智，"识词也，从白从亏从知"。《释名》认为："智，知也，无所不知也。"它们都明确把"智"解释为知晓事理。儒文化中的"智"也是此义。

"智"在儒文化中非常重要，《论语》中提到"智"有116次。孟子把"智"作为君子应当具备的四种心理品质[2]之一。他说："是非之心，智之端也。"（《孟子·公孙丑章句上》）孟子明确指出"智"是明辨是非的素养，唯有明辨是非，才会知道什么事情该做、能做，什么事情不该做、不能做，恰当做好生活中的各种各样的事情，解决各种问题，为好人处好世。荀子说："知之在人者谓之知，知有所合谓之智，所以能之在人者谓之能，能有所合谓之能。"（《荀子·正名》）意思是，人具有的用来认识事物和处理事情的能力叫作认知或认识，人具有的认知或认识与"道"或客观事物的自然本性相符合的能力叫作智慧，智慧体现在人身上的能力叫作能力，符合"道"或事物本质而能把事情做好的能力是才能。在这里，荀子明确对"知"（认知或认识）、"智"（智慧）、"能"（能力）、"能"（才能）这几个密切相关的概念做了区分与界定。班固认为："智者，知也。独见

---

[1] 查字典网．智[EB/OL]．（2023-08-31）[2023-09-06]. https://www.chazidian.com/r_zi_zd667a/.

[2] 孟子说的君子必备的四种心理品质是仁、义、礼、智。

前闻，不惑于事，见微知著也。"（《白虎通义·性情》）以上论述明确
告诉人们，智慧是明白事理尤其是做人的道理，懂得如何处理人与人之间
的关系。具有智慧的人善于察觉，对周围的所见所闻，有自己独到的见解，
不被假象迷惑，在细小的事情上能看见（悟出）大的道理，见到事物发展
露出的微小苗头，就能料到它未来的发展趋势。只有有智慧，才能明白正道，
按正道为人处世，据此建立相生的"和"伦理关系。

依据儒思想家的论述，儒文化所讲的智慧，主要体现在明白做人的道理，
理顺人与人之间的关系，建立相生的"和"关系，使人能各安其职、各尽
其责等伦理方面。荀子说："性之和所生，精合感应……正利而为谓之事，
正义而为谓之行。"（《荀子·正名》）

（五）信

"信"的本意是诚实。《说文解字》认为，"信"是个会意字，"信，
诚也。从人从言"。《说文解字注》认为，"信"是"言必由衷之意，人
言则无不信者，故从人言"。《集韵》《正韵》认为，"信"是"思晋切，
音讯。悫也，不疑也，不差爽也"。远古时没有纸，经验技能均靠言传身教。
那时的人纯真朴实，没有那么多奸诈之心，故而真实可靠。

"信"也是儒文化的重要概念，与"仁、义、礼、智"一起被称为"五
常"。《诗经》中有20多处讲到"信"，《论语》中有38处讲到"信"，
《孟子》中有近30处讲到"信"，《尚书》中有近10处讲到"信"，《礼
记》中有近80处讲到"信"，《周礼》中有20多处讲到"信"，《周易》
中有近25处讲到"信"等。可见"信"在儒文化中的地位。荀子说，"已
诺不信，则兵弱"（《荀子·富国》），把"信"置于非常重要的地位。"信
者，诚也，专一不移也。"（《白虎通义·卷八·性情》）"信"是信义、
诚信，是对人的一般要求，主要是针对商人、朋友之间的关系而言的，即"朋
友有信"（《孟子·滕文公章句上》）。"信"在这里的意思主要是"诚信""有
信用"，如"守信用""言出必行，不说空话""信守诺言""有信誉""童
叟无欺"等。例如："曹子可仇，而桓公不怨，桓公之信著乎天下，自柯
之盟始焉。"（《春秋公羊传·庄公十三年》）"士何如则可谓之信矣？"

荀息对曰："使死者反生，生者不愧乎其言，则可谓信矣。"（《春秋公羊传·僖公十年》）"人之所以为人者，言也。人而不能言，何以为人？言之所以为言者，信也。言而不信，何以为言？信之所以为信者，道也。信而不道，何以为道？道之贵者时，其行势也。"（《春秋穀梁传·僖公二十二年》）古人把"信"置于"道"的高度，认为"信"是合道的，是人之所以为人的本质特征。换言之，儒文化把人与人之间尤其是朋友之间应该讲信用或诚信、说到做到、不欺骗，作为人应该具有的本质特征、做人的准绳。

除诚信外，儒文化的"信"还有"相信""信任""信赖"等含义，即要求人与人之间尤其是朋友之间应相互信任或信赖。"桓公之盟不日，其会不致，信之也。""曹刿之盟也，信齐侯也。桓盟虽内与，不日，信也。"（《春秋穀梁传·庄公十三年》）这个记载告诉人们，由于齐桓公讲信用，值得信任，所以会盟不用记录日期，人们都愿意承认他这个霸主。"信于君心……则美恶不逾，信于名，则上下不干。信于令，则时无废功。信于事，则民从事有业。于是乎民知君心，贫而不惧，藏出如入，何匮之有？"（《国语·卷八·晋语四》）用现在的话说就是：国君之心讲信用，那善恶就不会混淆；尊卑名分上讲信用，那上下级就会互不干犯；实施政令讲信用，那就不会误时废功；安排民事讲信用，那百姓从业就各得其所。这样一来，百姓了解国君的心，即使贫困也不害怕，富裕的拿出收藏的财物用来赈济，如同往自己家里送一样，那又怎么会穷困匮乏呢？这一记载明确告诉人们讲信用的重要性。

依据儒文化的"恕"之道，诚信、信任具有相互性，人际交往的黄金法则[1]就是此意。你不相信或信赖他人，也别指望他人相信或信赖你。即使是他人相信或信赖你，也会由于你的不讲信用而变成不可信。因为你会以己度人（以小人之心度君子之腹），认为他人会像你一样不会相信或信赖你。

---

[1] 黄金法则源自《圣经·新约·马太福音》中的这样一句话："你想人家怎样待你，你也要怎样待人。"后来人们通常把后半句改为"你就先要怎样对待他人"。孔子说的"己所不欲，勿施于人"（《论语·颜渊》《论语·卫灵公》）、"我不欲人之加诸我也，吾亦欲无加诸人"（《论语·公冶长》）、"己欲立则立人，己欲达则达人"（《论语·雍也》）体现的都是黄金法则。

从古至今，"信"是建立良好人际关系的基本条件，也是人与人之间形成良好人际关系的必要条件。人只有讲信用、有诚信，人们才会信任他（或她）、相信他（或她），才敢跟他（或她）讲实话、讲真话、讲心里话，并在此基础上信赖或依靠他（或她）；只有人与人之间相互信任，才能互不猜忌。唯有如此才能形成和谐融洽、互不猜疑的人际氛围，进而实现人与人之间的和睦相处。正因为如此，儒文化把"信"作为人的良好品质之一和伦理之道，只有"信"才能在人与人之间建立相生的"和"关系。

（六）忠

从"忠"字的构成来看，上边是"中"，表示字音；下边是"心"，表示字义；其本义是尽心任事，把心放在中间不偏不倚，也就是按照自己正直的内心尽心尽力地做事。《说文解字》说，忠"敬也，从心，中声"。《说文解字注》对其解释说："敬者、肃也。未有尽心而不敬者。此与慎训谨同义。"《增韵》解释为"内尽其心，而不欺也"，《六书精蕴》解释为"竭诚"。总而言之，"忠"的本义是忠诚无私，尽心竭力。

从"忠"的本义上看，它主要表现在对事业、职守或职责、群体、上级等的"忠"。在为人处世上，"忠"是对个体在处理与国家、民族或所处群体及上级的关系时提出的要求，如忠于祖国、忠于人民。《左传·庄公十年·曹刿论战》中的"忠之属也"、《论语·学而》中的"为人谋而不忠乎？"皆是此义。除此之外，"忠"还有"诚恳"之义，如"良药苦口利于病，忠言逆耳利于行"和"忠告"中的"忠"。赤诚无私、尽心竭力于职责为忠也。古人云：忠者，人格之成也。人无忠则凶，专一之忠为小忠，无逆之忠为中忠，大忠之忠要求忠于道。对社会、国家、事业不存懈怠，不玩忽职守，鞠躬尽瘁，死而后已，先天下忧而忧，后天下之乐而乐。为人要忠诚、忠实厚道、坚贞耿直、竭忠尽心、做忠良之人。

"忠"是儒文化的八德之一，被儒文化视为做人的根本，为历代儒家所推崇，把"忠"作为建立相生的"和"关系的基础。

（七）孝

"孝"的字形是一个年少者搀扶或背着一个老人，其义是尽心奉养孝敬家中长者，尤其是父母。"其为人也孝弟，而好犯上者，鲜矣；不好犯上，而好作乱者，未之有也。君子务本，本立而道生。孝弟也者，其为仁之本与！"（《论语·学而》）意思是说：那种孝顺父母、敬爱兄长的人，却喜欢触犯上级，是很少见的；不喜欢触犯上级却喜欢造反的人，更是从来没有的。有德行的人总是力求抓住这个根本，建立了根本便产生了仁道。孝敬父母、敬爱兄长，大概便是仁道的根本吧！这段话说明，孝和悌应是"仁"的根本。孔子说："夫孝，德之本也，教之所由生也。……始于事亲，中于事君，终于立身。"（《孝经·开宗明义》）他明确告诉人们，孝道是道德的根本，人需要受教育的原因也在这里。行孝尽孝的开始就是要孝顺父母，长大成人就要忠于国家和君主，最终就是要对他人和社会有所贡献，能实现自己的人生价值。

从中国人的日常生活来看，"孝"针对的是家庭中晚辈对长辈的关系，后来也引申为学生对老师的关系。依据儒文化，"孝"是最为重要、最为基本的道德要求之一，也是衡量一个人能否与他人建立良好人际关系的指标或尺度。由于每个人都来自自己的父母，通常情况下父母应该是每个人最为亲近的人，因此，很难想象一个对父母不"孝"或对父母不好的人能对其他人好。正因如此，人们一般不会相信那些不孝的人，也不愿与他们建立良好的关系，甚至不愿与他们交往。孔子说："天地之性，人为贵。人之行，莫大于孝。"（《孝经·圣治》）孔子把孝置于做人最为重要的地位。孟子说："孝子之至，莫大乎尊亲。尊亲之至，莫大乎以天下养。为天子父，尊之至也；以天下养，养之至也。"（《孟子·万章章句上》）孟子把孝放在了德行的首位。不过，当今的"孝"已不再是简单地听父母的话，不违父母之命，而是使父母老有所养、所依、所乐，替父母着想，尊敬、关心、爱护父母，满足父母的需要，等等。研究表明，自古至今，"孝"都是我国调节人行为的重要标准。善事父母为孝，百善孝为先。依据儒文化，"孝"是君子必备的人格品质。

（八）悌

"悌"原意指敬爱兄长，引申为顺从长者。《说文解字》把"悌"解释为"善兄弟也"，即善待兄弟，兄弟之间友爱。"入则孝，出则悌。"（《论语·学而》）孔子说："教民亲爱，莫善于孝。教民礼顺，莫善于悌。移风易俗，莫善于乐。安上治民，莫善于礼。礼者，敬而已矣。故敬其父，则子悦；敬其兄，则弟悦；敬其君，则臣悦；敬一人，而千万人悦。所敬者寡，而悦者众，此之谓要道也。"（《孝经·广要道》）其义是：教育人民互相亲近友爱，没有比倡导孝道更好的了。教育人民礼貌和顺，没有比服从自己兄长更好的了。移风易俗、改变旧的习惯制度，没有比用音乐教化更好的了。要使君主安心，人民驯服，没有比用礼教办事更好的了。所谓的礼，也就是敬爱而已。所以尊敬他人的父亲，其儿子就会喜悦；尊敬他人的兄长，其弟弟就愉快；尊敬他人的君主，其臣下就高兴。敬爱一个人，却能使千万人高兴愉快。所尊敬的对象虽然只是少数，为之喜悦的人却有千千万万，这就是礼敬作为要道的意义之所在啊。孔子明确指出了"悌"的社会价值或作用。

从悌的原义看，"悌"针对的是弟弟与兄长的关系，后来也引申为弟或妹与兄或姐的关系，有时也泛化为兄弟姐妹之间互敬互爱。这就是说，现今的"悌"具有双向性、互惠性，应将其看成兄弟姐妹之间的互敬互爱。这种互敬互爱有很大好处：（1）可以使家庭内部群策群力，形成合力，使整个家庭兴旺发达，每个人都受益。谚语"众心齐，泰山移""兄弟一条心，黄土变成金"等说的就是这个意思。（2）可以使整个家庭抵御外部压力和灾害的能力大大增强。（3）可以给他人留下良好印象，增强他人对与己共事的信心、决心。

上述分析表明，"悌"的作用是兄弟姐妹之间形成一种相生的"和"关系，以使兄弟姐妹之间形成一种合力，发挥系统效应。

（九）廉

"廉"指廉洁、不贪，按规章办事。它主要是对有一定权力尤其是政府官员提出的要求，也是儒文化所强调的人所具有的良好品质和人的行为规范之一。廉为不义之财不取也，清廉正直、廉正公平、清白高洁、洁身谨慎、不苟取、不贪污。古人云：君子爱财，取之有道，廉生威、威生明、明生信。常言道：富贵不淫，贫贱不移，威武不屈。"廉"是搞好官民关系的根本，只有廉洁的官员，才能获得民众的爱戴。"廉"与"耻"结合在一起形成"廉耻"，要求人们有廉洁的操守和羞耻的感觉，并把它作为内心行为的标准或规范。

一般而言，廉洁的人，无论见到什么都不会有贪欲，也不会想占便宜，更不会因私利而损害他人、群体、国家或民族利益，这便是"忠"；不会做可耻的事，这便是知耻；不会因利欲熏心迷失心志而变痴，不做不该做和无法做的事情，这便是"智"；按社会规范做事，做事合理合法，这便是"礼"；为人处世讲道义，按道义做事，这便是"义"；体谅、照顾他人的合理合法的权益，这便是"仁"；按规矩办事，讲信用，有诚信，这便是"信"；遵守社会道德行为规范，就会表现出"孝"和"悌"。由此可见，"廉"与儒文化强调的其他品行密切相关，能够与它们形成相生的"和"。

（十）耻

1."耻"的本义

"耻"的字形本义是因言行过失而引起的羞愧之心，其基本字义是羞愧、羞辱，因声誉受损害而导致的内心羞愧。在儒文化中，"耻"有"羞愧之心""耻辱或可耻的事情""侮辱"等含义。其最基本的含义是"有羞愧之心"。"人不可以无耻，无耻之耻，无耻矣。""耻之于人大矣，为机变之巧者，无所用耻焉。不耻不若人，何若人有？"（《孟子·尽心上》）意思是说，人不可以没有羞耻之心，不知羞耻的那种耻辱，是最无耻的；羞耻之心对人来说关系重大，善于玩弄权术诡计的人，是没有地方用得着羞耻心的。不以赶不上他人为羞耻的人，是不会想追赶他人的，更谈不上赶上他人了。"其心羞愧，若挞于市"（《尚书·说命下》）告诉人们，内心感到惭愧和羞耻，就像在街市上当众挨鞭子一样。

综上所述，"耻"是发自内心的行为规范、对自己行为的要求。它要求人们要有羞愧之心，要知耻，不侮辱人。其中，知耻是要求人知道什么是耻辱或可耻的事情，不能做；什么是好的事情，可以做。这是聪明的表现，正所谓"知者，智也"。羞耻之心，亦羞耻之能力也。具有羞耻之心的人，以违纪违法和侵害他人权益为耻辱，对自己的过错感到羞愧并积极改正，虚心接受他人对自己过错的批评并予以感谢，如此才能在不断改正错误之中提升自己。

2. 知耻与承诺升级

心理学中有一种"承诺升级"现象。一个人在多个备选方案中选中一个方案并作出决定。当实施这个方案后，尽管发现它是一个拙劣的方案，但人们往往会坚持已作出的决定。更糟糕的是，一旦选择了某个方案后，明知它有缺陷，还常常把时间、精力和资源投入导致失败的行动过程中去，以证明该决策的正确性，其结果是在错误或失败的道路上越走越远。换言之，人们通常坚持自己错误的决定或态度，以表明自己的正确性，并因此而避免承认自己犯了错误。其行为表现主要有：（1）辩解。在发觉错误或他人的意见比自己的好后，其首先发挥作用的自我防御机制是文饰作用或合理化，即找各种理由或借口去说明自己决策的正确性，而不是改正错误或向发现错误、提出意见的人表示感谢。（2）找其他方案或他人的问题，尤其是揪住其中不重要的问题甚至是抓住无关紧要的细节不放，以证明自己的决策"最优"。（3）置若罔闻。

上述做法产生的危害主要有：（1）更难发现错误，以至于失去提高的机会，犯更为严重的错误。（2）阻塞言路。他人指出问题或提出合理建议而当事人不接受，甚至还会招来不满与怨恨，他人就会"知趣"且不再这样做，其结果是，许多合理的建议与方案被掩埋在萌芽之时或束之高阁。（3）形成负反馈的恶性循环。能力越差则心胸越不开阔，越不接受他人意见；而心胸越不开阔，越不接受他人意见，提高的机会与可能性就越小，能力就越差，由此就陷入恶性循环的怪圈。这说明，人们认错、纠错时存在一定的心理障碍，如不恰当的自尊心等，这些心理障碍使人很难承认自己的错误。经济学家斯蒂格利茨指出："继续错误的代价由别人承担，而承认错误的代价由自己承担。"他告诫人们要想成功，就要勇于承认错误。《这是我的错》的作者沃尔特·米勒认为："正确对待错误和责任也是做人应具备的最起码的品德；及时地承认并修改错误，就可以将错误的负面影响降至最低；承认错误，承担责任，是每个人应尽的义务；只有勇敢地面对并承认错误，修正自身的缺点，才会取得信任；能够承担责任的人是可以委以重任的人……"

3. 知耻的价值

综观古今中外，那些立德、立功、立言之人都具有知耻之心，在做事情尤其是大事之前会觉得自己有可能犯错，在真正犯了错误后敢于承认错误，并积极及时纠正错误。

（1）在犯错误前承认自己会犯错，可以使自己预先做好准备，防患于未然，把可能的错误消灭在未发生之前。

知耻的人心里很清楚，自己是普通人，而普通人总有考虑不到的地方，再精明的人也会有考虑不到的地方。关羽再厉害也有败走麦城的时候；拿破仑再有军事才能，也有滑铁卢之败。承认自己有可能犯错，通常会产生如下积极行动。

第一，积极分析在做这些事情的过程中可能在哪些方面会犯错，由此寻找可能的错误，并把它消灭在萌芽之中，以避免自己犯错。

第二，分析什么原因会导致自己犯错，比如，哪些条件不具备或者什么原因导致错误，由此通过分析原因，使自己做事情或考虑问题更加全面。

第三，集思广益。自己找不到错误，或找出之后却想不出解决的办法，就去征求大家尤其是有眼光、有见识的人的意见，让他们看看自己的方案哪里还不完备，让他们从各自的角度提出各自的看法。当然，这些人的看法可能各不相同，这就需要对他们的意见加以综合和分析，集中众人智慧来弥补方案的漏洞，如此也会提前避免失败。同时，广泛地征求意见，使他人的聪明才智（他人的意见实际上是他人的聪明才智）为我所用。很多情况下，能否成功，不在于自己有多能干，关键在于能不能使他人的聪明才智为自己所用。如果把他人的智慧为我所用，那么成功的概率就非常大。

（2）敢于承认自己所犯的错误，说明有改正错误的勇气和决心，由此会对错误产生清醒的认识或进行分析，防止同样的错误再次发生，并引以为戒，防止其他错误的发生。但遗憾的是，许多人错了却认识不到自己的错，因此就会在错误的道路上越走越远、越陷越深。能否认识到错误是个体的认识能力问题，除此之外，一些人尤其是掌权者虽然认识到自己错了，但碍于脸面，没有勇气承认。为此就会想办法掩盖错误，或想尽办法证明自己没有错，从而使自己在错误的道路上越陷越深。

（3）及时纠正错误，有助于把错误所导致的消极影响降到最低，寻找补救措施，吃一堑长一智。正是因为具有这样的心理，他们在为人处世、建功立业的过程中，在不断的错误与失败中总结经验教训，逐渐减少错误与失败，最终笑到最后。

相反，那些不知耻或无耻的人，或意识不到自己有可能会犯错，或认识不到自己已经犯的错误，或认识到但不愿承认自己的错误，所以难以避免重犯同样的错误，最终吞下失败的苦果。例如，晋国大臣赵盾多次劝谏晋灵公施仁政，但晋灵公不仅不知悔改，还加害给他谏言的人，最终晋灵公被杀。不仅如此，许多失败的人还把错误推给他人尤其是下属，让他人承担自己所犯错误的责任，这样更使他们执迷于错误之中而不能自拔与醒悟，在错误中愈陷愈深。

第二节　"需"字的文化心理内涵分析

一、"需"字的一般意义

（一）"需"的字源意义

"需"是会意字，甲骨文形体，像人身上有雨滴，指遇雨，停在那里等待之意。金文中，水变成雨，小篆整齐化，楷书写作"需"。由于避雨需要等待雨停，所以有了等待之义。等待必有所求，所以就衍生出需要、索取、欲求等义。"儒者本无所谓教，达而在上，穷而在下，需不能出此范围。"《说文解字》说："需，须也，遇雨不进，止须也。""须者，待也。"

（二）《易经》中的需卦意义

"需"字是由《易经》中的需卦符号演变而来的。需卦符号是下"☰"上"☵"。"☰"是"乾"，表示"天"。"☵"是"坎"，表示"水"。

所以，"需"的基本意思是"天上有水"或"天上水气云聚"，即"天上有雨云"。其义是地上万物因高温干旱需要雨水滋润，企盼天空下雨。

从"需"的字义来看，它实际上包括需和被需两个方面。

"需"是需要的主体，其字面意义是地上的万物对雨水的需要。俗语"春雨贵如油""久旱逢甘霖"等说的都是这层意思。如果放在人的身上，主要表现在以下几个方面：（1）未成年人的成长或发展需要成人的教导或培养，不仅在知识上，而且在智慧和积极心理品质上；（2）无论做什么事情，由于个体作用的有限性，需要"贵人相助"；（3）无论做什么事情，要把事情做好，需要天时、地利和人和等要素，而这些要素需要人的创造、把握和耐心等待。如果从社会的角度看，主要是社会稳定发展和人民大众的需要。

"被需"是需要的对象，即客体，是能够满足主体需要的对象，其字面意思是滋润万物的雨水。从人的角度讲，是指能满足人需要的事物或人。例如，孩子成长发展所需要的引路人、教育者等；社会稳定发展所需要的有仁心、智慧的领导者或领导集体；人们做好事情所需要的"贵人"，以及天时、地利与人和等。又如，在儒文化看来，社会稳定和谐需要"礼"来维系，"礼"就是需要的对象，即客体，社会稳定和谐是需要的主体。

"需"的两个方面是相互依存、不可分割的，常常还会相互转化。例如，群体、地区或国家的领导者或领导群体要想长治久安，需要得到群体成员、民众等的拥护。就如孟子所说的"得民心者得天下"。这时领导者或领导群体是"需"的主体，人民群众的拥护是"需"的客体。反过来，人民群众要过上好日子，满足对美好生活向往的需要，并且生活越来越好，就需要有仁心、有能力的领导者或领导群体。此时人民群众是"需"的主体，领导者或领导群体是"需"的客体。

在一些情况下，多个需要的主体和客体会形成一种相互衔接的关系。例如，对统治者来说，若要统治长久，就需要人民的拥护，以民为天，"水能载舟亦能覆舟"就是这个道理。在这里，统治者是"需"的主体，人民拥护是"需"的客体。"民以食为天"（《史记·郦生陆贾列传》），在这里，"民"是"需"的主体，"食"是"需"的客体。"食以安为先"，人民要有饭吃，就需要社会安定，只有社会安定，人民才能安心种田，由此获得粮食。这时，"食"成为"需"的主体，"安"成为"需"的客体。

"安以质为本",食品安全以质量为根本。"质以诚为根",诚信是保证质量的根基。

二、"需"的心理意义

依据《易经》,"需"的卦辞是"有孚,光亨,贞吉,利涉大川"。"需"的心理意义蕴含在其中,以下从这四个方面进行分析。

(一)有孚

"有孚"中的"孚"通"孵"。用雌雄鸟共同承担并且孵卵有期,来比喻人要讲诚信。"有孚"是指禽鸟在孵化卵蛋,就是有诚信的表现。

1. 把握天时,守时

禽鸟孵化卵蛋通常有固定时节,因此要把握天时,守时。在该孵卵的时节生蛋孵卵,就能孵出小禽鸟,一旦错过时节就无法孵出。因此,必须在合适的时节孵化卵蛋。体现在人身上,就是告诉人们,无论做什么事情,要把事情做好,就需要把握天时[1],具有守时品质。

中国文化认为,把握天时非常重要。时机未到,不合时节,怎么努力也是白费。如果时机到了,做事就会轻松高效。"夫圣人随时以行,是谓守时。天时不作,弗为人客;人事不起,弗为之始。今君王未盈而溢,未盛而骄,不劳而矜其功,天时不作而先为人客,人事不起而创为之始,此逆天而不和于人。王若行之,将妨于国家,靡王躬身。"(《国语·越语下》)这是范蠡劝谏越王的话。意思是说,根据天时行动,叫作守时。上天没有对敌国降下灾殃,就不要进攻敌国;敌国百姓没有发生内乱,也不要首先挑起争端。现在越国国力还没有殷实富强,君王就有了过分的野心;还没有兴盛就骄横起来;并不勤劳就夸耀自己的功勋;吴国没有天灾,您就要进攻人家;吴国百姓还没有发生内乱,您就要挑衅去讨伐人家,这既违背天意,又不顺乎人情。君王假如去进攻吴国,不仅危害君王的自身安全,而且对国家有妨害。范蠡的话非常强调时机的重要性。

守时是适时、按时。这是中国文化认为的人应该具有的良好品质,对

---

[1] 天时是中国文化中讲的成功三要素之一。

人来说非常重要。守时可以使他人尤其是领导者、合作者对自己产生好感，是建立良好人际关系的必要条件，也是为好人做好事的前提。在现代社会，守时是人的基本心理素养，也是对人的道德品质的基本要求。不守时的人，通常会被人们认为自我管理和约束能力差，诚信缺失，对人不尊重。

2. 诚信或信义

守时意味着诚信，禽鸟每年都按照相对固定的时节孵化卵蛋，这是"信"即诚信或信义的表现。《说文解字》说，"孚"字"一曰信也"。徐锴在《说文解字系传》中说："鸟之孚卵皆如其期，不失信也。"《说文解字注》说，"信"是卵孚引申之义，鸡蛋孵出来是鸡，鸭蛋孵出来的是鸭，"人言之信如是矣"，即说什么就是什么。《诗经·大雅·文王之什·文王》说："上天之载，无声无臭。仪刑文王，万邦作孚。"其义是说，要像周文王那样有信，使天下人信服。《诗经·大雅·文王之什·下武》说："永言配命，成王之孚；成王之孚，下土之式。"其义是说，周成王非常有信义、讲诚信，成为世人的榜样。《孔子家语·问玉》说："孚尹旁达，信也。"其义是说，玉色晶莹发亮，比喻品德高尚纯洁。在这一意义上，"有孚"是告诉人们，做人要讲诚信，有信义。"信"是儒文化的"五常"和"八德"之一，被儒文化视为做人的根本。

《易经》说："自天祐之，吉无不利。"孔子解释说："祐者，助也。天之所助者，顺也；人之所助者，信也。履信思乎顺，又以尚贤也。是以'自天祐之，吉无不利'也。"其义是说，有诚信和信义的人，会得到上天的眷顾和他人的帮助，因此大吉大利。"信"在当代社会尤为重要。随着社会的发展，社会分工越来越细，人们想要凭一己之力做成事情很难，因此需要他人的帮助，而得到他人相助的基本条件是"信"。换言之，只有那些守信之人才能得到众人的帮助。反之，如果无信，就会失助。

3. 耐心

鸟类孵卵是一个较为长久艰辛的过程，要把鸟蛋孵化出小鸟，需要有耐心、韧性。所以，"有孚"告诉人们，做事尤其是做大事，一定要有耐心、韧性，否则就做不好事情。因为人做成事尤其是大事所需要的机遇总在艰苦努力后姗姗来迟，若没有耐心、韧性，那就可能在机遇来临之前就放弃，导致事情做不成。这正是"需"字的"等待"或"有待"之义。

无论做什么事情，坚持不一定成功，但不坚持肯定不会成功。但凡遇到逆境就放弃、退缩，这样的人肯定不会成功；只有那些遇到任何艰难险阻或困难挫折而不言弃的人，才有可能取得成功。这就是说，坚韧的意志和毅力是事业成功者必备的个性心理品质，它是创新活动能够成功的心理保障和力量来源。

4. 仁心

鸟孵蛋是仁爱之心，尤其是母爱的表现，是生之、畜之、养之而不自恃本能德行的体现。在孵蛋的过程中，雌鸟为了小鸟能够顺利孵出付出很多，但毫无怨言，毫无所求。"仁"是儒文化排在首位的良好品质，被孔子、孟子等思想家视为区别人与非人的根本标准。荀子说："以为王天下，治万变，材万物，养万民，兼制天下者，为莫若仁人之善也夫！故其知虑足以治之，其仁厚足以安之，其德音足以化之，得之则治，失之则乱。百姓诚赖其知也，故相率而为之，劳苦以务佚之，以养其知也；诚美其厚也，故为之出死断亡以覆救之，以养其厚也；诚美其德也，故为之雕琢、刻镂、黼黻、文章以藩饰之，以养其德也。故仁人在上，百姓贵之如帝，亲之如父母，为之出死断亡而愉者，无它故焉，其所是焉诚美，其所得焉诚大，其所利焉诚多。"（《荀子·富国》）荀子把"仁"作为富国之道。

5. 悉心与细心

鸟孵蛋的过程需要悉心、细心。徐锴在《说文解字系传》中说："鸟抱恒以爪反覆其卵也。按反覆其卵者，恐煦妪之不均。"这说的便是鸟在孵卵时的悉心、细心。

悉心是尽心、全心全意、用尽心思之义，是人们做好事情的重要心理素养。细心是心思缜密、细致，也是为好人、处好世所需的心理素养。人们常说的"细节决定成败""差之毫厘，谬以千里"等，都是在强调细心的重要性。

（二）光亨

"光亨"指光明通达，体现在人的身上，就是要求心态积极、乐观通达。无论遇到多么大的压力或艰难困苦，都能乐观地去看待，做出积极的反应。唯有如此，才能把事情做好，事事通达。

"光亨"的前面是"有孚","有孚"是经受艰难的过程,如何能够经受艰难困苦而达到"光亨",最为重要的是人的心态和应对方式。就如同鸟孵蛋的过程十分艰辛,其战胜艰辛的动力是企盼小鸟的诞生,孵出小鸟,一切付出也都值得了。从这一意义上可以说,"光亨"的心理意义是积极乐观。

依据中国文化尤其是儒文化,在日常生活中遭遇各种各样的艰难困苦、挫折失败等是很正常的现象。如何对待它们,对人的影响有很大差异。如果人心生成的心理活动、念想、心理倾向等非常积极,如"心"生成积极心态、积极思维、正见、善念、自强不息的精神等,就如同孔子、孟子、王阳明等把它们作为磨炼自己心性的机会,那么整个人就会积极向上,拥有幸福快乐的生命历程。即使处于非常不利的境遇中,其也会因为心理积极而得到积极的结果。正所谓"心中有太阳,生活就会充满阳光"。反之,倘若心中生出消极心理活动,如贪心、痴心、嗔心、恶念、邪见等,那么人就容易做出消极的反应或行为,进而获得消极的结果,这样人生就会消极黯淡。概言之,"心中阴暗,生活就惨淡,人生就悲哀"。因此,人要想拥有积极灿烂的人生,就要用心生成积极的"念",进行积极的心理活动和积极的体验与反应,如此才会不断挖掘、激发和强化自身的积极力量。例如,孔子在困于陈蔡之间时,其弟子苦不堪言,孔子却乐观地对待自己的受困,在困境中修炼自己的心性。从这一意义上可以说,命由心生,世界由心造。换言之,人所生活的世界是自己的"心"作用过的世界,人只生活在自己"心"的世界,不管这个世界是真是假,是对是错。在"心"的作用下,人通过自己的活动或行为,把外在自然和内在自然主体化,创造出一个具有主体意义或价值的世界,并以意义或价值为纽带和中心把自己与自然、社会、他人等组织起来,构建自己的观念、生活方式、制度等。当然,"世界由心造",并不是说"心"造了宇宙万物,应该说是"心"造了人自己所生活的宇宙,或自己心中的宇宙万物。换言之,虽然外部的客观世界及其中的一切事物呈现给所有人的都一样,但人"心"不同,所以人对它们的认识、感受、体验、欲求等也就有所不同,因此在每个人心中的世界及其中万物受其"心"的作用而存在差异。而这种有差异的心中世界构成了一个人的自我和命运。

（三）贞吉

"贞"通"正"。孔颖达说："贞，正也……使物坚固贞正得终……使物各得其正而为'贞'也。"（《周易正义》）"正"有正直、坚定、刚正、正道等义。体现在人身上，"贞"是指人守正道而不自乱，实际上是要求人有定力，无论遇到什么艰难困苦，都不忘初心，不改志向。例如，孔子、孟子、韩愈、朱熹、王阳明等儒思想家在很不得志的情况下仍能"明知不可为而为之"，坚持自己的志向，积极努力地实现自己治国平天下的抱负。《周易·履卦》说："履道坦坦，幽人贞吉。"其中的"幽人贞吉"是人心中的不自乱也。孔颖达解释说："幽人贞吉者，既无险难，故在幽隐之人，守正得吉。"（《周易正义·履》）尚秉和解释说："'象'多释贞为正，此以不乱释贞，明贞有正、定二义也。"（《周易尚氏学》）

"吉"是吉利、吉祥、喜庆。依据"贞"和"吉"的字义，"贞吉"告诉人们只要走正道，正直、有定力、刚正、不断奋进、自强不息，就能使人无论面临什么艰难困苦，都能逢凶化吉，化险为夷。

（四）利涉大川

1. "大川"与"涉大川"

"大川"是指横亘在大地上的大河巨川，它们是远古人难以逾越的天堑。由于渡过大川非常困难，因此"大川"逐渐衍生出艰难险阻之义。在远古时期，由于"涉大川"非常困难，甚至有巨大危险，因此，远古人除非不得已，一般不愿涉大川。正因如此，凡涉大川的事件都是非常重大的影响深远的事件。《商书·盘庚》记载："盘庚五迁，将治亳殷，民咨胥怨。……盘庚迁于殷，民不适有居，率吁众戚出矢言……惟涉河以民迁……永建乃家。"意思是说，盘庚因国家经常受到洪水的侵袭，想把国都迁到殷（今河南省安阳市），却遭到了许多人的反对，最终他说服了众人，带领民众渡过黄河，把都城迁到殷，从而结束了商都经常迁徙的现象，使商朝繁荣昌盛起来。《诗经·大雅·生民·公刘》记载："笃公刘，于豳斯馆。涉渭为乱，取厉取锻，止基乃理。"这告诉人们，周王朝的祖先公刘带领周人渡过渭水定居下来，为周朝的建立打下了基础。由于"大川"衍生出艰难险阻，所以"涉大川"

就是克服或战胜艰难险阻。

2. "利"

"利"的字形含义是"用刀割禾，禾纷纷倒下"，指代刀锋或刀刃锋利、锐利。由于刀锋利，割禾的效率高，故引申为利益、利润、获利、顺利、符合愿望。《说文解字》说："利，铦也。从刀，和然后利，从和省。"《易》曰："利者，义之和也。"《说文解字注》说："铦者，耒属。引申为铦利字。铦利引申为凡利害之利。刀和然后利，从刀，和省。"孔颖达解释说："利，和也……能使物性和谐，各有其利……以义协和万物，使物各得其理而为'利'也。"（《周易正义》）"使物性和谐""以义协和万物"的意思是使有不同甚至相反属性的事物相互配合、协同作用，形成一种"和"关系。据此来看，"利涉大川"的意思是顺利渡过大川，并从中获益或获利。而要获益或获利，就需要使物相互之间形成相生的"和"关系。"刚来而不穷，柔得位乎外而上同"（《周易·涣卦》）明确告诉人们，要把事情做好，"刚"与"柔"应相济。王弼把"利涉大川"解释为："乘木即涉难也。木者专所以涉川也。涉难而常用涣道，必有功也。"孔颖达说："用涣可以济难之事。乘木涉川，必不沉溺；以涣济难，必有成功，故曰'乘木有功'也。"（《周易正义》也就是说，顺利"涉大川"实际上是利用"木（舟或船）"与"水"之间的"和"关系实现的，其实质是"善假于物"（《荀子·劝学》）。

3. 利涉大川

"利涉大川"在《易经》的许多卦中出现，各卦中的含义有一定差异，但基本含义是一致的。需卦中的"利涉大川"之义是乾德刚健，临于坎险；心怀诚信，而守持正道，虽具备履险济难的主观条件，但不贸然遽进，而是耐心"需待"以把握适宜的时机，所以涉川必利，往而有功。同人卦强调履险济难时团结众人、同心协力的重要性，并提出应守持君子正道的附设条件；谦卦是从谦逊的美德有助于克服险难的意义上阐述；蛊卦强调义当前往以济难建功的意义；大畜卦意指能够优遇、蓄养、倚重贤能之士，就能履险无忧、济难有成；颐卦是说应安居守正，不可率意涉险犯难；益卦是说居上位者能够广施利益于下，从而使上下相应、同心行动，则能济难成功；涣卦主要是指凭借外物帮助济难必获成功；中孚卦从义理上说心怀诚信，则能感应万物，以齐心协力、履险济难，从卦象上看是虚舟之象；

未济卦是指"未济"之时，以阴柔居坎险之上，力弱失正，不宜躁急涉难，这是反面训诫之辞。

基于上述分析，可以说"利涉大川"的心理含义主要有：（1）战胜艰险的主体因素主要有刚健进取的精神、秉持正道的品格、谦逊诚信的美德、恒心、耐心或定力、驭心力、理智、守正。（2）合作或团队精神。和谐协作形成合力是战胜艰险的必要条件，因此，要同心协力，形成系统效应。（3）善假于物，建立不同事物的"和"关系。（4）准备性，不要坐等时机到来，而是为可能到来的机会做好准备。宁可一辈子没有机会，不可机会来了却无能力抓住机会。

三、"需"在生活中的运用

（一）求名

在求名上，时机尚不成熟，需要积蓄实力，等待时机，大器晚成。这时应坚定信念，不为闲言流语所动摇，努力丰富自己，再求助可靠的人便可成功。

（二）婚恋

在婚恋方面，要慎重，切不可草率行事，逐渐培养感情，以诚实、热情相待，即使发生变故，仍可以有良好的结局。双方都应懂得以柔克刚、刚柔相济的道理。

（三）建功立业

审时度势，耐心等待，切勿冒险，欲速不达。要充满自信，临危不惧，坚守中正，有诚信、刚健之品性，如此必可化险为夷，渡过难关，把事情做成、做好。形势不利时，要刚毅不退缩，耐心等待；情况有利时，居安思危。行动之初，情况困难，必须以极大的耐心创造条件和机会。行事光明磊落，观时待变，实现愿望。事情接近成功时，更应小心谨慎，切莫功亏一篑。

（四）志向

坚信前途光明，有雄心大志，不忘初心。为此需要积蓄实力，等待时机，大器晚成；应有坚强的意志，冷静的头脑及耐力、定力、驭心力；慎独、悉心、细心，坦然对待他人的中伤，在灾祸面前能镇静自若；不轻举妄动，冷静选择方向；为人谦和、坦率，争取贵人相助。

（五）财富

在获取财富上要走正道，务正业，守正命。正如孔子所言："君子爱财，取之有道。"（《增广贤文》）意思是说，只要不坑害他人，用合乎道德、合乎法律的方法取得钱财，爱财没什么不可以。"富与贵，是人之所欲也，不以其道得之，不处也；贫与贱，是人之所恶也，不以其道去之，不去也。"（《论语·里仁》）意思是说，有钱有地位，这是人人都向往的，但如果不是用正当的方式或手段得到它们，君子是不接受的；贫穷低贱，这是人人都厌恶的，但如果不是用正当的方式摆脱，是摆脱不了的。由此可知，财富的获得要合乎道德要求，遵从社会规范。

第三节　"儒"的文化心理

儒文化的"儒"承继了其字源意义，是指社会和谐发展需要的有专门知识、技能和能力、仁心、智慧的"内圣外王"的人，即儒文化所说的君子。"内圣"是指这样的人具有圣人的心理素养；"外王"是指这样的人具有建功立业的才干。也就是说，要成为君子，需要具有圣人的心理素养和建功立业的才干，成才的过程就是逐步培养提升这样的素养和才能的过程。"内圣外王"虽然是由庄子最先提出的，但成了最能体现儒文化特点的代名词。因为道文化强调"无为"，只要按照"道"及"气"体现在人身上的自然本性去做就可以了，而儒文化强调入世建功立业。《大学》阐述的儒文化的"三纲"[1]是修炼内圣素养的目标;"八目"中的"格物""致知""诚意""正心""修身"是修炼圣人素养的过程或方法,"齐家""治国""平天下"是建功立业的层次。

依据儒文化思想和上述分析,社会所需要的君子应当具有的素养主要是"五常",在此基础上还应当具有审时度势、和、通权达变、恕、中庸、乐天知命、坚毅、自强不息、厚德载物等素养。

从当代社会视界看,儒文化说的君子主要是为社会发展做出贡献的各行各业的人才,他们能在各自的岗位上实现社会和自我双重价值。这样的人至少应当具备如下素养。

一、"自强不息,厚德载物"的文化精神

自强不息是孔子对"乾卦"的解释,是儒文化的基本态度、世界观、人生观和价值观,是中国文化精神的基本构成部分。张岱年(1986,1991)等认为中华民族精神是自强不息和厚德载物。自强不息主要表现为,无论遇到任何艰难险阻都毫不畏惧和退缩,而是想办法解决问题,在解决问题中不断成长,不断战胜并超越自我。自强不息中包含着自我超越、刚毅坚卓、发愤图强、拼搏进取、勇于克服艰难困苦、迎难而上等文化心理特征。英国 Demos 智库创始人之一马丁·雅克博士指出:中国人信仰的并不是"外力",他们与西方人将命运寄托给神明不同,他们相信自己,相信人定胜天。这种信仰和思维方式会使他们爆发出西方人难以想象的力量,创造出不可思议的奇迹(搜狐网,2019)。纵观历史,凡取得巨大成就的人都具有自强不息的精神,因此他们不畏惧任何艰难险阻,想办法解决问题。正因为如此,他们不断进步,进而成就一番事业。

厚德载物是孔子对"坤卦"的解释,与自强不息共同构成中国文化精神,它主要表现为对艰难困苦和外部压力的承受力和转化力,即化功(把压力转化为动力,把消极转化为积极,把"危"转化为"机"的能力或功夫),即无论遇到任何困境和巨大压力都能够承担,并把它转化为自身成长与发

---

[1] "三纲"是明明德、亲民、止于至善,是儒文化的做人的基本纲领和君子修炼的人生目标,是儒文化"垂世立教"的根本目标。

展的动力。就像厚实的大地一样能够承受和容养万事万物,不论受到何种压力,都能提供抗衡压力的反作用力,即压力越大,战胜压力的反作用力越大。孟子的"生于忧患,死于安乐"思想便是如此。通常,厚德载物指道德高尚者能承担重大任务,但实际上,它不仅包含品德,还包含韧性或毅力、宽厚、仁爱、承受力、忍耐性、宽容心和包容性等文化心理特征。

厚德载物是每一个想要取得成就的人都必须具备的心理素养。因为没有厚德载物,就无法承受巨大的艰难困苦和挫折失败,就会被它们击倒,更谈不上战胜它们而前进发展。比如,在获得成功尤其是在创新与创业的过程中会遭遇众多且沉重的压力,在面对这些压力时,能否承受甚至把压力转化为动力,则成为创新创业成功的关键。现今为什么许多人产生心理问题甚至自杀等现象,究其原因,主要是他们不具有厚德载物的心理特质,或德不够厚,承受不了生活中的多方面重压。但也有一些人,即使承受着这些压力,甚至更大的压力,也在不断提升自我,超越自己,最终登上成功的峰顶。究其原因,主要是他们具有厚德载物的心理特质,在承受压力的同时,有效实现了压力向动力的转变。凡成功者都会面临巨大压力,不管是社会压力、生存压力,还是自我施压,可谓"压力山大",但他们并没有因此被压垮,而是成功地把压力转化成动力(李炳全和杨威,2019)。究其原因,主要是他们具有厚德载物的品质。美国斯坦福大学的心理学教授凯利·麦格尼格尔(Kelly McGonigal)认为:"最幸福的人并不是没有压力的人。相反,他们是那些压力很大,但把压力看作朋友的人。这样的压力,是生活的动力,也让我们的生活更有意义。"(360个人图书馆,2018;网易订阅,2018)由此看来,厚德载物的心理素养在充满竞争和压力的创新与创业时代非常重要。

成功者和失败者的对比分析表明,二者的一个重要区别不是有无压力,而是能否实现压力的转化或改变。失败者通常难以实现压力的转变,压力就是压力,在压力尤其是重压的压迫下,紧张、焦虑、恐慌,以致压力成为生活的负担、成功的障碍。而成功者在面临压力时,通常会实现压力的转变,变压力为动力。对于压力的一些研究表明,压力会压死人,也会成就人。压力压死的人是那些认为"压力会压死人"的人;压力成就的人是那些把压力动力化以充分利用压力的人(李炳全和杨威,2019)。美国学者凯利·麦格尼格尔（Kelly McGonigal）开展的一项历时 8 年的压力追踪研究结果表明，压力对承受压力的人有害还是有益，并不取决于压力本身，而是取决于人们对压力的认知、态度及对压力的转换。那些认为压力有害的人，感受到压力时，企图以逃避来应对压力。而认为压力有益的人则会积极主动地应对压力，面对压力迎难而上，从而强化了应对压力的资源，对生活的挑战更有自信，建立和维持更亲密的社交关系。对认为压力有益的人来说，在压力下不仅能够把事情做得更好、更有效，而且增强了他们的心理弹性和抗挫折的心理能力，他们相信自己能够应对生活中的各种挑战，因此积极地迎接未来可能遇到的各种挑战（360 个人图书馆，2018；网易订阅，2018）。

二、驭心力

驭心力是指驾驭或掌控自己"心"的能力，它是避免外部诱惑、内心不平衡及抵御外部各种诱惑或干扰而必须具备的心理素养。

有较强的驭心力就能够驾驭自己的"心"，也就很容易排除外界干扰，不受他人的成败与言语等的影响，不跟风，始终把握自己的方向，按自己的"道"走，做自己该做的、能做的，这样就容易成功。而驾驭不了自己的"心"，容易受外界事物或他人的影响，缺乏主见，就很容易失败。可见驭心力对人的重要性，它决定着人的命运是否能掌握在自己手里。驾驭住自己的"心"，命运就掌握在自己手里；反之，驾驭不了自己的"心"，命运就交给了他人或外物。简言之，是命运捉弄人还是人掌控命运，关键取决于人有没有驭心力。

通常，缺乏驭心力的人心随境转，随他人的影响转，所以常常被环境左右，受他人的影响，被他人控制。那么挫折或失败、困境就容易导致消极情绪，人就容易受情绪的控制，受他人的控制。而驭心力强的人，则有较强的自我掌控能力，其心情或情绪由他们自己掌控，不受环境、他人的左右和控制。他们特别容易看到环境、事物、他人的积极面，从积极方面理解、解释、归因所遇到的人和事，从而产生积极的情绪。就如同人们常说的那样，嘴是长在别人身上的，他想说什么就说什么，谁也管不了，人要管的并能管住的是自己不受他人的影响，或所受影响的大小。如果因为别人的话而伤心、苦恼、恼怒，人生是不是就会跟着别人来跑呢？倘若如此，就什么也做不好，什么也做不了。为什么这么说呢？其原因是，不同的人看问题的角度和方法是不一样的。如张三一个说辞，李四一个说辞，王五又有一个与他们不同的说辞……那么到底听谁的呢？

通常，驭心力强的人，能够找准自己的特点，走自己的路；相信自己，不断给自己以鼓励，坚信自己能够克服任何艰难险阻；找准方向，坚定地走下去。这些是保持心理健康，走向成功的必备条件（李炳全和张丽玲，2017）。

三、定力

"定"通常指的是精神专注，能排除各种干扰。一个人所能表现出来的"定"，被称为定力。心有主宰，有定力，不会因外界的各种干扰或诱惑而动摇。定力与智慧密切联系在一起，有了智慧，就会有定力。反之，有了定力，使自己冷静了，才能更有智慧，明白什么是好，什么是坏；什么能做，什么不能做；什么该做，什么不该做。正如诸葛亮所说的："非淡泊无以明志，非宁静无以致远"。

定力对任何人来说都非常重要。修行悟道靠定力，成就大事获取成功靠定力，保持心理健康仍然需要定力。无论做什么事情，从事哪个行业，都需要定力。有定力的人，才能耐得住寂寞，经得起失败或挫折，不畏惧困难；才能敢坐甚至甘坐冷板凳，终能有所成就。反之，缺乏定力的人，就容易急功近利，为浮名近利所诱惑，被外物他人搅扰得心神不宁，被困难吓倒，半途而废，吃不得苦，耐不得劳，心猿意马，心神慌乱。即使是非常聪明的人，若没有定力，照样因心有所乱而一事无成。

四、奉献精神

奉献精神是一种爱，是对事业不求回报的爱和全身心的付出。对个人而言，就是要在这份爱的召唤之下，把本职工作当成一项事业来热爱和完成，从点滴中寻找乐趣；努力做好每一件事、认真善待每一个人。有了奉献精神，就不会患得患失而束缚自己的手脚，才会不计个人得失地努力做事情。这样，才能真正把工作做好。

五、合作和团队精神

合作是两个及两个以上有差异性的个体为了实现各自目标或满足各自的需要而相互配合、协调一致（李炳全和胡海建，2011）。在当今社会，由于社会分工越来越细，要求人们必须相互配合，这样对合作的要求就越来越高。只有具有合作和团队精神，才能适应当代信息社会，并在社会中找到发挥自己价值的平台。不具有合作精神，就会被社会淘汰，根本谈不上发展或成就一番事业。

现在的社会越来越复杂，每个人不可能我行我素，完全靠自己完成一项比较复杂的事情或工作。所以，做生意也好，搞技术研发也好，要在一件事情上取得成功，通常需要组建一个团队。这就是说，合作精神是当代人应当具备的心理素养。

合作是把差异性的东西形成合力。比如，在盲人摸象故事中，摸到象的大腿的人说大象像柱子；摸到大象的身体的人说大象像一堵墙；摸到大象鼻子的人说大象像一条巨大的蟒蛇；还有尾巴、耳朵，各像不同东西。这些盲人说的对不对呢？都对，但又不全对。说对，是因为他们感知到的确实如此；说不对，是因为他们感知到的不全面。那怎样才能使他们的不全面变成全面呢？答案是他们之间相互交流并整合。但日常生活中，人们通常不愿意接受他人的意见，接受他人意见好像显得自己无能一样，这就难以改变自己的偏颇、弥补自己的不足。要改变自己的偏颇、弥补自己的不足，就应听从并接受他人的意见，从他人与己不同的意见中发现其合理性和自己的不足。这就告诉我们，在他人与自己出现差异时，应该珍惜差异，欢迎差异，并认真加以分析。

通常，在遇到不同意见时，不同人会采取不同态度。有人把这种态度分成攻击差异、逃避差异、容忍差异、尊重差异、珍惜差异、善用差异、庆祝差异。其中，积极的态度由低到高是尊重差异、珍惜差异、善用差异、庆祝差异。只有具有这样的态度，才能从差异中获益，尤其是后两种态度，更能使有差异的人之间相互取长补短，形成合力。

六、反省力

按照儒文化，智慧、才干要在艰难困苦中培养，在战胜艰险中得以增长。其主要的方式是反躬自省。

反省是一种智慧，也是走向成功的必要条件。常言道："失败是成功之母。"这句话并不全对。它有一个前提，即"吃一堑，长一智"，在遭遇挫折或失败后，能够去分析原因，找出问题所在，有所长进，增长智慧，避免同样的错误再次发生，才能通过一次次失败使自己走向成功。唯有如此，失败才能成为成功的阶梯或"母亲"。实践表明，成功者之所以成功，不是他们没有经历失败，而是他们在失败时会积极寻找失败的原因，并找出解决问题的对策。

孔子说："三人行，必有我师焉；择其善者而从之，其不善者而改之。"（《论语·述而》）就是说，看到他人好的地方就反观自己，看看自己有没有。如果自己没有，就要向他人学习，想办法具有；如果自己有，就要进一步强化。看到他人不好的地方也要反观自己，看看自己有没有。如果自己没有，就继续保持；如果自己有，就要改正，这样自己才能不断进步、提升。对道德品质如此，对成功、心理健康来说也是如此。看到他人成功，不要只是羡慕、嫉妒、恨，而应思考为什么他人会成功，反省自己哪些方面不行，并向这些方面去努力；看到他人失败，不应该讥讽嘲笑，而应分析他人为什么会失败，自己将来会不会也因为这样失败？如此就可以避免重蹈他人覆辙，这样就可以从他人的成败中汲取到有益的东西。

反省是智慧的源泉。如果说知识源于学和思，那么就可以说智慧源于反省或反思。反省或反思可以使人：（1）发现已有的思想、视界、思路、方法等的不足或局限，发现其他许多不同的思想、视界、思路、方法等，从而做出更有利的选择，或对已有思想、视界、思路、方法等加以修正和完善；（2）避免主观武断、行为固执乃至偏执、思想僵化和迷信，思维更加灵活，思想更加活跃，进而发现更多新的可能和希望（刘传广，2007）；（3）更具进取的动力，不断开拓、拼搏、进取；（4）及时发现错误或局限，既及时纠正，又预防以后再犯，使认识或研究更加科学合理，进而更有效；（5）思维、认识和思想走向深刻。

七、心理化功

心理化功在前面的"厚德载物"中已经阐述，由于它对当代人的生存和发展尤其是建功立业非常重要，因此对其再进一步论述。

化功是把对自己不利的因素转化为对自己有利的因素，比如，把压力转化作动力，把困境变成磨炼自己的机会，把他人的嘲讽变成自己进取的动力，把挫折或失败变成自己走向成功的阶梯，等等。它以"化"（转化、转变）为中心，如身残志不残、贫穷而立志改变贫穷、短板变长处等，因此可以说，心理化功是人尤其是大学生走向成功和健康生活所必备的心理素养。

众多研究和人们的生活实践表明，逆境、挫折或失败等并不完全是坏事，在某种意义上说，逆境是来锻炼人的。换言之，人们之所以会遭遇逆境、挫折或失败，因为它们是来帮我们克服缺陷或弱点的。而这些缺陷或弱点正是我们成就事业的绊脚石。要清除这些绊脚石，就必须通过苦难、逆境、挫折或失败的磨炼，通过磨炼把这些看似不利的因素或境遇变成人们的智慧、抗挫折的心理能力、心理韧性等。人们若能乐观地面对种种困难挫折，通过逆境或苦难克服自身的种种缺陷或弱点，我们就能驾驭自己的命运，成就一番事业。

第三章　儒文化的心性论

　　人性论是关于人的共同本质属性的理论学说，是人们对人性的基本看法及由此建构的关于人性的观点或学说。不同的人对人性的认识不同，形成了不同的人性论。不同的人性论提出了不同的人性假设，进而导致不同的做人、处理人与人之间关系及对人进行管理的理念和方法。例如，中国的儒、道、佛的人性论、西方基督教中的天主教和新教的人性论，管理学中的经济人理论、人本主义的性善论、X-Y 理论等。因此，探讨人性论非常重要和必要。由于"心"是人的基本特性和重要组成部分，因此可以说，心性实际上就是人性，心性论实际上就是人性论。心性论是关于人性的理论学说。

　　心性是中国文化思想中的一个核心概念，中国文化中最具特色的思想是心性思想，先秦时期思想家对其做了探讨，包括儒思想家在内的中国所有的思想家都必然论及"心"和"性"，由此形成了丰富多彩的心性论。就儒文化而言，由于儒学是以人为核心的"人学"或"人本哲学"、"人本思想体系"，而人的问题的核心是人性或心性问题，所以人性论或心性论是儒文化的基本理论和核心问题，是早期儒家思想发展的核心问题和中心线索。从《孟子》《荀子》和各种儒文化经典著作及现存的各种儒文化资料来看，"心"与"性"是儒思想家各自文本话语体系和思想体系的核心概念。儒文化探讨心性的根本目的，是实现社会教化和统摄人心以实现社会的和谐稳定发展。为达到这一目的，儒文化对心性问题研究下功夫颇深。因此，厘清儒文化的心性论，对于深刻理解儒文化思想具有十分重要的意义。

第一节　心性的一般概念

既然是心性论，当然首先必须对"心"是什么，"性"是什么给予回答。"心"和"性"是什么？这既是一个哲学的基本理论问题，也是一个心理学的基本理论问题，是心理学中的哲学本体论问题，也是一个实践性问题。对这一问题的回答，既关乎哲学的理论建构和发展，也制约着心理学的理论建构与研究，同时关乎哲学、心理学的实践价值。从中国文化思想的角度看，从古至今，中国的"心性"问题首先是一个实践问题，而不是纯哲学的形而上学问题，无论是儒家、道家，还是佛家及中国本土化的禅宗，对"心性"的探讨都是以指导人的修行或提升自我修养为目的，而不是像西方哲学那样建构一种形而上的理论。由于中国哲学是生活哲学，中国文化是生活文化，因此，所有的文化思想都与人的生活休戚相关。中国的"心性"思想也是如此。在各种思想中，有的把心性分离开来，把"心"与"性"作为不同的概念；有的把"心"与"性"统一起来，有的则把它们既区别又统一。

一些学者认为，"心性"是"心"与"性"结合在一起构成的词语。其中，"心"是人的精神或心理层面，主要是人的心理特征或心理面貌；"性"是先天之本性。"心"和"性"结合在一起的"心性"指的是心的根本性质或基本特性。其中，"心"是集聚义，性是不变义。也有人认为，"心性"指"心"的本性、实性，可以理解为"心"本来具有、不可变易的性质、实体，"心"未被后天外部事物刺激影响或内心的情欲左右而遮蔽的本来面目，即"父母未生前本来面目"。由此来看，"心性"究竟是什么？可以说是众说纷纭，各有各的见解，各种见解各有特色。不过，就儒文化而言，"心"与"性"是两个既有区别又密切联系的概念。那儒文化的"心性"究竟是什么呢？

下面对它们加以论述。

一、心

"心"是儒文化的核心概念。《论语》中6次提到"心"，次数虽然不多，但实际上其思想核心"仁"是"心"的基本属性或特征，被后来的孟子等儒思想家确立为人之所以为人的基本特征或根本属性，由此奠定了儒文化心性论的基础。《孟子》中有126处提到"心"，确立了儒文化的心性论的思想体系。"心"是荀子思想的中心，《荀子》中有165处提到"心"，进一步发展了由孔子创立、孟子建构的儒文化心性论学说。之后儒文化在孟子、荀子的思想基础上建构心性学说。综观儒文化的"心"，可以说包含先天之心和后天之心两个方面。

（一）先天之心

先天之心一般可称为"元心""本心"，是人原本的那个"心"，是作为本体的"心"。它不是指人们日常进行思考的心，依照逻辑进行思考的心，或心理学家所描绘的有种种感觉、认知、情感、意志的心，而是在所有这些认知、情感、意志和思想之下作为其基础的心，是产生所有这些认知、情感、意志和思想等心理活动的心，科学心理学所讲的认知、情感、意志和思想等只不过是"元心"所生成或产生的心理活动及其结果，即"情欲心""识心""生心"，是"元心"在内外刺激的作用下活动的结果。"元心"或"本心"是"性"，即人的先天本性，而"识心""情欲心"等"生心"则不是"性"。由此可以说，"性"只是"心"的一部分。

1. 先天之善心

儒文化的性善论者认为，人有先天之心，即"本心"或"元心"，这种先天之心是善的。孟子认为，人的天生之心是善的，有"恻隐之心、羞恶之心、辞让之心、是非之心"，它们是人后天的仁、义、礼、智的发端（源头），所以称为四端。不过，四端能否在后天发展成为仁、义、礼、智，取决于诸多因素。在孟子看来，"本心"或"元心"是人与天连接的通道或纽带，使人能够成为人之本，所以他强调"尽心→知性→知天"。他说：
"尽其心者，知其性也。知其性，则知天矣。存其心，养其性，所以事天
也。"（《孟子·尽心章句上》）依据孟子的这一思想，做人或成人的过
程实际上是发掘、扩充本心已有的善端，使它们充分发展，这就是"尽心"。
"尽心"了，使"本心"得以充分发展，就会使本心或本性充分地显露出
来，为人所认识，这就是知性。由于本性或本心是天道的生养万物而不自
恃的体现或反映，即天理，所以知性实际上就可以知天理，即知天。这样，
孟子就把"心""性""天""道"统一贯通起来，通过"省心""尽心"
最终实现明道合道。由于孟子所强调的认识过程是从"尽心"开始，所以
特别强调反躬自省，这样他就发展了孔子提出的内省和反省。正如孟子所言：
"心之官则思，思则得之，不思则不得也。此天之所与我者。"（《孟子·告
子章句上》）这一认识过程表现在人的道德修养的修炼上，那就是"存心、
养性、事天"。如果能做到这一点，就可以使自己发展得好。孟子说："人
皆有不忍人之心。先王有不忍人之心，斯有不忍人之政矣。以不忍人之心，
行不忍人之政，治天下可运之掌上……凡有四端于我者，知皆扩而充之矣，
若火之始然，泉之始达。苟能充之，足以保四海；苟不充之，不足以事父
母。"（《孟子·公孙丑章句上》）这段话明确告诉人们，如果能够把"本
心"得以充分发展就可以成为圣人，即"可以为尧舜"，很容易治理好天下。

孟子的这一思想成为儒文化思想的主流，被之后的儒思想家发展，到
宋明理学时，直接提出了"心即理"思想。这里的"心"便是人的本心或
本性，"理"是天理，也就是天理或天道赋予人或体现在人身上的天生的善
性，由此，知心即知天理。王阳明更是把"良知"作为"本心"或"本性"，
其修养身心的途径或方法是"致良知"。

2. 其他先天之心

除性善论者外，其他儒思想家也认为存在先天之心，只不过他们所说
的先天之心并不是人的善性，而是其他心理特性。

荀子认为先天之心是人的自然本性。他说："天职既立，天功既成，
形具而神生，好恶、喜怒、哀乐臧焉，夫是之谓天情。耳目鼻口形能，各

有接而不相能也，夫是之谓天官。心居中虚以治五官，夫是之谓天君。"（《荀子·天论》）这里的"天"是指天赋或天成，实际上就是人先天具有或由上天赋予的功能或属性，其中属于心理方面的有"神"（精神）、"情"（情欲）、"知"（认知，包括感性认识和理性认识）等。在这些心理之中，"心"是主宰。"心者，形之君也，而神明之主也，出令而无所受令。自禁也，自使也，自夺也，自取也，自行也，自止也。"（《荀子·解蔽》）荀子明确指出"心"是身体活动的掌控者，是精神活动的主宰，它能控制它自己，却不可以为其他所掌控。这也就是说，先天之心决定着人自身的发展。换言之，一个人发展成什么样的人，取决于其"心"，关键是人的"心"能否对"道"（规律）加以认识并遵循，即合道。"心不可以不知道。心不知道，则不可道而可非道。人孰欲得恣，而守其所不可，以禁其所可？以其不可道之心取人，则必合于不道人而不知合于道人。以其不可道之心与不道人论道人，乱之本也。夫何以知？曰：心知道，然后可道。可道，然后能守道以禁非道。以其可道之心取人，则合于道人而不合于不道之人矣。以其可道之心与道人论非道，治之要也。"（《荀子·解蔽》）这段话告诉人们，人要成为圣人，要能做出一番成就，其心就不能不认识"道"。认识不到"道"，那就不能遵循"道"，不合道，与"道"出现偏差。这样，人就极容易按照自己的情欲不合道地恣意妄为，由此很容易出现问题。但如果人的"心"明白"道"，就能按"道"来做，遵循"道"而禁止或制止不合道的事情，这样就能为好人处好世。这明确是在说"心"的自然的认知能力，而这种天生而有的认知能力是人的"元心"或"本心"，即"性"。"凡以知，人之性也。可以知，物之理也。"（《荀子·解蔽》）

（二）后天之心

后天之心是在后天形成和发展起来的"心"，是由先天之心衍生出来的"心"，故可以称为"生心"。"生心"主要包括"情欲心""识心""善恶心"。情欲心是先天之心，即"本心"或"元心"在人的内部刺激作用下而产生的本能或类本能的情绪、情感和欲望，实际上是日常生活中人们常说的情欲，是现在心理学中所说的情绪、情感、需要或内驱力等。"识心"（神）是"元心"（神）在外部刺激作用下而产生的活动，实际上是现在心理学中所说的认识或认知活动。善恶心是后天形成和发展起来的一种道德心，简称"德心"。

1. 情欲心

情欲心是源自本能的心理活动，包括各种内在深藏的欲念冲动，是当今心理学中所讲的需要、动机、兴趣、理想、信念、世界观、人生观、价值观等动力系统，情欲心激发、维持、增强或抑制人的心理和行为活动。依据儒文化思想，情欲心是后天之性、有为之性，是人在有了物质形体——"物形之"之后形成和发展起来的心理活动。随着物质形体的形成和发展，会需要越来越多的能量和物质支撑，由此就会产生各种各样的需要，且需要越来越多，越来越强，即"日长日盛"。这些日长日盛的需要是人在成长过程中在内、外部刺激的作用下而生出的欲心。需要能否得以满足及其程度会导致人产生各种各样的心理体验就是情绪，即情心。由于情是在欲的基础上产生的，二者不可分割，故通常把它们合起来称为情欲心，简称"欲心"。

通常，人们在认识的基础上，把事物和人及心理品质分为积极和消极、好与坏、优与劣等，产生欲望或欲求，想要得到积极的、好的、优的，回避那些消极的、坏的、劣的。通常情况下，当人接触到适宜于六根[1]的对象，如美丽的东西、悦耳的声音、好吃的食物、完善的方案、功名利禄情（包括功业、名声或名气、财富、权势、福禄、社会地位或身份、生活环境）等时，就想要接近、追求并获得。相反，当人接触到不悦六根的对象时，就会排斥、抗拒。欲望或欲求满足与否及其程度，会导致人产生喜、怒、哀、乐、悲、恐、惊等情绪或情感。由于欲求与情绪情感是由认知产生的，或者说它们源于认知，所以说认知导致情欲。

---

[1] 六根是眼、耳、鼻、舌、身、意六种感官或认识能力，它们产生眼识（见）、耳识（闻）、鼻识（嗅）、舌识（味）、身识（觉）、意识（知）等六识，认识色、声、香、味、触、法等六尘。

人有了欲求，就会想办法满足欲求，有了情绪或情感就会想法获得积极情感，消除消极情感，由此情欲心就为人的成长发展提供动力支撑，驱动人们满足成长发展的需要。因此，情欲心对人的成长发展来说十分重要和必要。但是，如果情欲心超越一定限度，变成超越满足正常成长发展需要的不合理的欲望，特别是发展为贪欲，那就会遮蔽本心，成为妨碍身心健康的因素。比如，食欲是人获得成长发展所需要的食物的驱动力，在其驱动下人获得成长发展所需要的食物，用食物来养人，但是如果食欲过强，则会使人把食物作为追求的目标，就会贪吃滥吃，食物就会被异化，不仅成为奴役人的工具，而且可能因为乱吃乱喝而导致人的身心出现问题，如富贵病、肥胖症等。无数事实表明，欲求过度，就形成贪心；欲求得不到满足或满足受阻或被干扰，就会形成嗔心；贪嗔都会使人扰心乱神，迷失心智，不明事理，产生过错行为，即痴心。日常生活中许多人之所以上当受骗就是其贪心导致他们不明事理，许多骗子骗人的心理机制也是利用人们的贪心、恐惧心或焦虑等。贪嗔痴容易导致人们为达目的或满足欲求而不择手段，产生邪恶的观念和行为，而邪恶的观念和行为是导致人们不走正道而走邪道和身心失调的根源。从"欲"的字源意义上看，欲心（神）是人因欠缺成长发展所需要的东西而产生的欲望、欲求、情绪，人只要获得这些欠缺的东西即可。如果人的欲心（神）过强，追求超过甚至远超这些欠缺的东西，那就会扰乱自己的心神，产生身心失衡，而且极容易导致人与人之间的争斗，产生社会问题。正因如此，孔子、孟子、荀子等儒思想家认识到情欲具有积极和消极的两面性，因此，既要求适度满足人的情欲，又强调节欲。这实际上是按中庸之道处理人的情欲。不过，到宋明理学时许多儒思想家，如朱熹等人，提出"存天理，灭人欲"，把天理和人欲完全对立起来。从当代科学心理学和社会治理、管理等的视界看，节欲是合理的，灭欲就有些极端了。

孔子说："喜、怒、哀、惧、爱、恶、欲，七者弗学而能……饮食男女，人之大欲存焉；死亡贫苦，人之大恶存焉。故欲恶者，心之大端也。人藏其心，不可测度也。美恶皆在其心，不见其色也，欲一以穷之，舍礼何以哉？"（《礼记·礼运》）这段话明确指出情欲是人人都有的，个体要健康发展就应情欲适度，走正道满足自己的情欲；既要合理满足人的情欲，又要用"礼"约束人的情欲，不能使人的情欲泛滥过度。

孟子说："口之于味也，目之于色也，耳之于声也，鼻之于臭也，四肢之于安佚也，性也，有命焉，君子不谓性也。"（《孟子·尽心章句下》）由此可知，不要强求情欲，尤其是穷奢极欲，而应用礼仪节制情欲。赵岐解释说："口之甘美味，目之好美色，耳之乐五音，鼻之喜芬香。臭，香也，《易》曰：'其臭如兰。'四体谓之四肢，四肢懈倦，则思安佚不劳苦。此皆人性之所欲也，得居此乐者，有命禄，人不能皆如其愿也。凡人则有情从欲而求可身，君子之道，则以仁义为先，礼节为制，不以性欲而苟求之也，故君子不谓之性也。"（《孟子注疏·尽心章句下》）这段话指出要用仁义礼节制情欲，不要使情欲扰乱自己的心神和仁心。朱熹解释说："程子曰：'五者之欲，性也。然有分，不能皆如其愿，则是命也。不可谓我性之所有，而求必得之也。'不能皆如其愿，不止为贫贱。盖虽富贵之极，亦有品节限制，则是亦有命也。""欲，如口鼻耳目四支之欲，虽人之所不能无，然多而不节，未有不失其本心者，学者所当深戒也。程子曰：'所欲不必沉溺，只有所向便是欲。'"（《孟子集注·尽心章句下》）"堂高数仞，榱题数尺，我得志弗为也。食前方丈，侍妾数百人，我得志弗为也。般乐饮酒，驱骋田猎，后车千乘，我得志弗为也。在彼者，皆我所不为也；在我者，皆古之制也，吾何畏彼哉！"（《孟子·尽心章句下》）赵岐解释说："至溜高数尺，是为奢汰之室也，如我之得志于行道，不为此室也；食之前有方丈之广，以极五味之馔而列之，又有所侍之妾至数百人之众，如我得志于行道，亦不为之也；大作乐而饮酒，驱骋田猎，有后车千乘之多，如我得志于行道，亦不为之也。以其在彼骄贵之事者，皆为我所耻而不为之也；在我所行之事，又皆是古圣王之制度者也，是皆恭俭而有礼也。如是，则于我何有畏于彼之富贵乎哉！"（《孟子注疏·尽心章句下》）这段话明确指出，奢侈的行为是为君子所不齿不为的可耻有害的行为，不应该做出如此行为，而应该节欲少欲。之所以重视节欲，因为情欲过度，容易遮蔽人的仁心。"人皆有所不忍，达之于其所忍，仁也。人皆有所不为，达之于其所为，义也。"（《孟子·尽心章句下》）赵岐把这句话解释为："人皆有所爱，不忍加恶，推之以通于所不爱，皆令被德，此仁人也。人皆有不喜为，谓贫贱也，通之于其所喜为，谓富贵也。抑情止欲，使若所不喜为此者，义人也。"（《孟子注疏·尽心章句下》）朱熹解释为："恻隐羞恶之心，人皆有之，故莫不有所不忍不为，此仁义之端也。然以气质之偏、物欲之蔽，则于他事或有不能者。但推所能，达之于所不能，则无非仁义矣。"（《四书章句集注·尽心章句下》）

　　荀子对于情欲要求养、制、节。"养"是养护、满足人的情欲；"制"是控制、限制、管束或约束人的情欲；"节"是节度、有节、节省，即合理适度满足和控制人的情欲。他说，人"饥而欲饱，寒而欲暖，劳而欲休"，"目好色，耳好声，口好味，心好利，骨体肤理好愉佚，是皆生于人之情性者也"。"生而有好利焉，顺是，故争夺生而辞让亡焉。生而有疾恶焉，顺是，故残贼生而忠信亡焉。生而有耳目之欲，有好声色焉，顺是，故淫乱生而礼义文理亡焉。然则从人之性，顺人之情，必出于争夺，合于犯分乱理，而归于暴。故必将有师法之化，礼义之道，然后出于辞让，合于文理，而归于治。"（《荀子·性恶》）"人生而有欲，欲而不得，则不能无求，求而无度量分界，则不能不争；争则乱，乱则穷。先王恶其乱也，故制礼义以分之，以养人之欲，给人之求，使欲必不穷于物，物必不屈于欲，两者相持而长，是礼之所起也。故礼者，养也。"（《荀子·礼论》）荀子明确指出，人都有情欲，因此就有了追求情欲满足的动力，由此激发人满足情欲的行动，这是非常正常的。这与当代心理学所说的"需要是动力的源泉或根源"是一致的。情欲得不到满足，就很容易导致心理失衡，产生愤怒、焦虑、抑郁、痛苦等消极情绪，乃至心理问题，做出对个体和社会有害的行为。所以，要养人的情欲以预防其做出有害行为，把情欲作为激励因素，利用其情欲激励人们去做出利己利社会的行为。不过，在养人情欲的同时，又要预防情欲满足可能导致的情欲膨胀或过度。人的情欲过度会导致能够满足每个人情欲的对象欠缺，从而无法满足所有人的情欲，人与人之间就会出现为满足情欲而争斗；人们争斗就会导致社会混乱，混乱导致贫穷。所以无论对个体还是社会来说，对情欲都要养、制、节相结合。对个体来说，要避免情欲过度扰乱自己的心神，使自己欲壑难平，损害身心健康，上当受骗，变痴，做出害人害己的行为。对社会来说，要适度满足人的情欲，制定相关制度节制、利用情欲，同时管理、约束人的情欲。这样，就可以充分发挥人的情欲的积极作用，预防、限制其消极作用。

孔子、孟子、荀子等儒思想家的情欲思想对后世有很大影响，对人们的情欲管理有积极的启迪和指导作用。

2. 识心

识心是认识之心，是人对事物和自身的认识，即对外界事物和人自身进行认识及由认识活动而产生的心理活动与其结果，是人认识世界和操控身体行动的意识体，是后天形成和发展起来的心理活动，是当今科学心理学中所讲的认识过程或认知活动，其主要作用或功能是对事物加以认识。它是主客观相互作用的结果，更为准确地说是客观作用于主观的结果，即客观事物触发的主观认识。这也就是说，虽然作用于人的客观事物相同，但对不同的人来说所产生的主观认识不同，由此导致不同人的心理世界各不相同。概言之，识心具有主观性，因而，认识和辨别也具有主观性和个别差异性，由此形成了不同人的心理世界。

"识"中包含着"别"，可称为识别，其功能和实质是认识辨明事物的属性并把事物及其属性区别开分门别类，不把事物区别开来，也就无法对事物加以认识。由此可以说，"识"是辨别各种事物的官能活动，即认知器官对境或事的分别识知的心之作用。所以它又可被称为分别心。识心是人在"物形之"而具有物质实体后在与其所处的环境进行相互作用的过程中形成和发展起来的，是触境或触物而生，其作用是对环境及其中的事物的认识或认知，在此基础上对境及其中事物做出适应性反应。例如，人被火烫伤之后，再去接触火时，就会与火保持一定距离，离火太近，就把手缩回。正是"识心"的区别作用，才能使人们认识到事物的各自特点，根据它们的特点建立差异性事物的"和"关系。

在儒文化看来，"识心"可以认识外部事物，并通过外部事物可以明道明理。"心能自作主宰，自清其天君以知道、体道、行道"（唐君毅，2005）。具体来说，识心的作用主要有如下几个方面。

（1）通过对境或事物的认知实现对"道"的感悟或体认

从孔子开始，儒文化的根本目的是推行大道，儒思想家多以此作为自己的人生终极目标和生命追求。儒文化依据《易经》，认为万事万物都由"道"生，都具有一定的"道性"，即"道"赋予万事万物的独特性质或特征，因此，通过对各种各样事物的认知可以体认或感悟"道"。大千世界万事万物虽然差异很大，但它们所蕴含或所遵循的"道"是一样的，人们能够从中体认"道"。

不过，由于阴阳相互作用的方式、场合、时机等千差万别，所生成的事物及其属性也千差万别，万事万物所具有的"道"给予的特性只是"道"的部分体现，而不能反映"道"的全貌，"道"生的任何具体事物都不具有充分的包容性和无限的永恒性，且都受自身规定性的限制，具有有限性。但是，人"心"与它们不同，全面秉承"道"的性质，最为合道。因此，可以悟道、明道，通万物之理。所以，儒文化倡导孟子所开创的"尽心→知性→知天"的认知路径，通过对万事万物的认知（即格物）而最终实现对"道"的感悟或体认。这种认知是实践理性，需要主体的自身体认，具有主体性、自觉性、整体性、感悟性等特征，以不断提升生命境界、摆脱心理困扰、获得精神自由。这与西方以外物为对象的理性认识有根本性区别。西方的理性认识只是对具有部分"道"之特性的形而下的"器"的认识，而不是对形而上的生养万物的"大道"或"天道"或"天命"的认识（臧宏，2020）。由于感悟、体认是个体自己的事情，每个人都有自己与他人有所差异的实践理性，即实践理性具有不可复制性、个体独特性，每个人的实践都是独特的，因此，每个人对"道"的感悟、体认的方式及能达到的境界可能存在差异，个人是否真的体认感悟到"道"，感悟到什么水平，只有自己知道。这正是实践理性与逻辑理性的不同之处（臧宏，2020）。

"道"在儒文化中有不同的说法，在孔子那里是其所推行的"大道"，实际上是"仁道"；在孟子那里是"天"，即"天命"或"天道"；在《大学》《中庸》中是"明德"；在宋明理学那里是"天理"；在王阳明那里是"良知"。不管哪种称呼，总体而言，儒文化的"道"是"生养万物而不自恃"的"上德"或"上善"，它使不同的事物之间形成一种相生相克、和谐发展的系统。"相生"

是有差异的事物之间相互促进、相辅相成、相互帮扶；"相克"是有差异的事物之间相互克制以形成一种平衡和谐的有机系统，避免某一或某些方面的过度或泛滥对整个系统的和谐稳定发展造成危害。这就是中国文化讲的阴阳或五行相生相克。包括儒文化在内的整个中国文化注重的实践理性都是对这样的"道"的认识。比如，儒文化认识到君民之间的船与水的关系，"水可载舟，亦可覆舟"，所以认为，统治者施仁政，才能得到人民拥护，而人民拥护才能使国家长治久安，政权稳固。再如，儒文化的"民贵君轻"思想提出"民为天""民以食为天""食色性也"，所以统治者应解决人民的吃饭问题，满足人民的基本需要。

（2）通过对境及其中的人、事、物的认知满足需要

人在"物形之"之后会产生各种各样的情欲心（神），情欲心的满足依赖人所生活于其中的情境及其中的人、事、物。这些人、事、物哪些能满足或有利于情欲心的满足，为人的生存与发展提供合适的条件，哪些不能满足或有损（害）于情欲心的满足，为人的生存与发展制造障碍，需要人对它们进行认识。而识心又反过来对人的情欲心产生影响甚至改变作用，将人的情欲心置于识心的控制、调节之下。正因如此，科学心理学将认知或认识作为基础性心理活动，是情绪或情感、意志等其他心理活动的基础。

不仅如此，识心还对饥饿、困倦、生气、厌烦、悲伤、郁闷、喜悦、紧张等情欲心进行感受或体认，进而对其进行控制、调节。

（3）通过对境及其中的人、事、物的认知建立分别心

随着识心的发展，尤其是在意识产生之后，识心逐渐发展成分别心，把人我、内外、好坏、正负、善恶、是非、成败等区别开来。

分别心可以使人认清自己的特点，走自己的独特之路，依据事物的不同特性建立"和"的关系。

不过，分别心在日常生活中也会有消极作用，它容易与情欲心结合起来，以自己的标准或尺度认识和评判人、事、物，促使人追求自己喜欢的，而厌恶自己不喜欢的，由此扰乱平静的心，使人产生烦恼。换言之，分别心能导致人产生贪、嗔、痴、爱、恶等，使人生出"喜怒哀乐悲等情心""贪恋喜恶等欲心""认识辨别之心""愚笨聪慧之心"。其实质是"识心"

被遮蔽。能遮蔽、染着正确认知的因素主要有"欲为蔽，恶为蔽，始为蔽，终为蔽，远为蔽，近为蔽，博为蔽，浅为蔽，古为蔽，今为蔽。凡万物异则莫不相为蔽，此心术之公患也"（《荀子·解蔽》），而要解蔽，还要靠识心，心要虚一而静。

正因为分别心容易扰乱人的心神，所以孔子、孟子、荀子、朱熹、王阳明等儒思想家非常重视其作用，强调对包括人在内的万事万物应有正确的、积极的认识。

那怎样正确、积极地认识事物呢？儒文化特别强调体认反省，对自己的识心加以认识。例如，自己的认识的性质和类别，即自己的认识是什么样的认识？有哪些？自己的认识水平或程度，即自己的认识达到什么水平？认识的程度如何？自己的认识的方法或途径，即自己是怎样认识的？导致自己如此认识的原因，即为什么自己会有这样的认识？他人的认识及其水平、方法、原因等。

通过对认识进行认知，就可以消除分别心，将世间的美丑善恶甚至是自己与人争执或受到他人攻击等诸如此类的事情都看空、看开，既不亲近也不会记恨他人，不斤斤计较，宠辱不惊，闲看庭前花开花落；去留无意，漫随天外云卷云舒。他人做出一些违反道德、人性并以此牟利的事，自己不做；与人交往之时，他人对自身的攻击、侮辱、谩骂、轻视，不必生气也不必理会；遇到挫折、困难，具备足够的心理能量和心理资本去应对，不因此郁闷成疾。按自己内心的信念和准则生活，接纳、包容身边的人和事，这样有利于融入群体、融入社会，形成良好的人际关系。拥有洒脱的生活态度的人，即使发生诸多的负性生活事件，也不放在心上，甚至还会从积极方面看待。许多儒思想家就是如此。例如，孔子在遭遇多次极端困厄之时仍不忘推行自己的大道，明知不可为而为之，乐在其中；孟子的"生于忧患，死于安乐"思想把艰难困苦作为磨炼自己的积极心理品质，增强智慧的机会或途径；王阳明的"在事上磨"把磨难视为致良知的机会或途径；等等。发生在儒家先贤身上的这方面的事例不胜枚举。

3. 善恶心

后天之心包括具有道德判断、评价和践行的善恶心，即善恶之心是后天形成和发展起来的一种道德心，简称"德心"。无论性善论、性恶论，还是无善无恶论、有善有恶论，都认为后天会形成人的善恶之心。

以孟子为代表的性善论者虽然认为人性本善，但先天善性不一定能够发展成为后天的善性善心，如果受到情欲、利益等内外因素的遮蔽、染着，有可能会变成恶心；如果对这些因素能够积极认知，把持好自己，明心见性，即明悟先天的善心，发现自己的善性，并着力发展它们，就会发展成为仁、义、礼、智、信等善心。

荀子等自然人性论、性恶论者虽然认为人性不善不恶或人性本恶，但如果能用仁、义、礼、智等规范约束，并将这些德心充分发展，就人人都可成为尧舜。"圣人化性而起伪，伪起而生礼义，礼义生而制法度。"（《荀子·性恶》）这就是说，人的善心是后天形成和发展起来的。如荀子所言："始皆出于治，合于道者也。今之人化师法，积文学，道礼义者为君子；纵性情，安恣睢，而违礼义者为小人。用此观之，然则人之性恶明矣，其善者伪也。"（《荀子·性恶》）

上述分析表明，无论哪种人性论，都认为人在后天存在形成和发展善心和恶心的可能性，如果受到内、外因素的消极影响，就会形成和发展为恶心；反之，如果不受内、外消极因素的遮蔽、染着，就会形成和发展为善心。

二、性

"性"是指人的先天本性或天生具有的自然性。在儒文化思想中，是先天的、借以把人与其他动物区别开来的本质属性。

（一）孔子的开启与奠基

孔子并没有专门论"性"，在《论语》中提到"性"的地方只有一句："性相近也，习相远也。"（《论语·阳货》）这句话告诉我们，人的先天本性差异不大，人与人的心理差异主要是后天环境影响或教育学习的结果。尽管孔子把人分为上智、中人和下愚三类，但他认为包括他自己在内的绝大多数人是中人。"我非生而知之者，好古，敏以求之者也。"（《论语·述而》）这实际上是告诉人们，连孔子这样的圣人都是靠努力学习而成才的。实际上，上智之人如果有也是非常少的，绝大多数人的天生之性差异不大。"上智不教而成，下愚虽教无益，中庸之人，不教不知也。"（《颜氏家训·教子篇》）其义是说，上智的人不用教育就能成才，下愚的人再怎么教育也不起作用，而绝大多数的中庸之人才需要教育，不教就不知。"生而知之者上也，学而知之者次也；困而学之又其次也。困而不学，民斯为下矣。"（《论语·季氏》）这仍然是在强调天生之性对人的发展作用不大，后天的学习对人的发展来说更为重要，人是否知学、愿学、好学、乐学对人的成长发展来说极为重要、关键。

对于孔子说的"性相近"，由于孔子没有专门论述"性"，因此孔子说的"性"到底是什么，不同的人有不同的理解或诠释。以孟子为代表的占据儒文化主流的性善论者把人的本性理解为善，由于人的本性都为善，故相近，人在后天的发展如何，取决于人能否保护、发展天生的善性。性恶论者把人的本性理解为"恶"，故相近，人要成才，需要通过后天的学习和努力去改变这一相近的"恶性"，人的发展如何，取决于其知学、愿学、好学、乐学的程度。性不善不恶者把人性视为无所谓善恶的自然之性，既然人的性没有善恶之分，那么当然基本相同或相近的人的善性或恶性只不过是受后天环境的影响而形成的。不过，不管哪种观点，都强调后天因素影响的作用，强调人在后天的作为。正是这种后天的学习、环境的影响、教育等的差异导致人的分化，有人成为善者，有人成为恶者。这就是说，人性变化，人的成长，"譬犹练丝，染之蓝则青，染之丹则赤。十五之子其犹丝也，其有所渐化为善恶，犹蓝丹之染练丝，使之为青赤也。青赤一成，真色无异……蓬生麻间，不扶自直；白纱入缁，不练自黑。彼蓬之性不直，纱之质不黑，麻扶缁染，使之直黑。夫人之性犹蓬纱也，在所渐染而善恶变矣。"（《论衡·率性篇》）

（二）性善论的观点

性善论是儒文化的主流人性论，这一思想把人的本质属性视为"仁"。"仁者人也"（《中庸》），意思是说，"仁"是人之所以为人的根本属性或标准，只有具有"仁"的人才是真正的有人性的人，否则就是与一般动物一样的生命体，根本就不是真正的社会学意义上的人。"学者当须立人之性。仁者人也，当辨其人之所谓人。学者学所以为人。"（《宋元学案·横渠学案下》）换言之，人之所以为人，是因为具有"仁"。"之所以为人"是指人的本质属性即"仁"。朱熹指出："仁者，人之所以为人之理也。然仁，理也；人，物也。以仁之理，合于人之身而言之，乃所谓道者也。"（《孟子集注·尽心章句下》）他明确告诉人们，"仁"就是人之所以被称为人的道理，或人之所以为人的道理就在于人本应具有"仁"。"仁"是"理"，即人的本质属性；"人"是物质性的肉体或身体；只有人的本质属性与人的肉体结合起来融为一体，才是真正意义上的人。"人之所以得名，以其仁也。言仁而不言人，则不见理之所寓；言人而不言仁，则人不过是一块血肉耳。必合而言之，方见得道理出来。"（《朱子语类·孟子十一》）这段话明确告诉人们，人被称为人的最为重要的原因是其具有"仁"，"仁"和"人"不可分割。既然如此，那么人能否成为人，主要取决于自己。孔子说："为仁由己。"（《论语·颜渊》）"我欲仁，斯仁至矣。"（《论语·述而》）这就是说，行仁完全是人的自觉的行为，取决于个人自己。

（三）性恶论

荀子认为，"性"是人天生的本性。他说："凡性者，天之就也，不可学，不可事……不可学，不可事而在人者，谓之性……人之性，目可以见，耳可以听；夫可以见之明不离目，可以听之聪不离耳，目明而耳聪，不可学明矣。"（《荀子·性恶》）他明确告诉人们，"性"是人天生就具有的，是人不学而能的特性。"生之所以然者谓之性。性之和所生，精合感应，不事而自然谓之性。"（《荀子·正名》）虽然他的人性论与儒文化主流的性善论不同，但在把"性"视为人的天然性质上是相同的，他与孔子、孟子等一样也认为人的天生本性是相近的、差异不大的。

（四）自然人性论

性无善无恶论者认为，人性是人的先天本性，而先天本性是自然性，没有善，也没有不善。人之善恶，完全是后天诸因素作用的结果。人性就像水那样，把它引向东就向东流，引向西就向西流。在自然人性论者看来，"性"从"生"，是人生下来就具有的属性或特性；"性"从"心"，是人天生就有的心理特性。王阳明认为："无善无恶心之体，有善有恶意之动。"他明确指出人的天生之性是无善无恶的，善恶只是后天的意念即心理活动的结果。

（五）有善有恶论

王充也认为"性"是人生而就有的先天本性，不过，这种先天本性就像阴与阳那样是有善有恶的，有些人性善，有些人性恶。他说："论人之性，定有善有恶。其善者，固自善矣；其恶者，故可教告率勉，使之为善。"（《论衡·率性篇》）"性本自然，善恶有质……人性有善有恶，犹人才有高有下也。"（《论衡·本性篇》）这就告诉人们，"性"是人一生下来就是如此的天生之性，尽管有善恶之分，但具有可塑性，善与恶可以相互转化。"人之性，善可变为恶，恶可变为善"（《论衡·率性篇》），人在成长过程中究竟是变成善还是恶，取决于后天的熏染、教育和学习。培养善性，使善发展起来，就会成为善人。相反，如果培养起恶性，使恶发展起来，那么就会成为恶人。

（六）小结

综上所述，无论哪种观点，都认为"性"是人天生的本质属性、特质。"命者天之令也，性者生之质也，情者人之欲也。"（《天人三策》）这句话明确指出，"命"是上天让其生成的，是天的命令；"性"是生来就有的天生的性质或本质；"情"是人的欲望。"天命之谓性"（《中庸》），郑玄对之解释说："天命，谓天所命生人者也，是谓性命。木神则仁，金神则义，火神则礼，水神则信，土神则知。"（《礼记正义·卷五十二·中庸第三十一》）其义是说，"性"是上天赋予事物的根本性质，上天赋予不同事物不同的性质，如"木、金、火、水、土"分别有"仁、义、礼、信、智"等精神品质，由于人是万物之灵，诚如孔子所言"天地之性，人为贵"（《孝经·圣治》），所以上天赋予人这五种精神品质。孔颖达对其解释说："天命之谓性效者，天本无体，亦无言语之命，但人感自然而生，有贤愚吉凶，若天之付命遣使之然，故云'天命'……人自然感生，有刚柔好恶，或仁、或义、或礼、或知、或信，是天性自然，故云'谓之性。'"（《礼记正义·卷五十二·中庸第三十一》）这段话明确指出，"性"是仿效天而成的性质或特性，是天人感应或者说人感于天道即对天道的感应而生成的。"性也者，与生俱生也；情也者，接于物而生也。"（《原性》）这句话告诉人们，"性"是与生俱来的，"情"是人在后天与外物的相互作用下而产生的。由于"凡物生同类者皆同性"（《孟子注疏·告子章句上》），"物类各自有性，犹磁石取铁，不能移毫毛矣"（《理惑论》），即同一类事物之性相同，人也不例外，所以说人的性相近。既然人性是人天然或天成的类本质属性，是人的本然之性或天然之性，那么人自身的发展，对人的教育和培养，就必须依据人的天性，这样人才能被教育好、培养好、发展好。

这种思想类似于德国哲学家莱布尼兹（Gottfried Wilhelm Leibniz）的"大理石说"。莱布尼兹反对洛克（John Locke）的白板说，认为人的心灵像是"生来就有内在纹路的大理石"，而不是像洛克说的那样是一块白板，当然也不是完整的雕像。雕塑家在把大理石雕刻成雕像时，必须依照大理石已有的纹路进行雕刻，否则就难以雕刻成艺术品。换言之，大理石已有的纹路决定了它适合于雕琢成什么形象。通过这样的比喻，莱布尼兹告诉人们，人的心灵生来就具有一定特质或性质，人在后天的形成和发展过程必须以人的天赋为根据或基础，并不是像白板那样想怎么画就怎么画，想画成什么就画成什么。同时，人的天赋观念只是人发展的基础，并不是人发展的结果或最终状态，人最终发展成什么样，能发展到什么程度，需要人自己和他人的雕琢，否则就不能得到充分发展。这就是"玉不琢，不成器；人不学，不知道（义）"（《学记》《欧阳修集·诲学说》《三字经》）。不过，与玉或大理石不同，玉或大理石不经雕琢，不会改变其性质，人如果不学习或不受到良好教育，就会由善性变成恶性。如同欧阳修所言："玉之为物，有不变之常德，虽不琢以为器，而犹不害为玉也。人之性，因物则迁，不学，则舍君子而为小人。"（《欧阳修集·诲学说》）用现在的话说：

玉有永恒不变的特性，即使不经雕琢被制作成器物，但也还是玉，其特性不会改变。人的本性受外界的影响而改变，如果不学习，就要失去君子的高尚品德，从而变成品行恶劣的小人。这是告诉人们，人性容易受到影响而改变。

三、心与性的关系

从上述"心"与"性"的分析中可以看出，二者之间的关系非常密切，主要体现在如下两方面。

（一）包含与被包含关系

"性"是先天的，而"心"包含先天和后天两方面，先天的"心"即"性"，后天的"心"可以遮蔽、染着或改变"性"，即先天的"心"，也可以认知、发展"性"。例如，孟子所说的"性"（即先天的"四心"）可以发展为后天的"仁、义、礼、智"。由此可以说，人的心理形成和发展既有先天因素的作用，也有后天因素的影响。

（二）相互依存

"心"与"性"是相互依存的。程颐说："心也、性也、天也，一理也。自理而言谓之天，自禀受而言谓之性，自存诸人而言谓之心。"（《孟子集注·尽心章句上》）朱熹说："心者，人之神明，所以具众理而应万事者也。性则心之所具之理，而天又理之所从以出者也。人有是心，莫非全体，然不穷理，则有所蔽而无以尽乎此心之量。故能极其心之全体而无不尽者，必其能穷夫理而无不知者也。既知其理，则其所从出，亦不外是矣。"（《孟子集注·尽心章句上》）这明确指出，"心"可以认识、发展"性"，充分利用"性"之作用。如果"心"不知"性"，就不知道做人的根本和自身的根源性特性，由此就无法得以充分发展。所以，儒思想家基本是按照孟子确立的"尽心→知性→知天"的认知进路对人、事、物进行认知，按照"存心→养性→事天下"的修身养性进路来修养身心，培养和提升精神境界，锤炼积极心理品质。

四、心性与有为

综观中国文化思想可以发现，中国文化尤其是儒文化强调天人合一，不过，由于儒文化是以"人"为中心的，如"君权神授"思想，所以儒文化的中心问题是"人"而不是"天"，天人合一实际上是为人，特别是为人的养生养心、社会治理、政治统治等服务的。在儒文化看来，由于人的先天之性常常受到外部刺激和人内在的情欲的影响而改变，因此，人在社会中必须积极有所作为，甚至明知不可为而为之。

绝大多数儒思想家，如孟子、朱熹、王阳明等，认为人的本性是善的，但后天环境的熏染和人内心的情欲等会遮盖、污染人的天然善性，使人变恶，如孟子所言"人性皆善，及其不善，物乱之也"（《论衡·本性篇》），因此，人应当有所作为，积极体认、培植、强化先天善性，遏制、防患后天可能产生或已经产生的恶性。

荀子等持性恶论者认为，由于人本性恶，因此人要想在后天顺利地成长，就应当在后天的生活中有所作为，积极抑制乃至消除先天的恶性。这就是荀子著名的"化性起伪"思想。他说："今人之性恶，必将待师法然后正，得礼义然后治。今人无师法，则偏险而不正；无礼义，则悖乱而不治。古者圣王以人之性恶，以为偏险而不正，悖乱而不治，是以为之起礼义，制法度，以矫饰人之情性而正之，以扰化人之情性而导之也。始皆出于治、合于道者也。……故圣人化性而起伪，伪起而生礼义，礼义生而制法度。然则礼义法度者，是圣人之所生也。故圣人之所以同于众，其不异于众者，性也；所以异而过众者，伪也。"（《荀子·性恶》）

王充等持"有善有恶"人性观的思想家认为，人在后天生活中必须积极作为，以抑恶扬善，培养、强化自己的善性。他说："情性者，人治之本，礼乐所由生也。故原情性之极，礼为之防，乐为之节。性有卑谦辞让，故制礼以适其宜；情有好恶喜怒哀乐，故作乐以通其敬。礼所以制，乐所为作者，情与性也。……'人性有善恶。举人之善性，养而致之则善长；性恶，养而致之则恶长。'如此则情性各有阴阳善恶，在所养焉。"（《论衡·本性篇》）

告子等持"无善无恶"人性论者认为，人之善恶是在后天形成和发展起来的，为抑恶扬善，人在后天必须有所作为。告子说："性无善恶之分，譬之湍水，决之东则东，决之西则西，夫水无分于东西，犹人无分于善恶也。"（《论衡校释》）"夫告子之言，谓人之性与水同也。使性若水，可以水喻性，犹金之为金，木之为木也。人善因善，恶亦因恶，初禀天然之姿，受纯壹之质，故生而兆见，善恶可察。无分于善恶，可推移者，谓中人也，不善不恶，须教成者也。"（《论衡·本性篇》）

儒文化的这一思想与道文化根本不同。道文化以"天"即自然为中心，强调顺从自然，因而强调"无为而无不为"（《道德经》）。"无为"是顺其自然，它并不是什么都不做的无所作为，而是顺自然而为，是不妄为，即不做有违"道"的事情，就像"道"任由万事万物顺其自然生长发展演变而不去干涉那样，"顺物自然而无容私焉"（《庄子·内篇·应帝王》），"以辅万物之自然而不敢为"（《道德经》）；"无不为"是为合道的一切，即按照"道"做一切能做的事情。就像"道"所为的生养天地万物那样。唯有如此，才能把一切事情做好。表现在管理或治理上，顺百姓之自然而为，就能使管理或治理富有成效。表现在做事上，依据事物之自然来做事，就能把事情做好，就像大禹依据水的自然特性而治水那样。表现在对事物的认识和利用上，那就要"以道观之"，根据事物的自然之道来利用它，这样才能做到"善假于物"。老子指出："道常无为，而无不为。侯王若能守，万物将自化。化而欲作，吾将镇之以无名之朴。无名之朴，夫亦将不欲，不欲以静，天下将自定。"（《道德经》）。其义是说：道永远是顺应自然而无所作为的，却又没有什么事情不是它所作为的。侯王如果能按照"道"的原则为政治民，万事万物就会自我化育、自生自灭而得以充分发展，自生自长而产生贪欲时用"道"来镇服它，就不会产生贪欲之心了，万事万物没有贪欲之心了，天下便自然而然达到稳定安宁。老子把这一思想用到社会治理上，指出："我无为，而民自化；我好静，而民自正；我无事，而民自富；我无欲，而民自朴。"（《道德经》）他明确告诉人们，统治者在进行社会管理时，如果能守持天之道，清静无为，那么天下无须教化而自化，百姓就会回到清静自然的状态，不再因为有所求而斗争不休。

由此可以看出，老子已深刻洞见文明进程中人性的异化，因为作为"无为"反面的私欲和智巧，以及与之相表里的人为的社会制度（礼乐）和观念形态（仁义），乃是人性沦丧的根本原因。如此，老子在自然之性中容纳了无知和无欲，即"无为"（郑开，2003）。老子的"无为无不为"思想被禅宗接收，在禅宗那里变为了"相"。"无为"是体相，"无不为"是用相。有体有用，体用本一，就是"道"。"无为"和"无不为"构成"道"的两面。人如果要悟道，就必须由"有为"体认回归到"无为"，于"无为"中看"有为"，体验到超越"无为"和"有为"的状态，从而跳出三界和无形之外。这既指出了道家"内视"的内涵，又指出了"内视"的内容，即观什么，同时指出了"内视"的方法，即怎样内视。

第二节　儒文化心性论的基本思想及其特点

心性论是儒文化的核心概念，儒思想家各自的文本话语体系和思想体系是以心性概念为核心的（孙伟，2018）。儒文化的心性论肇始于儒家学派的开创人孔子，孔子之后的儒思想家都是在孔子思想的基础上对心性进行探讨，并提出各种各样的心性论。综观儒思想家对心性的论述，可以看出其心性论思想主要体现在以下几个方面。

一、心性是人先天具有的本性

儒家所说的"性"，指的是人之存在的自然本体，儒家通常把它称为"天"或"天道"；儒家说的"心"，是指人天生的与动物不同的思和反思的精神活动（李景林，1991），通过"心"这种精神活动，可以认识"性"，即"天道"。由于儒家通常强调"心性合一"，因此可以说，儒家所说的人之"心性"是人的本然或天然之体。

儒思想家一般认为，心性是人一生下来就具有的，是人先天所固有的本性。孔子、孟子、荀子、董仲舒、程颐、程颢、朱熹、王阳明等儒学有代表性的思想家大多持这种观点。

　　孔子虽然没有专门探讨心性问题，但在他的一些言论中有论述到这一问题。依据孔子的论述，他所说的"性"主要是人天生的本能属性。如他说"食、色，性也"。他虽然没有明确提出先天的德心，但从其思想中可以发现其中蕴含着性善论思想。他说："人之生也直，罔之生也幸而免。"（《论语·雍也》）孔子所说的"直"所表征的心理状态是心念的初始本真状态或人的一种天然的能力，同时这种心念是善性的，至少是中性的情感状态。"直"是孔子所重视的德目之一，而礼的学习与修为对他而言是"绘事后素"，即使其道德发挥更得体、完善。孔子的修养方法就是言行一致、心意一致，正道直行，要刚毅木讷，不要巧言令色，君子要"先行其言而后从之"（《论语·为政》）。孔子的"直"思想已提出了儒家心性思想方面的许多重要内容，实际上已经从"仁端""义端"开启了儒家心性论的先声，由此可使孔、孟一气贯通（李洪卫，2010）。"天生德于予，桓魋其如予何？"（《论语·述而》）上天赋予了德性，这就是说其德性是天性。"仁远乎哉？我欲仁，斯仁至矣。"（《论语·述而》）"仁"是人的先天本性，就在人心之中，只要想行仁，就可以为仁，因此，为仁行仁的动力来自人心，全靠自身的意愿和努力，而不能靠外部力量。这实际上是在强调人的主观能动性。孔子的这种心性论是儒文化心性论的发端，受其影响，儒家心性论从子思（孔子嫡孙）、孟子及其以后，都注重人心与天道的沟通。

　　孟子把"性"与"心"既区别开来，又统一起来。首先，他在一般意义上把"性"与"心"区别开来。在他看来，"性"是人天生具有的本能属性，是人与动物共同具有的属性或特征。他指出："口之于味也，目之于色也，耳之于声也，鼻之于臭也，四体之于安佚也，性也。"（《孟子·尽心章句下》）由于嘴喜欢吃好吃的，眼睛喜欢看好看的，鼻子喜欢嗅好嗅的，身体喜欢接触柔软的等是人和动物所共有的行为特征，因此，孟子说"人之所以异于禽兽者几希"（《孟子·离娄章句下》）。不过，他又在人性上把"心""性"在人的身上统一起来。孟子认为，人区别于动物的本质属性或特征是"心"。由于"心"是人区别于动物的人所具有的独特属性，所以又可以称为人性。平常人们在骂人时所骂的"还有没有人性？""没有一点人性"等中的"人性"就是此意。正因如此，孟子提出了人的"心性不二"思想——人心即人性，人性即人心。从先天的不学而会的属性看，是人性；若从它们存在于人的内心之中，支配着人的行为和其他心理活动看，是指人心。这个人心是仁义。"人之所不学而能者，其良能也；所不虑而知者，其良知也。孩提之童，无不知爱其亲者；及其长也，无不知敬其兄也。亲亲，仁也；敬长，义也。无他，达之天下也。"（《孟子·尽心章句上》）

荀子与孟子一样，也认为"性"是人秉受于天的，是先天或天赋的。不过，他与孟子不同，他认为，"性"是人与动物所共有的趋利避害、好利恶害的自然本性，由此他提出了不同于孔子、孟子"性善论"的"性恶论"。据此他认为，人的社会化实际上是"化性起伪"的过程。他指出："故人知谨注错，慎习俗，大积靡，则为君子矣；纵性情而不足问学，则为小人矣。"（《荀子·效儒》）人只要能够认识到自己的错误，知错能改，不被世俗的歪风邪气污染，通过不断地学习积累知识和德性，强化提升辨别是非善恶的能力，就可以成为君子。一旦放纵自己的情欲，受情欲控制，就容易成为小人。

《礼记·中庸》指出："自诚明，谓之性；自明诚，谓之教。诚则明矣，明则诚矣。"这里的"诚"，是人之天性，即简言之的"性"。"明"是"心"的作用，即"知"，包括现今所说的"认知""明白"等。由于"知者，智也"，所以"明"也就具有了"智慧"之义。从《礼记·中庸》的论述中可以看出，"诚"是人不同于动物的天生之"性"，能够认知或明了自己天生之"诚"性，即人所特有的天生之"心"性的智慧。正是人有这样的智慧，才能够认知自己天生之"诚"性。

宋明理学提出"心即理，理即心"的思想，其中的理是天理，而这种天理是自然之道，也就是天道，明确提出不学而由天然而成。

程颐提出了"性即理"的主张，把道器、理气、体用统一起来。他指出："道即性也。若道外寻性，性外寻道，便不是。圣贤论天德，盖谓自家元是天然完全自足之物，若无所污坏，即当直而行之；若小有污坏，即敬以治之，使复如旧。所以能使如旧者，盖为自家本质元是完足之物。若合修治而修治之，是义也；若不消修治而不修治，亦是义也；故常简易明白而易行。"（《河南程氏遗书》）"只心便是天，尽之便知性，知性便知天，一作性便是天。当处便认取，更不可外求。"（《河南程氏遗书》）。这明显是发展了孟子的"万物皆备于我（心）"思想，同时也吸收了惠能的"心外无物""明心见性""自性自具足"思想，把"道""天""性""心"统一起来，认为它们都具有自然性、先天性。正因为"心本自足"，所以人能够通过"思"与"反思"实现"穷理、尽性，以至于命"。

程颢表达出与程颐同样的思想，认为"心"与"性"是同一东西的不同说法或不同表现形式。他指出："在天为命，在义为理，在人为性，主于身为心，其实一也。心本善，发于思虑，则有善有不善。若既发，则可谓之情，不可谓之心。"（《河南程氏遗书》）他明确指出，"命""理""性""心"是统一的，上天或天道安排或赋予的是"命"，"命"是"天"或"道"意志的体现，实际上"天"或"道"生养万物而不自恃，任由事物自然发展。体现在"义"上是"理"，"义者，宜也"（《中庸》），"义"是适宜、适合，所以对事物适宜或适合，即适宜于事物发展的就是"理"。这一"命""道""理"体现在人的身上就是人性。这就是《中庸》所说的"天命谓之性"之义。人性在人身上发挥对人身体主宰作用的是"心"，"心"的主宰作用实际上是"天"或"道"的安排或规制。这实际上是在强调心性的先天或自然性质，同时也提出了善恶、积极或消极、悲观或乐观等由心造的命题。

朱熹认为："天地以生物为心者也，而人物之生，又各得夫天地之心以为心者也。故语心之德，虽其总摄贯通，无所不备，然一言以蔽之，则曰仁而已矣。请试详之。盖天地之心，其德有四，曰元、亨、利、贞，而元无不统。其运行焉，则为春、夏、秋、冬之序，而春生之气无所不通。故人之为心，其德亦有四，曰仁、义、礼、智，而仁无不包。其发用焉，则为爱恭宜别之情，而恻隐之心无所不贯。故论天地之心者，则曰乾元、坤元，则四德之体用不待悉数而足。论人心之妙者，则曰仁，人心也，则四德之体用亦不待遍举而该。盖仁之为道，乃天地生物之心，即物而在。情之未发，而此体已具；情之既发，而其用不穷。诚能体而存之，则众善之源、百行之本莫不在是。"（《仁说》）在这段话中，朱熹明确把人心与天地生养万物之特性对等起来，认为人的本心（仁、义、礼、智）是天地固有的元、亨、利、贞的德性之体现。本心未发展显现时是"性"，而"性"是人心的本体。本心发展表现出来就是"情"，"情"是发展表现出来的"仁"的运用。据此来看，朱熹说的心性具有先天性、本源性。

王阳明认为"心是人本来就有的"。他指出："性是心之体，天是性之原。尽心即是尽性。'惟天下至诚，为能尽其性，知天地之化育。''存心'者，心有未尽也。"（《传习录·心即理》）他明确道出人的"性"源自"天"，是"心"本体，所以尽心就可以知性尽性，尽性就可以知天命或天道，即"天"或"道"的生发、化育、蓄养万物而不自恃之德。所以，"道即性即命"（《传习录》）。他继承并儒学化惠能的禅宗思想，提出了"心即理""人人皆圣人"等主张。不过，能否体悟到自己所具有的圣人本性，以及体悟的快慢，取决于个人的慧根或悟性。他说：人心本体原是明莹无滞的，原是个未发之中。利根之人一悟本体，即功夫。人己内外，一齐俱透了。其次不免有习心在，本体受蔽，故且教在意念上实落为善去恶，功夫熟后，渣滓去得尽时，本体亦明尽了。他明确告诉人们要根据自己的实际情况致良知，即明心见性。

综上所述，儒文化认为，心性具有先天性、根源性或本原性，是人天生就具有的心理属性或特征，是一切心理活动和行为形成和发展的先天基础。

二、性善论

性善论是儒文化心性论的主流，尽管儒文化中有多种心性论，但除性善论外，其他的不是主流，发展具有间断性，唯有性善论是连续发展且影响深远的心性论，绝大多数儒思想家是性善论者。

（一）性善论是儒文化开创者孔子的基本思想

儒文化的开创者孔子虽然没有明确提出"性"是什么，但其核心思想是"仁"，而"仁"是人的善良本性，即善性。从"仁"字的结构来看，"仁，……从人、从二"（《说文·人部》）。其基本含义应该是人与人

之间的积极相互作用，是人与人之间的相互关心、相互爱护、相互帮助。故孔子说"仁者爱人"。在孔子看来，"仁"既是人格完善的标准，是人格健全的人的重要心理特征，也是实现人格完善的重要途径。孔子说："君子道者三，我无能焉：仁者不忧，知者不惑，勇者不惧。"（《论语·宪问》）"仁，则私欲尽去而心德之全也。"（《论语·述而》）孔子指出"仁"是良好的人格品质。"仁者，心之德，非在外也。放而不求，故有以为远者；反而求之，则即此而在矣，夫岂远哉？程子曰：'为仁由己，欲之则至，何远之有？'"（《论语集注·述而第七》）"德者，得也，得其道于心而不失之谓也。得之于心而守之不失，则终始惟一，而有日新之功矣。"（《论语·述而》）《论语》既指出了"仁"是人的一种"心"，又指出了获得"仁心"的途径和方式。何为"仁"？孔子说："弟子入则孝，出则悌，谨而信，泛爱众，而亲仁。行有余力，则以学文。"（《论语·学而》）我们可以看到，孔子的"仁"并不是一个抽象的概念或理念，而是对一种体现在日常伦理行为之中、极其鲜活亲切的境界的描述。"仁"既体现在对家庭成员的"孝""悌"中，也呈现于社会中——对待朋友要"谨而信"，对待普通民众要有爱心和同情心。孔子认为，在日常生活中表现出善的行为之后，才可以学习理论知识。也就是说，一个人首先应该进行具体的伦理实践，也就是先"行"，然后才可以"学"，如果只是学而不行，那学就没有任何意义。其实反映出儒家思想"知行合一"且"行先知后"的特点。当然，如果仅是"行先知后"的话，那怎么可以说是"天性"呢？其实，在孔子那里，"仁"是人一生下来就已经具有的本质属性，即属人性，是"道""生养万物而不自恃"的体现，就像孟子说的见到人有难就不由自主地想伸出援手。不过，这种本质属性或特征具有类本能性，只是一种微弱的潜在的心理特性，需要通过后天的实践来展现、强化，否则会受到后天内外因素（如欲望、利益、祸患等）的作用而被湮没。从这一视界看，孔子的进路实际上是"性（类本能）→行→知→行→知……"最终实现知行合一。由此可以发现，孟子提出的"四端说"实际上是对孔子思想的发展和明确化。

上述分析表明，孔子思想的核心"仁"既是先天的，也需要后天发展。这一核心的"仁"与孔子所说的其他善性密切相关，可以说其他善性是"仁"

的体现或者以"仁"为中心而展开的。

就"礼""乐"而言，"仁"是"礼""乐"的基础，"礼""乐"为"仁"服务，是培养"仁"的手段或途径。所以，孔子特别重视利用"礼""乐"培养人的"仁心"。孔子说："人而不仁，如礼何？人而不仁，如乐何？"（《论语·八佾》）这句话十分明确地指出了没有"仁"，就没有"礼"与"乐"。对这句话进行分析可以看出它包含如下意思：（1）孔子认为"仁"是作为人的核心素养，做人必须培养和发展"仁心"，其途径和外在表现形式是"礼""乐"，"礼""乐"如果不能培养和提升"仁心"，那么这些"礼""乐"就失去了价值和灵魂，就成为徒有外表形式的空壳。（2）"仁"与"礼""乐"是密切联系、相互依存的。"仁"是"礼""乐"的灵魂和精神内涵，"礼""乐"是"仁"的外在表现形式。没有"仁"，"礼""乐"就失去其魂，无法发挥对人的积极锻造作用；没有"礼""乐"，"仁"也就失去了其表现形式或途径，也就无法表现出来为人所知并对人产生影响。（3）"仁"是基础，"礼""乐"是强化、稳固这一基础的方法或途径，只有通过"礼""乐"的作用，才能逐渐把先天之"仁"培养发展成后天的仁心、仁行。概言之，"礼""乐"具有培养和塑造人的内在仁心的作用。所以孔子说："克己复礼为仁。一日克己复礼，天下归仁焉。为仁由己，而由人乎哉？……非礼勿视，非礼勿听，非礼勿言，非礼勿动。"（《论语·颜渊》）由此来看，孔子在思想上似乎把人的本性确立为"仁"，不过他或许认识到似本能的"仁"太过于微弱，很容易被人的内在情欲和外部因素影响而无法表现出来，对先天的似本能的"仁"发展为后天的"仁心"信心似乎不足，由此才强调由"礼""乐"来培养、强化、锤炼。这就导致他之后的儒文化心性论思想向两个方向发展。孟子继承和发展了孔子思想中包含的性善论，即人内心存在道德萌芽的思想，提出"四端说"和四端在后天发展而成的"仁、义、礼、智"的善品性，把"仁""义"确立为思想的中心和基石，认为人的恶性是后天的情欲和外部刺激的消极作用所致。荀子则直接否定人天生具有善端，而把生来就有的情欲作为先天的人性，据此提出性恶论，把"礼"确立为思想的中心，强调化性起伪，通过"礼"的养、制、节情欲以培养仁心，用"礼""乐"等外部条件人为地培养强化德心、德行。荀子说："欲虽不可尽，可以近尽也；欲虽不可去，求可节也。"（《荀子·正名》）"志忍私然后能公，行忍性情然后能修，知而好问然后能才。公、修而才，可谓小儒矣。治安公，行安修，知通统类，如是则可谓大儒矣。"（《荀子·儒效》）

就"心"而言，孔子认为"心"与"仁"的关系不可分割。通过对孔子思想的分析可以发现，孔子说的"仁"是"博施于民而能济众""亲民""止于至善"的心理或精神境界，一个人只要想成为仁人，他就必须具有成为仁人的愿望或动机，并为此积极努力，积极通过实践理性认知和体验。这实际上是强调积极的心理活动对于成仁来说的必要性、重要性。另外，由于人性中蕴含有"仁心"的种子，因此，要想成为仁人，就需要个体通过对自己内心的认知、体认发现这一种子，呵护、培植它，使它生根、发芽、结果。儒文化告诉人们，人要发展，应立下认识发现天道[1]的宏伟志向，以天地之德[2]作为为人处世的依据，依靠或凭借仁心来做事，游学于六艺。

（二）孟子的性善论

孟子所说的人与动物根本区别的"心"是人天生的善心或善性，也就是"仁心"。他认为，人天生所具有的"心"有四：恻隐之心、羞恶之心、辞让之心、是非之心。由于这"四心"是天生就有的，因此可以说是人独特的本能属性，可以称为"人性"。这"四心"是人们做出善行的基础和发端。他指出："无恻隐之心，非人也；无羞恶之心，非人也；无辞让之心，

---

[1] 天道或道，具有生养万物而不自恃的特性。

[2] 这里的"德"应该是《易经》和老子所讲的"德"，即"蓄养万物而不自恃"的特性。《易经》说："一阴一阳之谓道，继之者善也，成之者性也。仁者见之谓之仁，知者见之谓之知，百姓日用而不知，故君子之道鲜矣。显诸仁，藏诸用，鼓万物而不与圣人同忧，盛德大业至矣哉！富有之谓大业，日新之谓盛德。"（《易经·系辞上传·第五章》）"地势坤，君子以厚德载物。"（《易经·坤·象》）老子说："道生之，德畜之……道之尊，德之贵，夫莫之命而常自然……生而不有，为而不恃，长而不宰。"（《道德经》）。以上说法明确告诉人们，"德"具有"蓄养万物而不自恃"的特性。

非人也；无是非之心，非人也。恻隐之心，仁之端也；羞恶之心，义之端也；辞让之心，礼之端也；是非之心，智之端也。人之有是四端也，犹其有四体也。有是四端而自谓不能者，自贼者也；谓其君不能者，贼其君者也。凡有四端于我者，知皆扩而充之矣，若火之始然，泉之始达。苟能充之，足以保四海；苟不充之，不足以事父母。"（《孟子·公孙丑章句上》）在这里，孟子把"四端"或"四心"作为人与非人的判断标准和人发展善心善行的根基和本源，人在后天扩充发展这四端，就可以成就一番事业，否则将会一事无成，甚至对家庭、社会有害。发展人天生的善性，不仅可以使人为好人处好世，而且能使人心理平衡，促进人的心理健康，提升人的心理境界。在他看来，人只要本着善心去做事，就可以保持心态平和，安然自得。

（三）荀子等非性善论的观点

荀子虽然不持性善论，但是明确提出人要为善。为了使人能为善，他继承和发展孔子的思想，强调通过礼、乐等手段培养人的善性、善心。王充、范缜等非性善论的儒思想家把培植和强化人的善性、善心作为人发展成长的根本目标。由此可以说，这些儒文化的非性善论者虽然不认为人的天生之性并非完完全全的善性，但是把善性作为把人与动物的兽性区别开来的本质属性，即属人性，人要成为人，必须具有仁、义、礼、智、信等仁心善性。

（四）宋明理学的心性论

宋明理学和心学，都强调人天生就具有善根。朱熹构建了以"仁"为核心的理学思想学说。朱熹认为，仁、义、礼、智是天地的元、亨、利、贞的德性在人身上的体现，是"道"赋予人的先天本性。王阳明更是对禅宗六祖惠能的思想加以儒学化发展，提出了"人人皆圣人"的"性善论"思想。

综上所述，儒思想家基本持性善论，即使是本已很少的性恶论者、无善无恶论者和有善有恶论者也把善性作为人之所以为人的判断标准和属人性，他们认为，人的善性需要在后天培养和强化。

三、心性不二

儒思想家大多持"心性不二"的主张。尽管在儒家思想中，也有荀子的"心性二分"思想，但持这种观点的人非常稀少，并不构成儒家思想的主流。

如上所述，孟子把"心""性"统一起来，提出了著名的"心性不二"思想。孟子发展了孔子的思想，提出了"尽心知性知天"的心性学说。他以孔子的仁学思想为始点，与孔子一样构建"为仁之方（行仁的方法或途径）"的思想学说。在他的思想中，"仁"既是先天的人心，也是人之所以为人的先天本质属性，所以人的"性"和人的"心"可以说是同一个东西，只是从不同的角度阐述而已。这就是孟子的"心性不二"论。这一思想为以后的大多数儒思想家所继承和发展，也为禅宗所继承和发展。

董仲舒提出"天人感应"学说，把天与人联系起来，把人的天性与心统一起来，进一步深化发展"心性不二"思想。《中庸》《大学》等儒文化经典把孟子的心性思想完善发展，更加强调心性统一，提出"天命之谓性"思想。

到宋明理学时，更是直接提出"心即理"思想，建构了理学思想体系，故称为宋明理学。该学说认为，天道或天理体现在人身上即人的本性——"天即性"，"性"体现在对人身心活动的控制上就是"心"——"心即性"，由此推出"心即天"或"心即理"。各宋明理学家的思想尽管有所不同，如朱熹与陆九渊、王阳明的思想存在明显差异，但他们都认为天命是"性"，而"性"是主宰人的身心活动的心，心是人的主宰，是人的灵气所在，天下万物之理都包容于"心"。"心"控制指挥着人的思想和行为，是人适应、应对环境，理顺事物之间关系的灵魂所在。程颐、程颢、朱熹、陆九渊、王阳明等持"性"即"天理"的主张。"心者，人之神明，所以具众理而应万事者也。"（《孟子集注·尽心章句上》）。陆九渊则主张"心即理也"，认为"心""性"无别。综而观之，宋明理学家都持"心性不二"的主张。

戴震在对孟子的思想阐述注解的基础上从唯物主义角度发展了孟子的

性善论。他认为，"善"是自然规律、社会法则和伦理道德准则的统一，仁、义、礼、智都是人性，也都是人的道德，是和自然界的条理、秩序相对应的。"仁"既是宇宙间物质（阴、阳二气）有规律地不断运动、变化、发展的状态或规律，也是人类生活正常进行和不断进行的状态或规律，是自然界和人类社会运动和发展的总规律。他说："一阴一阳，盖天地之化不已也，道也。一阴一阳，其生生乎！其生生而条理乎！以是见天地之顺，故曰一阴一阳之谓道。生生，仁也，未有生生而不条理者。"（《原善》）

综上所述，"心性不二"是儒文化的基本心性思想理论。

四、"心"的主宰性

前面的论述都已表明，儒文化认为"心"主宰人的身心活动，即"心"对人具有主宰、建构作用。

儒学实际上是心学，"圣人之学，心学也"（《王阳明全集·卷七·象山文集序》）。儒文化认为，"心"是人的生存之本源，是人类行为的源头，也是行为的主宰者。在某种意义上可以说，儒文化哲学史是追问本源之心的历史即心学史（沈顺福，2022）。儒文化认为，"本心"或"本体心"是内外合一的，在外是"道"或"天道"或"天理"（简称为"理"），在人身上是"本心"或"心本体"，内在的"本心"或"心本体"是"道"或"天道"或"天理"在人身上的存在形式或存在状态，是人的"真我"，是人修炼的最高境界。早期儒学强调"下学上达"，把"心"、"性"、"命"或"天"统一起来，强调"天人合一"，通过"尽心"而"知性""知天"，其中，"心"是"知性"、"知命"或"知天"的前提和根本途径。

早在儒文化创始时，"心"就成为其关注对象（沈顺福，2022）。孔子建立了以"仁"为核心的思想体系，而"仁"与"心"联系在一起。尽管这种联系在孔子那里还只是比较松散的联系（陈鼓应，2009），却蕴含着"心"主宰人能否行仁。要体认并践行"仁"，就应该心中有"仁"，即有仁心，否则无仁心则无法行仁事。

孟子认为，"心"成为人的心理活动主体，主宰着人的一切精神活动，由此，"心"成为孟子的思想的核心，是孟子密切关注和思考的议题，孟子明确提出"尽心→知性→知天"的命题和心理路径，构建了伦理化的心学体系（陈鼓应，1995，2009）。在孟子看来，人天生都有"不忍人之心"即善心，它是人的本源之心即本心。"仁，人心也；义，人路也。"（《孟子·告子上》）本心是人类生存的依据或起点，是人们合理或正确行为的基础，是人的心理活动和行为之本（沈顺福，2022），"心"决定或制约人的行为和成人过程及其结果，即成为什么样的人，心善则成为善人，心恶则成为恶人。

荀子认为，"心"是主宰人的心理和行为及做人的"天君"，"心者，形之君也，而神明之主也，出令而无所受令。自禁也，自使也，自夺也，自取也，自行也，自止也。故口可劫而使墨云，形可劫而使诎申，心不可劫而使易意，是之则受，非之则辞。"（《荀子·解蔽》）

汉代董仲舒建构了"天人感应"说，把"心"与"天道"紧密联系起来，强调"心"在人活动时起的作用。"君子道至气则华而上，凡气从心。心，气之君也，何为而气不随也？是以天下之道者，皆言内心其本也。故仁人之所以多寿者，外无贪而内清净，心和平而不失中正，取天地之美，以养其身，是其且多且治。"（《春秋繁露·卷第十七·循天之道》）。其明确指出"心"是主宰人健康与否和成为什么样的人的"君主"。"柾众恶于内，弗使得发于外者，心也。故心之为名，柾也，人之受气苟无恶者，心何柾哉？吾以心之名得人之诚，人之诚有贪有仁，仁贪之气两在于身。身之名取诸天，天两，有阴阳之施，身亦两，有贪仁之性。天有阴阳禁，身有情欲柾，与天道一也。"（《春秋繁露·卷第十·深察名号》）其充分肯定了"心"的主宰作用。

宋明理学明确提出"心即理""心即道"，把宇宙与"心"直接融通，构建了系统的"心本体论"的形而上的心学体系。

程颢和程颐认为，理在心中，是万事万物的本原和终极根据。"天下无一物非吾度内者。"强调的是万事万物的价值或作用取决于人心，"心"是衡量万事万物的依据。换言之，万事万物的价值由"心"来决定。"心譬如谷种，生之性便是仁也。"（《河南程氏遗书》卷十八）"心犹种焉，其生之德是为仁也。"(《河南程氏粹言》卷一）这是把"心"视为"道"那样的本原，"心性"是"仁德"，这与老子的"道生万物"、"德蓄养万物"而不自恃、自有、自利的思想是一致的。既然"心"是种子，它就像遗传基因那样直接制约着事物的生长发育。

朱熹认为，理在心中。"心之为物，至虚至灵，神妙不测，常为一身主宰，以提万事之纲。"(《钦定四库全书·子部·儒家类·性理大全书卷四十四》）"心字贯幽明，通上下，无所不在，不可以方体论也。"(《钦定四库全书·子部·儒家类·御纂朱子全书卷四十五》）"天道无外，此心之理亦无外，天道无限量，此心之理亦无限量。天道无一物之不体、而万物无一之非天，此心之理亦无一物之不体、而万物无一之非吾心。"(《钦定四库全书·北溪大全集卷十一·说》）"为生物之主者，天之心也。人受天命而生，因全得夫天之所以生我者以为一身之主，浑然在中，虚灵知觉，常昭昭而不昧，生生而不可已，是乃所谓人之心。"(《钦定四库全书·北溪大全集卷十一·说》）这些话语明确指明，"心"像天之心为万物之主那样，是人的身心行之主。

王阳明认为，心即理，天下无心外之事，无心外之理，"心"是人及其生活世界的主宰。"身之主宰便是心，心之所发便是意，意之本体便是知，意之所在便是物。如意在于事亲，即事亲便是一物；意在于事君，即事君便是一物；意在于仁人爱物，即仁人爱物便是一物。"(《传习录·卷上一·心即是理·徐爱录》）在王阳明看来，一切都是"心"之发用的结果，心外无物，心外无事，心外无理。"意"是身心发用、良知观照及事物显发的关键，心、物作为认识的两端，都要通过"意"，与"意"交涉才能得到界定。心物关系是道器、理气关系。就心身关系而言，心是身的决定者与主导者，身是心的从属者与体现者。一个人的行为状态本质上是由他的心灵状态来决定的。人心卑污，就不会表现出崇高的德行；只有净化内心、志向高远，才可能有高洁之行。换言之，"心"决定着人的心志和行为。"身之主宰便是心"，告诉人们应把原本等同于天道的"本心"在日常生活中真实地体现出来，实现"道—心—身"的同一性，这就是"知行合一"。"心之所发便是意"是说，"意"既是"心之动"的结果，又是外在事物"感应"

的结果，它并不是心体本来的样子，而是真妄掺和、真妄一体的，所以才要下"诚意"功夫。"诚意"是要使"意"作为心体的表达合乎心体自身，其实质是去妄存真、去欲存理。"诚意"之所以可行，因为心体具有本原性的"自知"能力，它对"意"是否合乎其自身本来状态永远能够"观照"并立即作出判断，这就是"意之本体便是知"。其中的"知"是"良知"，即心体本身。良知的"自知"是"诚意"的内在原动力。在日常生活中，我们总是运用"意"不断地与事物、人物交往，故此说"意之所在便是物"。"物"是"事"。如果人们能把良知通过自己的行为活动实现出来，那么凡与自己相关的"事"就能合乎良知本身了。反之，不能把"意"时时置于良知的照察，无法把本心实现出来，那么就有可能遮蔽良知，致使内心一团漆黑。因此，王阳明要求人们应确保身体活动置于"心"的观照之下，使全部身体活动都成为心体自身的展开形态，如此就会成为内外统一、人格健全、独立自主的人，进入"心—身—意—知—物"一体圆融的世界，享有光明与崇高的生命境。依据王阳明的"四句教"，虽然"本心"是无善无恶的，但它所产生的"意"会把事物和人依据某种标准，尤其是自己的需要区分善恶、好坏、正邪等；明白什么恶什么善，是体悟良知的途径和前提；是成为善者还是恶者，取决于"心"是去恶扬善，还是弃善就恶。自己成为什么样的人，生活在什么样的世界，取决于"心"的创造或建构。

综上所述，儒文化认为"心"创建或建构人的内在世界和生活世界，主宰着人的成人过程及其结果和生活质量的高低、好坏。

第四章　儒文化的积极心理学思想

儒文化中蕴含丰富且深邃的积极心理学思想，如对待艰难困苦的乐观心态，明知不可为而为之的处世方式，进德修业的价值观，依道而为的人生态度，把挫折、困境转化为进德修业的心理化功等，都对当代人增益所不能、满足对美好生活向往具有十分积极的价值或意义。

第一节　儒文化的主体自转化的积极心理学思想

"转化"是指矛盾双方的相互转化。积极转化是由消极方面向积极方面的转化，如把"恶"转化为"善"，把消极因素转化为积极因素，把挫折或失败转化为成功的条件，等等。儒文化重视积极转化，认为这种转化主要是自转化，即个人自身实现的转化。这种自转化主要是"心"的转化，即通过心理上的改变来实现。

一、中华文化对主体性的重视

中华文化重视人在转化过程中的主体性作用，儒文化对主体性的重视与中华文化一脉相承。

（一）主体性

中国文化心理学注重主体在自身转化中的作用。之所以突出"自"，是为了突出人的主体性，强调主体在化解自己心理困扰中的能动作用。无论是化解心理问题，消解消极心理特征，还是培养和强化积极心理品质，提升心理境界，都要靠主体自身，靠主体的自觉、自信、自修、自为。

主体性是主体具有或表现出来的特性或特征，即作为认识者、活动者、作用者或责任者的人在活动尤其是社会活动中表现出来的能力、认知、作用及其地位。它包括诸多方面的心理特性和心理素养。

1. 主体性的心理特性

从心理特性方面来看，主体性包括自主性、主动性、能动性、目的性、计划性等特性。自转化、自发展的效果取决于主体所具有的这些特性的发挥。这些主体性发挥得好，自转化、自发展的效果就好；反之，主体性作用发挥得不好，自转化、自发展的效果就差。

自主性表现为主体必须具有做出改变或转化的愿望或动机。倘若个体缺乏这样的愿望或动机，甚至对改变或转化具有抵触心理，那么任何外力的作用都等于零。因此，必须激发个体改变或转化自己的愿望或动机。除此之外，个体要做出改变或转化还必须具备能够改变或转化自己的能力，这种能力可以称为心理化功，即改变或转化自己的功夫或心理素养。只有具有心理化功，才能在想要改变或转化自己的愿望或动机的激发下做出有效的改变或转化。

主动性表现为主体积极主动地进行心理改变或转化，为此甘愿忍受痛苦，付出巨大努力，勇于战胜各种改变或转化过程中的艰难困苦、心理矛盾和痛苦。

能动性表现为主体自觉积极地改变或转化自己，积极努力地探寻改变或转化自己的方法，根据改变或转化的效果对自己的心理活动和行为进行调整。

目的性表现为主体有明确的转化或改变的方向或目标，并在该目标的支配下积极努力地改变自己现有的消极心理，建构积极心理。目的性会使个体的自转化、自发展的方向明确，最终使改变或转化成的状态（要生成的积极心理品质）明确。

计划性表现为主体根据自己要做出的改变或转化制定出具体的改变或转化规划，针对所要化解的心理问题确定一系列心理改变或转化的子目标，把每个阶段的心理改变或转化作为达到最终目标的手段，通过一个个小的心理改变或转化，最终实现大的心理改变或转化，培养或强化积极心理。

2. 主体性心理素养

从心理素养的视界看，主体性包括个体性、生命意义感、终身学习能力等主要心理素养。

个体性是指个体认识并发展自己的独特性，进而以一种不同于其他人的独立实体而存在的心理品质特征，它是个体心理学、精神分析的自我心理学、人本主义心理学、建构主义心理学等特别强调的。在这些学科看来，人的存在首先是发现自己的独特性，唯有这样，才能既保持一种独特性的自我存在，又走一条自己的发展道路，成就独特的人生。事实上，每个人都是与众不同的独立存在，人的发展和做出成就的首要条件就在于根据自己的独特性走自己的路，知道自己能干什么，该干什么。

生命意义感是个体对自己的生命有意义或价值的感受和认知。生命意义是指人们对自己生命目的的认识和追求（彭维，2012）。有明确生命意义的个体能明确自己的人生价值和方向，产生人生有价值的积极体验或感受。在社会生活中，人总是用生命意义为自己活着寻找合理理由，也为了活着而承受的艰难困苦提供勇气和智慧。通常，感到生命有意义的人内心非常充实、强大；而丧失生命意义或感到人生无意义的人，则会空虚无聊，不珍惜和尊重生命，产生诸多心理问题，甚至会自杀或毫无怜悯之心地戕害他人。

终身学习能力是适应信息社会和集约型经济发展的一种非常重要的心理特质。倘若不具备终身学习能力，就无法跟上知识信息更新的步伐，满足不了集约型经济发展的需要，因此就会被社会淘汰。正因如此，联合国教科文组织、经济合作与发展组织、欧盟、美国、日本等组织和国家把终身学习能力作为当代人必不可少的核心素养。这说明，"授之以鱼不如授之以渔"在当代社会显得更加重要，并随着社会的发展越来越重要。

（二）主体性转化是中华文化的一大特征

突显主体性是中华文化的一大特征，儒文化概莫能外。中华传统文化从诞生之日起就以人为核心。从词源上溯考，"文化"一词的基本含义是"人文化成"。其中的"人"说明中华文化非常重视人的主体性作用，其作用体现在对自然物、社会和人自身的改变和转化上，其词源意义就是通过人的活动，人对自身和世界及其中的事物施加影响或作用以使它们具有属人性的过程及结果。在这一过程中，人的主体性发挥决定作用，人是根据自己的意念、认知等来进行"刻"或"画"（建构或创造）的。正是通过主体的"刻"或"画"，原有的自然物（包括自然的人）成为符合人意图的物和人，具有了人的特性和人所构建的结构。这说明，中国词源上的文化是人对自然世界及其中的事物的建构和重构，赋予了它们主体的性质或意义。这表明，中华传统文化从一开始就非常重视人的主体自转化。由于人的主体性自转化是"心"之转化，因此，中华文化非常重视"心"。正是对"心"的重视，促进了对"心"的研究，通过研究建构出独具中华文化特色的心学思想。儒文化当然也不例外。

（三）中国文化心理学强调主体性转化的原因

中国文化心理学之所以强调主体性自转化，其原因主要有以下几个方面。

1. 主体性作用是关键

在化解心理问题和不断超越自我中，心理咨询师或治疗师、教师、引导者的引导、教化、开化等作用只是外因，行为主体的内在心理因素才是内因。由于外因是变化的条件，内因是变化的依据，外因只有通过内因才会起作用。因此，不管外部人员如何开化、教导，只有引发了主体对问题的认识，产生了想解决问题的动机，进而积极寻求解决问题的办法，才能真正发挥其对被转化者的作用。倘若被转化者没有认识到问题，或认识到却不想解决问题，或认识到并想解决问题却不相信外部人员（就像心理问题患者根本不相信心理咨询师或治疗师那样），那么任何外部人员的作用都不会取得效果。

2. 修养提升、心理问题的化解等最终靠个体自己

中国传统文化认为"智慧不可赐""真法（道）不可说"，正如老子所言"道可道，非常道"，佛家的"不立文字，教外别传""言语道断，心行处灭"。正因如此，获取智慧需要个体在日常生活中各种各样的事情上去磨炼、体认、感悟。

"智慧不可赐"是指任何人获得或增长智慧，必须在日常生活中各种各样的事情或活动尤其是极其艰难的事情和极具危机的活动中磨炼。老子的"祸福相依"思想，惠能的"烦恼即菩提"，王阳明的"在事上磨"，都是此意。这就是说，每个人的生命智慧和对事理的理解都是在自己的生命活动中解决困难、解脱烦恼、消除痛苦中修炼出来的，不是他人能够给予的。智慧如此，人的乐观心态、积极认知、积极信念、积极反应模式等的形成和发展皆是如此。

"真法（道）不可说"是指事物的形成与发展规律及世界的真相无法用语言说明白，只能靠人自己体认明了。"道"或"法"是自然而然、自在自为的，可为人们所认识、所体会、所依据，但不可言说。人能够言说的"道"或"法"是人认识的结果，是人所表达出的自己的看法。而这种认识的结果或看法会由于人认识的不同而有对错、好坏之分。这就告诉我们，人生的真谛要靠自己证得，仅靠他人讲解不能真正了解其中的道理，只有自己体认证得，才能真正变成自己的智慧。换言之，个体要由迷茫到醒悟，消除困扰，最终必须靠自己。而不想改变、不想超越、不愿拼搏、颓废、怨天尤人、偏执妄想、做白日梦的人是永远无法从困扰中解脱的。

中国的儒、道、佛文化认为，个体要成为什么样的人，向哪个方向发展，就像衣食住行那样需要个体亲自体认，他人替代不了。儒文化强调个体通过格物、致知、诚意、正心来进行修身修心；道文化强调个体通过对道的感悟体认来明道循道；佛文化强调个体在烦恼中修得菩提智慧。孟子认为，"人皆可以为尧舜"，任何人要想成为尧舜，就必须认识到自己能够具有像尧舜那样的潜质并把它们充分挖掘和展现出来。惠能认为，"众生皆佛"，任何人若想要真的变成佛，就必须明心见性。王阳明的"人人皆圣人"思想也是如此。换言之，每个人都具有圣人或佛的潜能，如果这些潜能被挖掘或激发出来，就可以取得巨大成就。如果潜能未被挖掘或激发，那就只

能是凡夫俗子。而潜能的挖掘、激发只能靠自己。

二、儒文化中的主体自转化思想

儒家的主体自转化思想以其性善论为基石，朱熹将其解释为："志者，心之所之之谓。……德者，得也，得其道于心而不失之谓也。得之于心而守之不失，则终始惟一，而有日新之功矣。……仁，则私欲尽去而心德之全也。……仁者，心之德，非在外也。放而不求，故有以为远者；反而求之，则即此而在矣，夫岂远哉？程子曰：'为仁由己，欲之则至，何远之有？'"（《论语集注·述而第七》）既然仁在心中，而不是外在之物，因而人获得仁的途径必然是反躬自省，向自己内心去求，所以孔子说"为仁由己"（《论语·颜渊》）。正如曾子所言，"吾日三省吾身"（《论语·学而》），这是十分明确的自修、自转化、自超越思想。

孟子认为，每个人都具有圣人潜质，人之所以未能成为尧舜，那是因为私欲蒙蔽了他们的尧舜本性。正因如此，人要想成为圣人，就要去除自己的私欲，发现自己内心固有的善性。所以孟子要求人们尽心。尽心是求之于心，反躬自省的过程，其实质是自己"心"的转化过程，通过自己"心"的转化以实现对消极心理的化解和自我的不断超越。在孟子看来，"德""善"虽然是人先天本性，但在后天的生活中会发生变化，或被私心物欲遮盖污染，或强化厚实。人要成为圣贤之人，就应明白并不断挖掘、提升自己的德性，把自己的私心欲望所提供的心理能量引导到正确的道上来。这是自转化、自超越过程，即自己把自己的私心欲望产生的心理能量转化为建功立业的正能量。

《礼记·中庸》指出："天命之谓性，率性之谓道，修道之谓教。"修行是人遵循先天赋予自己的本性或自性来做事，把先天的本性或自性逐步展现或发展出来的过程，是对"道"赋予人的先天禀赋（潜能、潜力）不断挖掘实现的过程。这是自转化、自发展的过程，只能靠自己来完成。《礼记·大学》指出："大学之道，在明明德，在亲民，在止于至善。知止而后有定，定而后能静，静而后能安，安而后能虑，虑而后能得。……欲治其国者，先齐其家。欲齐其家者，先修其身。欲修其身者，先正其心。欲正其心者，先诚其意。欲诚其意者，先致其知。致知在格物。……所谓诚其意者，毋自欺也。如恶恶臭，如好好色，此之谓自谦。故君子必慎其独也。"这段话明确指出，修行是主体自转化且不断自我超越的过程。

王阳明提出"人人皆圣人"思想。他指出："大人之能以天地万物为一体也，非意之也，其心之仁本若是，其与天地万物而为一也，岂惟大人，虽小人之心亦莫不然，彼顾自小之耳。……是其一体之仁也，虽小人之心亦必有之。……故夫为大人之学者，亦惟去其私欲之蔽，以自明其明德，复其天地万物一体之本然而已耳。非能于本体之外，而有所增益之也。"(《〈大学〉问》)他明确指出，人人都有先天的良知，因此人人皆可以为圣。一些人不能成为圣人，而成为小人，不是他们没有先天的德性，而是他们的私心欲望蒙蔽了他们的先天德性。因此，人要在社会上立足并取得成就（立德、立功、立言）就需要去除自己的私心欲望，挖掘发展自己的德性。而去除私心欲望，强化德性，靠的是自己。

儒文化的主体自转化是一种非常积极的心理学思想，与当代的积极心理学非常契合。（1）它强调个体在自身发展和心理问题治疗中的自主性、主体性、主动性、能动性。只有主体有了自我发展和消除自己心理问题的动机，积极寻求自我发展和解决问题或摆脱心理困扰的方法或途径，其心理问题或心理困扰才能真正得以解决，自己才能得以发展。其过程实际上是个体的觉悟，即个体获得超脱困境的智慧或能力的过程，这一过程只能依靠个体自己来完成。中国文化中的"智慧不可赐"就是此义。（2）它着眼于人的积极心理品质的培养与增强，注重把消极的或负性心理转化为积极的或正性心理，通过扶正即培养或强化积极心理，如乐观心态、积极认知和反应方式、坚定的积极信念、自强不息的精神等实现解脱心理困境，跨越障碍，越过痛苦的此岸到快乐幸福的心灵彼岸。（3）它强调个体自身的积极力量，注重个体自身积极潜能的挖掘与发展，通过个体激发、挖掘和发展自己内部的积极潜能或建设性力量在治愈自己心理问题的同时，更好地促进自身的健康和谐发展。（4）强调人的心理自愈能力或自我心理修复能力，注重个体自身心理免疫力的增强。（5）重视消极事件特别是心理问题或疾患的积极价值，强调以积极的视界看待消极事件和心理问题或疾患，鼓励个体对消极事件和心理问题或疾患进行积极审视、归因、解释和评价，充分利用它们培养或强化人的积极心理素养。这说明，儒文化心理学的主体自转化思想具有十分重要的现实价值和积极意义，如果能够对其加以挖掘并结合当代社会实际加以改造，将会在当代社会发挥十分重要的积极作用。

三、主体自转化的心理学内涵

（一）转化的心理学内涵

如前所述，儒文化说的转化是"心"的转化，即主体心理上的转化，是把消极心理转化为积极心理的过程，包括心态或态度转化、认知转化、情感转化、意志品质转化等。转化的目的是化解烦恼，培养或强化积极的心理品质。烦恼是人心因受到扰乱、搅扰、干扰、妨碍等而生出怨恨、恼怒、苦闷、心乱等，实际上是现今心理学所说的心理失衡、心理困扰或心理问题，因此，转化的本质属性是心理性，是摆脱或免除烦恼、苦闷、忧伤、悲痛、抑郁、焦虑、压抑等消极的心理状态或心理问题，获得心灵上的自由洒脱。换言之，心理学意义上的转化是使人渡过难关、摆脱困境、消除烦恼或心理困扰，实现超越自我；转化是祛邪和扶正的统一；转化是由消极心理向积极心理进行转化、变化或改变。对此可作如下理解。

第一，转化的目的是使人渡过难关、消除烦恼或心理困扰，实现超越自我，其中不断超越自我是转化的根本目的。换言之，转化的过程是主体逐渐抑制乃至消除消极心理品质并不断锻造和提升积极心理品质的过程，如不断增强内在力量，持续挖掘和发挥潜能，不断强化心理化功、觉悟性和智慧，改进或完善积极认知水平，增进积极心态、积极应对方式和反应模式等。

第二，转化是祛邪和扶正的统一。祛邪是消除主体的消极心理、解决心理矛盾或心理冲突、摆脱心理困扰、消除心理失调。扶正是培养、强化或提升主体的积极心理品质，如增长智慧和心理正能量，强化积极应对方式和积极反应力，增强压力承受力和转化能力，培养和提升积极认知力，激发心理潜能，等等。

第三，转化是由消极心理向积极心理进行转化、变化或改变。消极心理是转化的初始状态和必要前提，积极心理是转化的目的或结果，是转化要最终达到的终极状态。转化的过程是主体的心理发生变化的过程，其消极心理减弱或缓解乃至最终消解，而积极心理逐渐增强并最终取代消极心理。

（二）自转化的心理学内涵

自转化是主体自己做出的改变，即主体通过对自己的心理困扰、烦恼、痛苦、困境等的认知、反省而积极自主地把自己现有的消极心理改变或转化为积极心理的过程及其结果。在心理治疗上，自转化实际上是自我治疗。

（三）自转化的基本特征

主体自转化具有如下基本特征。

1. 以心理化功为核心素养

如前所述，自转化是主体心理上的改变或转变，主体心理上能否做出转化及转化程度如何，取决于主体的心理化功。

依据儒文化思想，无论遇到何种情境，即使是艰难困苦，只要具有心理化功，就可以把消极心理转变为积极心理。例如，孔子、孟子、司马迁、王阳明等把艰难困苦看成磨炼人承担大任的素养的机会，把危机或险境视为培养人积极心理素养的必由之路。

其实，在人的发展过程中总会遇到烦心事、难事、窘事、险事或危机事件等看似消极的情况，这些情况到底对人的心理产生什么样的影响——积极或消极，取决于人的心理化功。如果形成了消极心理，那么已形成的消极心理能否转化为积极心理及转化为积极心理的程度如何，也取决于人的心理化功。心理化功强者，消极事件和境遇通常不会导致其生成消极心理，甚至可能生成积极心理；即使是生成了消极心理，他们也能够把消极心理转化为积极心理。其实质是通过心理转化，如把消极认知、心态、情绪变为积极认知、心态、情绪等，实现自我超越或超脱。例如，人在遭受挫折时，正是培养或提升抗挫折心理能力或心理弹性之时。如果没有遭遇挫折，那就无法培养出抗挫折心理能力、恰当应对挫折的能力，以及永不言弃、自强不息的精神品质。

由此可以说，主体自转化所需要的核心素养是心理化功。有了强大的心理化功，主体就能够做出洗心革面式的彻底改变或转化。这也凸显了培养心理化功的重要性和必要性。培养和强化心理化功是在凡尘俗世中令人困扰、纠结、痛苦的事情上和困境中修炼内心的过程。只有经过这样的难事、困境的磨炼，才能修炼出乐观的心态、坚强的意志品质、强大的心灵力量、博大的人生智慧。这就是说，真正的智者、强者是在困境中磨炼出来的，他们把艰难困苦当作磨炼心性、超越自我的大好机会，在苦难中成就自我。所以，人生不必害怕煎熬，反而要在煎熬中汲取智慧，获得力量。正如王阳明所言："譬之金之在冶，经烈焰，受钳锤，当此之时，为金者甚苦；然自他人视之，方喜金之益精炼，而惟恐火力锤煅之不至。既其出冶，金亦自喜其挫折煅炼之有成矣。"（《王守仁全集·与王纯甫书》）

2. 以积极心理品质的培养和强化为根本目的

如前所述，转化不只是抑制、缓解或解除消极心理，更为重要的是培养积极心理，即培养和强化积极心理是自转化、自发展的根本目的或终极目标。孟子的"生于忧患"思想以成就大业的素养、存在价值、生存本领、生命意义等积极心理素养修炼为目的，达至这一目的的途径或方法是在忧患困苦中进行自我修炼。司马迁的《报任安书》明确表达应致力于积极心理品质修炼，主动在艰难困苦中磨炼自己。王阳明明确指出，良知和至善是人们在苦难困境中修炼的目的，格物是在事上磨，唯有在事上磨，才能获得良知，达至至善。中国历史上，许多仁人志士把逆境、困境、巨大的外部压力等作为锤炼自己的自强不息精神、厚德载物品质、战胜困难的必胜信念等积极心理素养的途径或机会。

依据儒文化心理思想，祛邪（预防心理困扰或心理问题的发生，以及缓解、抑制乃至化解心理困扰和心理问题的过程，其对象是心理问题或心理困扰）不是目的，扶正（增长智慧，明白事理，培养乐观心态，坚定信念等的过程，其对象是积极心理品质）才是最终目的，祛邪只是扶正的初始阶段或途径。从包括儒文化在内的中华文化的辩证思想看，祛邪实际上也在扶正，抑恶实际上也是扬善，摆脱烦恼更使智慧增长。反过来讲，缺乏正气，就容易滋生邪恶；缺乏善念善行，就容易产生恶念恶行；缺乏智慧，就容易生出妄念或痴心妄想。其中，祛邪（即化解心理矛盾或心理困惑）的目的是扶正，即生成积极心理品质。比如，中国人常说的"失败是成功之母"是指，消除失败或挫折给人造成的心理阴影是为培养人的成功心理素养打好基础；"置于死地而后生"是为了更好地激发人的潜能，培养人的必胜信念和向死而生的精神；"不受苦中苦，难为人上人"是强调在极度的苦难中磨炼出战胜苦难的信心、决心、能力等成就大事业的心理素养。所有这些都是告诉人们，应把苦难作为修炼乐观主义精神的境遇，把失败作为获得成功经验和素养的途径，把死亡作为激励自己活得更精彩的动力，把烦恼作为获得觉悟智慧的必要路径。

四、儒文化主体自转化的基本内容和方法

（一）主体"心"之转化

依据儒文化思想，主体自转化是一个"心"之转化的过程。在这一过程中，人在不断地凭借"心"创造、建构或改变自己及所生活的世界。儒文化认为，人的成长是一个"心"不断转化或变化的过程。儒文化从诞生之日起，就重视"心"的作用。究其原因，是人的存在为"心"之存在，儒文化推崇的人应具有的仁、义、礼、智、信等品质都是"心"的体现或表现方式。据此可以说，儒文化是以"心"为核心的心理学体系。人成为什么样的人，能达到多高的人生境界，能具有并实现多大的生命意义和人生价值，取决于其"心"。从这一意义上可以说，人的发展过程实际上是不断培养和提升自己"心"的境界和君子心理素养的过程，由消极晦暗变为积极阳光是"心"转化或转变的过程。孔子的得道于心，"去私欲以全心德"全在于"心"。所以，孔子把遭遇的困厄作为磨炼、强化自身心性的途径或机会，他对学生的教育引导以学生的"心"之转化为目的。他在困于陈蔡之间受到学生的质疑责难时，教育引导学生积极做出"心"的改变，从而使学生获得心理成长。孟子从"万物皆备于我"出发，强调尽心知性知天，要求人们求之于心，通过明心而知理，充分发挥发展人的善良本性，磨炼增强积极心性。其"生于忧患，死于安乐"思想充分说明了这一点。宋明理学依据"心

即理"的核心主张，要求人们明心、用心、尽心、强化心，认为人们发展改变的过程实际上是"心"之改变或转化的过程。荀子从"性恶论"出发，强调化性起伪，其实质是"心"的转变或转化。他说："人之性恶明矣，其善者伪也。故枸木必将待隐栝、烝、矫然后直，钝金必将待砻、厉然后利。今人之性恶，必将待师法然后正，得礼义然后治。……故圣人化性而起伪，伪起而生礼义，礼义生而制法度。"（《荀子·性恶》）陆九渊说："念虑之正不正，在顷刻之间。念虑之不正者，顷刻而知之，即可以正。念虑之正者，顷刻而失之，即是不正。此事皆在其心。"（《陆九渊集·杂说》）他认为，"心"如同广大无边的虚空宇宙，所有的心理活动及其结果都是由和在"心"这个虚无的宇宙中产生的（王国猛和徐年华，2006）。王阳明指出："无善无恶心之体，有善有恶意之动，知善知恶是良知，为善去恶是格物。"（《传习录》）所有这些都表明，儒思想家，无论是性善论者还是性恶论者，都认为人的成长发展过程是"心"不断转化或改变的过程。性善论者认为是把先天的、似本能的、微弱的善性不断强化、转化为真正的在现实生活中发挥作用的善性，抑制私欲、贪欲、外部不良因素对其改变、污染或遮蔽。性恶论者则强调化性起伪。

从心理学视界看，人的形成和发展是人心中生出各种意向、欲望、观念、情感、意志等心理活动及其产物，并逐渐稳定下来形成具有独特心理特征或品行的人；人的转变过程是人的意向、欲望、观念、情感、意志等心理特征发生改变的过程。后天的各种经验、观念或精神皆生于心，动（起）于念，感于物。换言之，原本之心中包含着一切观念、意向等的种子，倘若人开始思量，即动念，就开始显现出来，转变为意识，即人可以觉察、认知、感受到的心理，这些能意识到的观念、想法、意向等作用于外部事物，即可见到人心中所认识的世界及其中的事物。这一世界及其中的各种事物并非客观世界和事物的原貌，而是人心作用过的具有心性的世界和事物。概言之，人心中的观念、意向、欲望及人所认识的世界和其中事物都源于"心"，是"心"作用的结果。倘若心中产生邪念，就会产生或表现出恶行；如果心正端庄，就会产生或表现出正行。这是非常积极的心理学思想，因为它强调人的主体性、主观能动性，突出人对自己发展的责任和人在自我形成和发展中的主体性作用。

儒文化的这一思想与建构主义心理学一致，是一种积极的强调个体的自我建构的心理学思想。依据该思想，人的自我是否积极、具有积极还是消极心理品质，都是个体自己建构出来的。事实上，任何事物、事情都存在积极或消极两面性，对人的作用究竟是积极的还是消极的取决于人对它们的认知、心态或态度、归因、评价等心理作用。倘若人心积极，就会对人产生积极作用；反之，倘若人心消极，则会对人产生消极作用。就像积极心理学所倡导的"把脸朝向阳光，就不会有阴影""上帝在为你关上一扇门的同时，也会为你打开一扇窗户"。积极心理学的研究表明，人、事、物，尤其是负性或消极的人、事、物对人产生消极影响，主要是人的心理消极。心理消极主要表现为全面化或概括化、永久化、个人化、绝对化、极端化。全面化或概括化是一种消极的以偏概全的认知和归因倾向，即把一事的失败或挫折泛化为很多事情甚至全部事情都做不好。永久化是一种把一时变为一世的心理倾向，通常表现为因一时犯错、失败或挫折而自我否定，产生会经常甚至终身犯错、失败或挫折的消极观念。个人化是一种自我否定倾向，通常表现为个体把所有的过错、失败或挫折都归因于内部稳定不可控因素，如能力低、意志品质差等，而不管这是不是自己的错。因此他们会觉得无能为力或无法改变而不去做出改变。绝对化是指将可能变为绝对、必须的心理倾向，进而给自己施加超过自己承受力的心理压力，如"我必须成功！""我必须比别人强！"等。极端化是把非极端事情或状况变为极端的无法挽回的事情或状况的心理倾向，通常表现为把一个小错误、失败或挫折视为非常可怕和糟糕至极。人若想变得积极，就需要改变这些消极心理或观念，并把它们转化为积极的心理素养。由此来看，儒文化心理学与积极心理学具有相当一致性，二者对人们获得幸福快乐生活、培养积极心理素养、满足人们对美好生活向往的需要有积极意义。不过，儒文化思想比西方的积极心理学更为积极，它更加强调主体的自我建构作用，可概括为"心中有太阳，生活就会充满阳光""内心阴暗，生命就惨淡"，即使生活中存在阴影，也会因为心中太阳的照耀而消失。

（二）积极心理活动不断生成的"心流"积极心理思想

依据儒文化，人的心理形成和发展过程是念生念灭的生生不息过程，即"心"动念而生"意"（意动），生"意"而致知，致知而接于物（格物）。这一过程就像河水不断流动一样。这一心理活动过程具有连续性、变化性、主动性和个体性。连续性是指念念相连，不会中断。一旦中断，就会出现问题。变化性是指心所生的"念"是常变的，常变是唯一的不变。既可能变好，也可能变坏，积极的变是越变越好越向上。主动性是指个体自己建构的，主动权掌握在个体自己手里。个体性是指"心"生成的思想观念都为个体自己所特有，具有个体独特性和个别差异性。生念过程及其所生的念，不论好坏都是个体自己的心理活动。

这一思想告诉我们，人要活得积极、幸福，就需要心中不断生成积极意念，如公心善念、正义向上之心。这一过程实际上是一个于念上明、在事上磨、抑恶扬善、化苦为乐的过程。儒文化的目标是修身齐家治国平天下，而要实现这一目标，就要知善恶、辨是非，以实现为善去恶，达至善。为此，就需要在心中生出是非善恶观念并明辨之。在明辨的基础上，抛弃或去除功名利禄等私心杂念和贪嗔痴等恶邪心理，使自己生于俗世而无扰，出淤泥而不染。"心与知物，皆从有生，须用为善去恶工夫，随处对治，使之渐渐入悟，从有以归于无，复还本体，及其成功，一也。"（《王龙溪先生全集·天泉证道记》）。

从积极心理学的视界看，儒文化的这一思想具有十分积极的意义。这主要体现在以下几个方面。

1. 葆有积极心态

按照儒文化，人成为什么样的人，全在于自己的"心"，是"心"建构的结果，建构出积极的心理，人就积极；反之，建构出消极的心理，人就消极。比如，某些人在某一方面能力低，就认为自己很笨，在各方面都不行，进而建构一个不行或能力低下的自己，这样他就会认为自己什么事情都做不好。如果这样，他就会遇到困难便退缩，就不会幸福快乐，更谈不上成功。因此，人要成就一个积极人生，就需要建构出一个积极的自我。为此，第一，要悦纳自我，为自己是一个这样的人而高兴。这样可以对自己有一个积极的态度和情感。第二，要发现自己的优势或长处，尽量发展它们，扬长避短，以优带劣。第三，要坚信"天生我材必有用""英雄有用武之地""生逢其时"。第四，找准自己的特点，走自己的独特之路。

第五，相信自己，不断给自己鼓励，坚信自己能够克服任何艰难险阻。第六，瞄准方向，坚定地走下去。

2. 持续进行积极心理活动

既然心理是像河水流动那样念生念灭生生不息的过程，因此，心理要健康发展，那就要不断生出新念以念念相续。朱熹说："问渠那得清如许？为有源头活水来。"（《观书有感》）心理之河要不断地流动，不出现问题，其源头"心"就必须生出新"念"注入心河中推动心河之水流动。常言道，"流水不腐""长江后浪推前浪"，在前念的引导和源源不断的后念的推动下，心河之水顺畅流动，那它就不会失去活力而成为死水、臭水。这就是说，人的心理健康发展需要源源不断地产生新认知、新情感、新品质、新思想、新目标等，而不能陷入消极的"念"中而停滞不前；人要发展顺畅，就需要不断超越自我。比如，人在遭遇挫折或失败时，要把消极情绪或心理问题变成有利因素，避免陷入沮丧、颓废、痛苦、悔恨等消极情绪泥潭中而不能自拔，而应不断产生正念、正思维。人在遭遇挫折或失败时，一般会产生痛苦情绪。此时，如果仅停留在痛苦中而不产生新的心理活动，就会对痛苦更加注意，进而强化痛苦。反之，感到痛苦后产生想消除痛苦的意念，就会有消除痛苦的方向和动力，由此会促使人寻找消除痛苦的方法。在积极想办法的过程中会逐渐增长智慧，形成或增强积极心态，然后把智慧和积极心态运用到之后做的事上。这样把注意力由前念转移到生成新念上，念念不断，不仅不会产生心理问题，还会培养出积极的心理品质。

3. 在消极中修积极

儒文化所持的"二元相即"是中国文化特有的认知方式。"相即"是指二元相互依存、相生相克、互为因果、协变共变的辩证统一（单虹泽，2018）。依据相即思想，积极心理品质需要在逆境、艰难困苦中得以培养或强化。这一思想告诉人们，不要惧怕艰难困苦、逆境或困境等，而应以积极的心态去迎接它们。就像高尔基所描绘的海燕那样，以乐观的激情和胜利的信心迎接和面对暴风雨的到来。

依据儒文化思想，所谓困境，并不是境困人，而是心困人，是人被困境的消极认知、消极心态等困住了。在遇到困境时，如果人们对产生的消极认知、归因、解释缺乏战胜困境的坚定信念，那就不仅无法脱困，还会妄自菲薄、退缩、沮丧、畏惧，甚至颓废。反之，如果具有积极心态，对产生的积极认知、归因、解释生成必胜信念，期盼在困境中培养积极心理品质，就会迎难而上，愈挫愈勇，在积极想办法解决问题中增长智慧。

4. 放下过去，活好当下，积极向前

《传习录》曾记载两则故事。故事一：有一个人得了眼病，每天都担心得不得了。王阳明对他说："尔乃贵目贱心。"这实际上是告诉这个人，如果只注意眼的疾病，不能在心里把疾病放下，就会扰乱了内心宁静、淡泊，非常不合算。这则故事告诉我们：（1）不要执着于过错、挫折、失败，如果反复回想它们，那就会给自己带来无尽烦恼。反之，不再注意它们，在心中彻底放下，就可避免受它们的折磨。（2）对他人引起的苦恼、责难、冒犯，尤其是无意的冒犯等，不要放在心上，这样内心就不会痛苦。

故事二：王阳明的弟子陈九川卧病在床。王阳明问他："病物亦难格，觉得如何？"陈九川回答："功夫甚难。"王阳明说："常快活，便是功夫。"这则故事告诉我们，如果能够放下痛苦，以积极的心态看待痛苦，甚至从痛苦中获得快乐，那就会有积极的人生。依据王阳明的思想，人生之所以混乱不堪，是因为执念太多、失心太重。执念太多、失心太重，会使人背负过重的包袱，身心疲惫不堪。在日常生活中，有人因为没得到想得到的东西而抑郁难耐；因为丢失了小小不言的财物而郁郁寡欢；因为与别人闹别扭而纠结不已。要消除难耐的抑郁、郁郁寡欢、内心纠结，那就要学会放下。放下得失，能够收获内心的宁静；放下伤害，心灵力量能够变强；放下过去，能够更好地面向未来。"只存得此心常见在，便是学。过去未来事，思之何益？徒放心耳！"（《传习录》）只要守住自己的本心，遇事自会有解决方式，以不变的本心顺应事物的万变，其他就不必过多思虑，过去的事情已经过去，将要发生的事情还未发生，过多思虑只是放纵了心性，增加了人的私欲。事情是否发生，何时发生，只要顺着本心就能做出合理的反应。这主要表现在以下两方面。

第一，人的发展是不断进步的，应着眼于现在和未来的发展，确立更高、更大的目标，拓宽视野，扩大和深化见识，扩大心胸，提升心理境界或人生格局。这就好像爬山一样，爬得越高，视野越开阔，见识越多。一个人要发展自己，就需要自强不息，向前不止，既不能躺在已有的成就之上止步不前，更不能陷入过去失败或挫折的泥潭中退缩颓废。

第二，人要做好当前的事情，走向美好的未来，就应当忘记过去。过去的就让它过去吧。成功的，不去管它，在此基础上继续努力获得更大成功；失败了，要放下，不要放不下而陷入过去的痛苦之中不能自拔。不然就无法摆脱消极情绪，也无法站起来拼搏，更无法积极主动地做今天、明天该做的事情。人生无常，谁都有可能遇到不幸。在遭遇不幸时，如果不断生成积极的"念"，如积极的认知、心态、见识、情感等，就会活得越来越精彩。

（三）自我建构或创造积极心理思想

儒文化与中国文化一样，认为"心"是人修行的根本路径和目的，修行是通过内省或反观自心而觉悟自心的过程。自心觉悟了，生成并稳定化积极的"念"，就会建构出一个积极的自我及生活的世界。换言之，人是善是恶，是积极还是消极，关键取决于自己的心。孟子的"万物皆备于我"（《孟子·尽心章句上》）、张载的"民吾同胞，物吾与也"（《西铭》）、程颢的"仁者浑然与物同体"（《识仁篇》）、陆九渊的"宇宙便是吾心，吾心即是宇宙"（《陆九渊集》）、王阳明的"吾性自足"等强调了"心"对自我及其生活世界的建构作用。依据这些儒文化思想，万事万物、道、理、仁、德等都在心中，当"心"不被物欲、私心掩盖，就能够体认到仁心、天理。如果这样，个体的心就与道、天理同一化，世界万物的运行变动就会在个体的心中体现，便能真实地体认到（金富平，2010）。程颢指出，"观万物皆有春意""观鸡雏，此可观仁"（《河南程氏遗书》），人可由万事万物中用"心"建构出"仁"来，使"心"成为"仁心"。由此看来，儒文化所说的"宇宙"和"物"并不是独立于人之外的客观"宇宙"和"物"，而是人心中的"宇宙"和"物"；"心外无物"是没有心外之物，而不是真的没有客观事物；"万物皆备于我"是说万物都为我心所识、所用。而要使万物为我所用，就需要心进行认知、体验、感受和建构。事实上，决定人的心理和行为并不是客观世界和事物本身，而是人所认识并赋予一定意义的世界和事物。换言之，人所生活的世界及其中万物都是"心"作用过的，或者说是由"心"建构出来的（李炳全和张旭东，2019）。如果人"心"存在差异或发生改变，无论客观世界及其中的事物、事件究竟如何，都会随着"心"的差异或改变而产生差异或改变。每个人所生活的世界及其中的事物或事件因"心"的作用而具有个体独特性，它们反过来对人心理和行为的作用也具有个体独特性。比如，面对同样的挫折，有人会因为看到消极一面而自卑、退缩，甚至自暴自弃，有人则会视为对自己的磨炼而愈挫愈勇，也有人会在想方设法战胜挫折中增长智慧。

儒文化主张心性合一、心物合一、内外合一，认为天理、人理、物理只在人的心中；人同此心，心同此理。周敦颐指出："大哉乾元，万物资始，诚之源也。乾道变化、各正性命，诚斯立焉。纯粹至善者也。故曰：一阴一阳之谓道，继之者善也，成之者性也。"（《通书》）他强调"心"在人生活的中心且具有潜在作用。这与当代建构主义、心智哲学的思想相吻合。建构主义和心智哲学认为，现象的性质实际上是一种经验的性质，是某种正在经历的东西；现象概念是依据某种现象的表征模式而挑选出的现象经验，依据它像什么而拥有它；现象概念给予主体一个对其经验"真实且完整的理解"（Taylor，2013）。质言之，现象都是人所经验的现象，它具有人的主体经验性质，是主体的"心"作用过的东西。即使是身体的存在，也依赖于"心"的感知或感受、认知、体验等，如此身体才获得活着的身体特定性质，才真正成为自己的身体（Mattens，2009），不然就觉察不到它是否属于自己，是否存在。

从积极心理学的视界看，儒文化的这一思想能够给予人们积极启迪。

1. 建构积极

如前所述，"心"是建构自我及生活世界的过程。邵雍指出："先天之学，心法也，故图皆自中起，万化万事生乎心也。"（《皇极经世·观物·外篇衍义卷八》）心生善念，就会建构一个善良的自我，用善意的眼光看待世界，用善行作用于世界；心生邪恶，就会建构出一个邪恶的自我，用邪恶的眼神看待世界，用邪恶的行为对待世界；心生积极，就很容易看到人、事、物、境，哪怕是消极的人、事、物、境的积极之处，也会建构积极乐观的自我；心生消极，就会用消极的眼光看待一切，甚至把积极的也视为消极的，由此建构出消极悲观的自我。人的格局大，就会拥有一个广阔的世界；反之，人的格局小，就会拥有一个狭隘的世界。正如张载所言："大其心则能体天下之物，物有未体，则心为有外。世人之心，止于闻见之狭，圣人尽性，不以见闻梏其心，其视天下无一物非我，孟子谓尽心则知性知天以此。天大无外，故有外之心不足以合天心。"(《正蒙·大心篇》)这就告诉我们，要充分发挥自己的主观能动性，积极主动地建构积极的自我。

建构积极是创造或建构人的积极心理素养和看待世界及其中的事物的积极眼光，如积极认知、积极心态、积极情感、大人生格局等。事实上，客观世界及其中客观事物独立于人之外，是人心无法创造或改变的。不过，人对于事物的认知、态度及它们对人产生的影响则决定于"心"；人无法改变已经发生的事实，如失败的事实，但事实导致的心态、情绪体验、行为反应及对人的影响则由"心"来建构或创造。比如艰难困苦，有人建构为上天对自己不公平，由此怨天尤人；有人建构为自己的命不好而认命，由此去承受，在承受中培养或提升自己的抗挫折心理能力、抗压能力；也有人像孟子说的那样建构为自己能够承担大任的素养，由此积极面对并着力于战胜它们，并在战胜它们的过程中增长智慧，培养和提升积极心理素养。这说明建构是否积极，对人的发展和生活及积极力量的挖掘和促进影响很大。这就是积极心理学强调建构积极的自我的原因所在。

2. 观心省心，培养和增强驭心力

既然"心"是自我及所生活世界的建构者或创造者，人是否积极取决于"心"，因此要建构积极的自我，首先应知道"心"生了哪些积极"念"、哪些消极"念"，并在此基础上抑制乃至消除消极念，培养和强化积极念。就如王阳明所说的"知善知恶，为善去恶"。为此，就要对"心"进行认知，即观心省心。"观"是"止观"，即抑制心中因俗念而产生的妄想，使心保持平静、稳定，以集中心思积极观察和进行正向思维，进而明事理，致良知，得智慧。"省"是"内省"，即省察自己内心的心理活动和心理品质，这是中国文化，尤其是心学所强调的提升自我修养的必由途径或方法。

内省是智慧的源泉，既然智慧生于"心"，那么获得智慧、明白事理就应向"心"内求。这就需要有主体意识和驭心力。驭心力是指驾驭或掌控自己"心"的能力，它是智慧的核心。一个人能够成为什么样的人，取决于其驭心力。能够驾驭自己的"心"，就能使之不被外物、外境、外情等诱惑或干扰，排除内心的私心杂念和不合理的欲望，消除消极的心理倾向和心理特征，不断培养和强化自己的积极心理倾向和品质；如果驾驭不

了自己的"心"，就有可能被外物、外境、外情扰动，产生贪嗔痴、不合理的欲望和消极心理并受其困扰。

3. 正心

正心，是指使人的心归向于正，即归于正道。正心的基本方法和途径有如下两种。

第一，确立正确远大的理想信念和人生价值目标。这样，人就不会被私心杂念和不合理的欲望侵扰而走上邪路。中国传统心学所强调的人生价值和正道是修齐治平，即家国情怀和社会责任。有了家国情怀和责任感，人就会为此而自强不息，厚实德性。

第二，抑制不合理的欲望尤其是物欲，去除邪见。因为不合理的欲望会蒙蔽人心，使人变贪变痴。"人心有病，须是剥落。剥落得一番，即一番清明；后随起来，又剥落，又清明；须是剥落得净尽，方是。"（《陆九渊集·语录下》）心病包括不合理的欲望和邪见或邪说两种。"夫所以害吾心者何也？欲也。欲之多，则心之存者必寡；欲之寡，则心之存者必多。……欲去，则心自存矣。"（《陆九渊集·养心莫善于寡欲》）"有所蒙者，有所夺移，有所陷溺，则此心为之不灵，此理为之不明，是谓不得其正，其见乃邪见，其说乃邪说。一溺于此，不由讲学，无自而复。"（《陆九渊集·与李之宰之二》）而要抑欲祛邪，就应致知践道。换言之，人要健康发展，就应对自己有一个清醒的认识，把握自己的人生方向，给自己恰当定位，选择并坚定地走适合自己的发展道路。明白自己该做什么，不该做什么，能做什么，不能做什么；坚定地做自己该做的、能做的，不跟风，不受他人和外物的影响和干扰。

第二节　儒文化的心理化功

从前面的论述来看，儒文化特别强调人心的转化，尤其是由消极作用转化为积极作用，这实际上是心理化功。人的心理化功如何，直接制约着人的成长发展。正因为心理化功如此重要，所以本节专门对它加以论述。

一、社会发展需要人们具有心理化功

随着中国经济的高速发展和社会的快速变迁，人们面临着越来越多的压力，相较于以往更容易遭遇挫折和失败，也会产生越来越多、越来越大的心理困扰或心理冲突。社会和科学技术的快速发展，要求人们快速地做出改变，以适应社会发展的困难和压力。同时，社会的快速发展导致经济结构调整，给人们带来了巨大的创业和就业压力。除此之外，人们还要面对一系列适应社会的压力，如不同的经济基础带来的养育孩子的压力、在职场上调节人际关系的压力、"内卷"现象对未来规划的影响而产生的压力等。在这样的形势下，人们如果想在社会中有立足之地，能够顺利地生存和发展，就需要具备心理化功。心理化功是将"对自己不利的因素"转化为"对自己有利的因素"，将消极因素转化为积极因素的一种心理素养或能力，这种心理素养或能力对人们化解压力、把挫折和失败转化心理资本，把困境转变为磨炼和养成自己积极心理素养的机会或途径，有着十分重要的价值或意义。

心理化功以转化或转变为核心，其实质是心理的转化或转变，即由负性或消极的心理转化为正性或积极的心理。人们是否具备心理化功及所具有的心理化功高低、强弱，决定着他们能否化解压力，甚至把压力转化为动力，把挫折和失败转化为心理资本，把困境转变为磨炼自己积极心理素养的机会或途径。心理化功高强者，能将压力转变为动力，能将逆境转变成顺境，能将挫折或失败转化为心理资本；而化功低弱者，难以实现压力、挫折或失败的转变，受困于压力、挫折或失败，难以解脱。这说明，心理化功对现代社会的人们适应社会乃至在当代充满竞争和压力的社会中找到用武之地以实现自我价值和社会价值来说具有十分重要的积极意义。正因为如此，培养人们的心理化功十分必要和重要。

儒文化在中国传统文化中占据主流或主导地位，其积极心理思想尤其是心理化功思想在中国历史上已经发挥出积极作用，塑成锻造中华民族的高心理化功，助力无数仁人志士，如孔子、孟子、司马迁、董仲舒、韩愈、苏轼、朱熹、王阳明、曾国藩、梁启超等，在深陷困境逆势时帮助他们进德修业。立德、立功、立言，在当今社会仍具有积极的现实价值，是当今

人们建功立业应当具备的心理素养。基于此，有必要对儒文化的心理化功思想进行深入挖掘、发展，以充分发挥其将负面因素转化为积极因素的转化作用，指导、帮助人们变逆为顺、变负为正，把不利的、消极的因素或处境变为有利的、积极的因素或处境。

二、儒文化心理化功的心理机制

儒文化心理化功的心理机制主要有以下几个方面。

（一）认知转化

心理化功中最为基础的转化是认知转化，即通过把消极的认知转化为积极的认知以消除心理困扰。历史上儒思想家如孔子、孟子、韩愈、王阳明等大多具有这种积极的认知转化力，他们的思想中蕴含深邃的认知转化思想。它告诉人们，要想化解艰难困苦、挫折失败等消极事件或境遇对人造成的消极影响或作用，就必须把消极认知转化为积极认知。

在人的成长过程中，会遇到诸多的不良诱惑、危难、困境等容易导致人产生烦恼、困惑、恐惧或焦虑等消极情绪的事情，这些事情究竟对人成长有何影响，取决于人对它们的认知。如果人对它们有积极的认知，它们就会成为促进人成长的有利因素；反之，如果人对它们有消极认知，它们就会成为阻碍或抑制人成长的消极因素。在儒文化看来，在人实现由消极认知转变为积极认知的过程中，人的自主性、能动性发挥着关键作用（李炳全和张旭东，2021）。

（二）心态转化

心态转化是心理化功中最为关键的转化，即把消极的心态转化为积极的心态。儒文化的心理化功思想把心态转化置于非常重要的地位，注重对人的积极心态的磨炼和培养。孔子在困于陈蔡之间的艰难困境中仍能保持积极乐观的心态，自得其乐，并影响、教育弟子也拥有这样的心态，由此在困境中进德修业，成就自己。中国人常说的"失败是成功之母""不受苦中苦，难为人上人"等的实质就是对失败、苦难所表现出来的积极心态。

积极心态会促使人们败中求胜，苦中作乐，在挫折中磨炼坚强的心性，在困苦逆境中增长生命智慧。

儒文化的心理化功思想明确指出，对于一切成败、逆顺、苦乐、悲欢、褒贬等应以积极乐观的心态对待，由此困境或逆境、责难、挫折、打击、嘲讽等对于乐观者来说就不再是困境或逆境、责难、挫折、打击、嘲讽等，进而转化为鞭策，并激励其不断拼搏、进取、超越自我的积极因素。明代思想家王阳明明确告诉人们，要对困境和磨难有积极乐观的心态，在乐观心态的作用下，人们都不愿遭遇的困境、磨难会变成对人的积极心理素养磨炼的机会。他指出："素贫贱，行乎贫贱；素患难，行乎患难；故无入而不自得。……素贫贱患难，学处乎贫贱患难；则亦可以无入而不自得。……今复遭时磨励若此，其进益不可量。"（《王守仁全集·与王纯甫》）这段话明确告诉世人，拥有乐观豁达的心态是人们做出成就的必备心态，有了这样的心态，人就会无时无处有所学习、有所收获，活得洒脱。

（三）信念转化

信念是人对生活准则中的某些观念持有深刻的信任感和坚定的确认感的意识倾向，是个人意识到的理论性价值取向（黄希庭，2004）。简言之，信念是人所确认的观念、看法（中国社会科学院语言研究所词典编辑室，2005）。儒文化非常强调积极信念的作用。它认为，一个人只有确立了正确的信念，才会在自己的生命历程中不畏艰险，勇往直前，以必胜的信念迎接生命中可能遇到的艰难险阻，以坚强的信念渴望和呼唤各种磨难，以创造生命辉煌的信念在艰难困苦中磨炼自己，以创造生命的价值和意义。

依据儒文化的入世思想，人生在世，要胸怀大志、心怀仁义。而要实现大志，完成生命应当承担的重任，就必须具备坚定的信念。坚定的积极信念有助于在人们遭受挫折时从困境所导致的消极认知和消极情绪中解脱出来，把坏事看作考验，激励自己快速消除难过、绝望等情绪，形成和不断强化自强不息的精神，给予人坚定的精神支撑。这说明，一个人要想做出成绩就必须具备坚定的积极信念。倘若个体不具备积极信念反而有消极信念，那就要向积极信念改变或转化。

（四）归因转化

归因转化是把消极的归因转变为积极的归因。归因是指个体所认为的人的行为及其结果的原因，以及在此基础上是否愿意承担责任、改善后果的情况。归因恰当与否是影响成功的重要因素。如果把挫折或失败归结为自己太笨了，那么就会感到自卑，以后做事情就有可能不积极努力地做。如果觉得自己做不好，那么就可能禁锢自己的手脚。如果把失败归结为有点大意、没注意，那么以后就注意些，不再大意。如果认为失败是由于外界因素的干扰，那么就要保持信心，尽量去排除干扰。如果具有宿命论观念，把失败归结成自己的命不好，那么就不能积极地面对失败，虽然能够忍受失败，但不会去改变失败。比如贫穷，如果某人将其归因为命运，他就会坦然地接受贫穷，忍受贫穷；如果他认为这不是命运，他就有可能会努力改变自己贫穷的现状。概言之，人们对自己的行为和结果，以及对他人的行为和结果的归因，对以后的行为是会产生影响的。如果归因出现偏差，如把造成逆境的原因归结为自己（内部归因），贬低自己，丧失信心，或者把原因归结为外部因素（外部归因），怨天尤人，都不利于人的发展。

孔子、孟子等儒思想家都强调不怨天尤人。告诉人们做好自己，无论遇到什么事情，都能不埋怨老天，不责备他人。因为怨天尤人不仅于事无补，还徒增烦恼，自我伤害。人无力改变的事情，怨恨也罢，畏惧也罢，都无济于事，这时要做的就是改变归因和心态等。曾国藩教训弟弟说："吾尝见友朋不中牢骚太甚者，其后必多抑塞……盖无故而怨天，则天必不许；无故而尤人，则人必不服。感应之理，自然随之。……凡遇牢骚欲发之时，则反躬自思，吾果有何不足，而蓄此不平之气，猛然内省，决然去之。不惟平心谦抑……且养此和气，可以消减病患。"（《曾国藩家书·修身篇》）意思是说，一时不走运，就埋怨老天爷，老天爷可不允许埋怨它，它会给埋怨它的人苦头吃。当然，这个老天爷不是指神，而是指人的埋怨给自己制造的氛围、气场和格局。无缘无故地埋怨人，别人当然不服气。对埋怨的人不服气的人多了，其命运自然就堪忧了。为什么呢？埋怨人的人给别人情绪添堵，别人就给他的命运添堵。对其不服气的人越多，其命运中的阻碍就越多。在日常生活中，人所发出的能量最终都会返回自身。发出正能量，正能量会返回自身对自己产生积极作用，助自己成功；反之，发出负能量，它也会返回自身，阻碍自己发展。所以，在遭遇失败或挫折时，不要埋怨，要做的事是反躬自省，实现由消极归因向积极归因的转化。

依据儒文化思想，反躬自省是人应该具有的积极归因方式，其实质是积极的自我归因，即遇到问题先从自身找原因。之所以要从自身找原因，主要是为了提升自己的素养，不断使自己升华，从千变万化的人情世故和成败中发现发生不如意的事情的原因和导致失败或挫折的因素，尤其是那些不易察觉的因素。领悟、弄清成败或消极事件的因果关系，肯定会提升自己的素养或积极心理品质，为自己的成功打下坚实的基础。就算在很多时候不是自己的错，养成"凡事先找自己的原因"这样的反思习惯，也是自我负责、自我提升的良好的途径或方式。在日常生活中所发生的不顺心、不如意的事，比如，同学之间、邻里之间的矛盾或冲突，或多或少会有自己在一些方面欠妥的原因，只是这些原因自己意识不到而已，其主要原因是我们总是站在自己的角度、立场等思考问题，依据自己的知识经验来对事情做出认知、判断和评价。要想认识到自己比较难以觉察的问题，就需要作深刻的反省或反思。在反省的基础上，发现自己存在的问题，并改正自己的问题，就会使自己在不知不觉中获得素养提升。按照前面所论述的成功的概念，这样的修养的提升，自身问题的解决，就是成功。这样的成功积累到一定程度，就会真正实现人生的成功。

曾参说："吾日三省吾身：为人谋而不忠乎？与朋友交而不信乎？传不习乎？"（《论语·学而》）这句话告诉我们要经常反省自己，反省的主要内容是"忠信勤"，其中"忠信"是事人，"勤"是事己。"勤"是勤奋、勤勉等义，"省勤"就是反省自己是否勤勉、勤奋，实际上就是要求自己勤奋、勤勉。整日勤勉是求知、治学、做成事的根本。一个人如果日积月累如此，他就能成为栋梁之材。朱熹说："日省其身，有则改之，无则加勉，其自治诚切如斯。"（《论语集注·述而》）这实际上是要求人们积极主动地做自我检查，经常反躬解剖，省察自己，对自己的思想言行的合理性进行诊断评判。如果发现自己有不足或缺陷之处，要及时改正；在反省中，要敢于知错认错，对自己的不良思想和行为，要勇于揭露，并经常自觉地与其作斗争，进而克制它，使自己的言行回到正确的轨道上来，

做一个堂堂正正的人。

反省时，要特别注意反省自己独处时的心理活动、思想言行。"莫见乎隐，莫显乎微，故君子慎其独也。"（《中庸》）因为独处时最能体现一个人的修养，尤其是一个人的定力和驭心力。另外，在反省时，特别注意反省在受到巨大诱惑的情况下能否保持定力，抵御诱惑。比如，在受到邪、魔、恶等诱因极大的诱惑且能行邪、魔、恶尤其是行了似乎还能不为人知对自己无什么影响时，能抵制住诱惑，不去做邪、魔、恶事，一心向真、善、美，那就说明这个人很有定力和驭心力。有了这样的定力和驭心力，就不愁他不会有成功的人生。但是，在日常生活中总有些人执着于两端，光想成功，害怕失败，那他们就会因为怕自己不能成功而产生焦虑或恐惧，受这种焦虑或恐惧心的折磨、困扰。如果一个人只在守境能守，在戒境能戒，在净境能净，那就不是真正的守、戒、净。如果一个人在不守境能守，在不戒境能戒，在不净境能净，这才是真正的守、戒、净。懂得并做到这一点，就具有真正的定力和驭心力，掌控自己，坚守自我，抛弃种种私心杂念，使自己的心保持清净，不受私心杂念和各种诱惑的侵袭或扰乱。"原来那种种杂念全是自己，自己对自己还有什么贪求吗？需要去排除吗？"（贾题韬，2011）倘若能够这样去思、去想、去做，就会逐渐内心明朗，想开了，思想通了。如此，烦恼、杂念就会逐渐消除，直至最后根断了，解脱了，再没有杂念烦恼来困扰自己了，心就会真正空灵明亮了。

三、儒文化心理化功思想的主要内容

儒文化心理化功思想主要体现在如下几个方面。

（一）化困境为磨炼机会和途径

孟子说："天将降大任于是人也，必先苦其心志，劳其筋骨，饿其体肤，空乏其身，行拂乱其所为，所以动心忍性，曾益其所不能。人恒过，然后能改；困于心，衡于虑，而后作；征于色，发于声，而后喻。入则无法家拂士，出则无敌国外患者，国恒亡。然后知生于忧患而死于安乐也。"（《孟子·告子章句下》）孟子在这段话中明确指出，人们要把所经历的艰难困苦的处境作为人将来能够承担大任应具备的心理素养的磨炼。例如，磨炼个体的心志，使其做到遇事不乱、处事不惊，增长以往没有的能力，达到"泰山崩于前而色不变，麋鹿兴于左而目不瞬"（《心术》）的境界，培养和增强人的智慧。遭遇困境之时正是培养和增强人们解决问题能力之时，只有个体尽力尽心想方设法改变困境，将困境带来的局限转化为解决困难的动力，发散思维，开阔自身眼界，才能在思考中增长智慧，有所作为。

司马迁说："盖西伯拘而演《周易》；仲尼厄而作《春秋》；屈原放逐，乃赋《离骚》；左丘失明，厥有《国语》；孙子膑脚，《兵法》修列；不韦迁蜀，世传《吕览》；韩非囚秦，《说难》《孤愤》。《诗》三百篇，大抵圣贤发愤之所为作也。此人皆意有所郁结，不得通其道，故述往事，思来者。"这段话明确表明将在困境中的不如意转化为发愤立德、立功、立言的动力的化功思想。

上述这些思想告诉人们一个朴素的道理：当个体面临挫折时，倘若能看到困境的积极之处，就会产生走出困境的需要和动机，由此想办法战胜困境，在这一过程中进德修业，从而使个体在应对挫折、解决问题、困境转化等方面的心理素养得以强化，为以后获得卓越成就、实现生命意义或人生价值奠定坚实基础。这就告诉我们，在遭遇挫折、困境时，不能一味怨天尤人，要对挫折或困境进行积极的认知，保持乐观向上的心态，积极进取，勇于拼搏，凭借积极认知、心态、情感、意志品质将那些看似对自身不利的因素转化为对自身有利的因素。

（二）化极端为适度

儒文化的心理化功思想中的"中和"主要表现为中庸之道，正如孟子所说的"无过无不及"，即过度和不及都不好。在一些事情上，如果过度可能会功败垂成，甚至走向极端，让好事变成坏事。如果不及就会使所做的事情无法达到最佳效果，甚至走向消极。也就是说，过度和不及都会让人做不好事情，甚至弄巧成拙。而适度才能使事情达到最佳效果。例如，在自我评价上，恰当的自我评价能够给个体带来自信，过高的自我评价会使个体自负，过低的自我评价则会使个体自卑。在应对困难上，怯懦是不及的表现，冲动是过度的表现，只有勇敢是适度的、中和的表现。中和将过度与不及转变为调和、折中，将极端转化为适度。因此，中和是一种积

极品质。

《礼记·中庸》指出："不偏之谓中，不易之谓庸。中者，天下之正道，庸者，天下之定理。""喜怒哀乐之未发，谓之中；发而皆中节，谓之和。中也者，天下之大本也，和也者，天下之达道也。"这是情绪"中和"之道，要求将人的情绪维持在"中和"水平，使情绪表达"适度""尽心""合礼"。"礼之大体，体天地，法四时，则阴阳，顺人情，故谓之礼。……有恩，有理，有节，有权，取之人情也。恩者仁也，理者义也，节者礼也，权者知也。仁义礼知，人道具矣。""三日而食，三月而沐，期而练，毁不灭性，不以死伤生也……以节制者也。"（《礼记·丧服四制》）对于哀伤过世的亲人，要做到"毁不灭性"及"节制"。这就是说，悲伤也是有一定的限度的，不走向极端，达到情绪"中和"的状态。无论干什么事，都应适宜、适中、适度。

儒文化的"中和"思想主要表现为允执厥中，即执两端而用其中，达到"无过无不及"，这与当代心理学研究相符合。美国心理学家埃利斯所创建的情绪 ABC 理论认为，激发事件 A 仅仅是触发情绪与行为结果 C 的间接因素，导致行为结果 C 的直接因素是行为个体对激发事件 A 进行认知还有评价继而产生的信念 B。合理的信念产生正面、积极的情绪，而不合理的信念则会产生消极负面的情绪。当代心理学研究表明，人们的心理问题的根源之一是心理的极端化，即糟糕至极、过分概括化、绝对化要求三个方面，不合理的极端信念一旦产生，人就容易走向极端。任何情绪，如果超过一定限度尤其是极端化，对人都是不利的，只有那些适度的情绪，才能为人的行为提供最佳动力。正如耶克斯 – 多德森定律所反映的，唯有合理信念产生适度的情绪，才能为人的行为提供最佳水平的动机，以达到工作效率的最佳水平；若情绪处于极端的状态，则不利于人们达到最佳工作状态。

对此，当代人要如何解决这种极端心理呢？儒文化的心理化功思想告诉我们，应将其转化为中和心理，即"损有余补不足"（《汉书·食货志上》），将过满的方面适当减少，将不足的方面适当增加。例如，在竞争上，如果没有竞争意识，人们奋进拼搏便没有动力；如果竞争意识太强，会使人们为了竞争而不择手段，并极有可能产生焦虑、内部竞争等问题；如果能够将那些太强的竞争意识减少一些，将太弱的竞争意识增加一些，将其转化为适度的、中和的竞争意识，就会发挥积极的动力作用，如此就会减少极端化给人们带来的负面影响，为人们提供动力，使人们的综合能力得到提高。

（三）化死亡焦虑或恐惧为实现人生价值和生命意义的动力

由于人有意识和自我意识，因此人能够认识到生命的短暂，而意识到死亡难免产生对死亡的恐惧或焦虑。既然如此，那该如何消除对死亡的焦虑或恐惧呢？对此，儒文化能够给予人们以积极启迪（Li & Du，2020b）。研究表明，儒文化对于死亡的态度是积极的，以追求不朽来应对死亡。儒文化将"修齐治平"作为人生目标，积极倡导通过立德、立功、立言获得不朽，其心理机制主要是升华，通过认知、心态、情感等的转化，将死亡焦虑转化为实现不朽的动力（Li & Du，2020b），进而对困境、危机等采取积极的应对方式，实现价值不朽、影响不朽、作品不朽（景怀斌，2006）。

儒文化的这一心理化功思想对人们建功立业、取得成功、完善自我有着极大的鼓舞作用，激励人们积极努力拼搏进取，实现人生价值，创造不朽业绩。这种向死而生的态度，实际上是注重生命意义感的提高，其实质是把人们对死亡的焦虑、恐惧等负面情绪转化为积极情绪，以此激励自身不断前进，积极思考人生价值，探索生命意义，以积极的态度看待岁月的流逝并化解它带给人的焦虑或恐惧。

（四）化艰难困苦为自强不息的磨炼机会

儒文化告诉人们要以一种乐观心态面对困难，通过自身努力克服艰难困苦，拥有不畏艰辛的精神。

孟子讲："仁者如射，射者正己而后发。发而不中，不怨胜己者，反求诸己而已矣。"[1] "爱人不亲，反其仁；治人不治，反其智；礼人不答，

---

[1] 出自《孟子·公孙丑章句上》，其意是说：仁者（的行为）要像射箭手射箭那样，先要端正自己的姿势，然后放箭。如果射不中，就做两件事：一是不要埋怨胜过自己的人；二是要反过来找自己的问题。

反其敬——行有不得者皆反求诸己，其身正而天下归之。[1]《诗》云：'永言配命，自求多福。'"在遭遇挫折或失败时，应从自身寻找原因和通向成功的办法。这是一种非常积极的归因，告诉世人在面临社会所带来的困难时要以正确归因代替埋怨社会、抱怨时代，通过正确归因给予自身不断学习、奋进向上的动力，化艰难困苦所导致的不良情绪为自强不息，充分利用现实境遇来不断磨炼自己，将自身遇到的困境转化为自身不断奋进的动力，以此激励自身不断学习，获取外界知识，增长知识与能力，增强心理韧性、抗挫折心理能力、承受力和包容心等积极心理素养。

（五）化巨大压力为心理势能

"地势坤，君子以厚德载物。"（《周易·上经·坤·象》）其中的"势"是一个静态的状况、情境所造成的一种心理影响力、威慑力等，体现在人的身上是一个人所表现出来的气势，可称为心理势能（李炳全和张旭东，2021）。

心理势能可以理解为一种对积极事物的趋向的动力。一个人站在平原上，可以站得很安稳。而一个人站在钢丝上，不知道自己处于一个危险的境地，就不会感觉到害怕；一旦觉察到自身处于一个危险的境地就会产生一种迫切想要脚踏实地的心理压力，这种心理压力可以转化为心理势能。孟子的"生于忧患，死于安乐"的思想告诉我们，一个人要想取得巨大的成就，就需要具有能够承载这种成就的心理势能，而这种心理势能是需要在很多次艰难困苦和巨大压力下磨炼出来的。例如，"做不了富人的后代，但我可以成为富人的祖先"的约翰·富勒经过了无数的折磨和羞辱，将这些巨大的心理压力转化为心理势能，最终换取了巨大的成功。由此可以看出，压力、挫折等消极事件到底对人起何作用及作用大小，取决于人有无心理

---

[1] 出自《孟子·离娄章句上》，这段话用现在的话说就是：我爱别人，别人却不亲近我，便反问自己仁爱是否足够；我治理别人，却没治理好，便反问自己知识智慧是否足够；我礼貌待人，可人家却不怎么搭理，便反问自己恭敬是否到位。任何事情没有达到预期的效果都要反躬自问。自己确实端正了，天下的人都会归附自己，这样就会获得幸福。

化功和化功的大小强弱（李炳全和张旭东，2021）。

（六）化懒惰为勤勉

儒文化强调人要勤勉，反对懒惰。依据儒文化，懒惰通常可以分为三种：（1）行为上的懒惰，主要是指无所事事，把所有的时间都用在安逸、享受上；（2）心理上的懒惰，即因为自我效能感较低乃至缺乏而使自己灰心、颓废，缺乏做事情的勇气和动力；（3）做事懒惰，即把时间和精力用在无关紧要的事情上而导致自己无所作为。

中国文化尤其是儒文化把勤勉作为人应该具有的品性或心理品质。《易经》说："君子以俭德辟难，不可荣以禄。"（《周易·象传上·否》）把俭朴的德行作为避免危难的方法和途径，也能防止给人带来祸患的奢靡腐化等行为。《易经》认为，天地万物都有顺与不顺、通与不通之时。不顺不通就要修身养德，不能过分彰显自己，这样才能渡过难关。儒文化经典《尚书》说，"惟日孜孜，无敢逸豫"（《尚书·君陈》），"克勤于邦，克俭于家"（《尚书·大禹谟》）。《左传》说："民生在勤，勤则不匮。"（《左传·宣公十二年》）司马光说："由俭入奢易，由奢入俭难。"（《训俭示康》）李商隐说："历览前贤国与家，成由勤俭破由奢。"（《咏史二首·其二》）所有这些都在强调勤勉的重要性，告诉人们要戒除懒惰，勤勉奋进，这样才能不断进德修业，成就自己。

对心理上的懒惰，要懂得增强自我效能感，除了可以通过获得丰富的经验代替以外，还要正确认识自身克服困难的能力，调节自身对困难的认知及所产生的情绪（郑雪，2014）。做事懒惰主要是由认识不清导致的，有些人在日常生活中总是会表现出忙忙碌碌的状态，但是事后又不知自己完成了什么。对此，儒文化告诉人们要积极明确并承担自己的社会责任或使命，根据自己所应承担的"齐家治国平天下"的社会责任或使命激励自己勤勉奋进，锤炼或强化社会所需要的心理素养，尤其是核心心理素养。

（七）通过反省把消极转变为积极

孔子指出，"三人行，必有我师焉。择其善者而从之，其不善者而改之"（《论语·述而》），"见贤思齐焉，见不贤而内自省也"（《论语·里仁》）。

这些论述中蕴含着关于把身边品行有缺陷的人作为加勉自身学习对象的化功思想。在面对社会快速变迁所带来的社会适应压力时，不同人有不同的应对方式。有人选择"内卷"，有人选择"躺平"，有人选择完善自我。完善自我者，通常积极学习借鉴他人的积极的应对方式，及时反躬自省是否有与他人相同的消极应对方式，将自身消极应对行为转变为积极应对行为，这样有利于人们在逆境中获取宝贵经验，提升自我。

四、儒文化心理化功思想的现实价值

综上所述可以发现，儒文化的心理化功思想对当今面临多方面压力的人们具有重要的现实价值。

（一）有利于树立进德修业的积极人生观

习近平总书记指出："中华优秀传统文化已经成为中华民族的基因，植根在中国人内心，潜移默化影响着中国人的思想方式和行为方式。"[1] 儒文化作为占据主导地位的中国传统文化，已经植根于中国人的内心深处，其心理化功思想所蕴含的社会责任感、使命感、拼搏进取精神、自强不息精神等塑造了一代代中国人的积极人生观。在这种积极人生观的指引下，人们在遇到了难以解决的困境或艰难困苦时不轻易服输，不放弃自我的主导权和对人生的热烈追求，勇往直前。

（二）有利于树立"向死而生"的积极价值观

如前所述，儒文化的心理化功思想中蕴含着"向死而生"的积极价值观和人生追求（Li & Du，2020a）。正因为人意识到生命短暂，所以才要积极地通过立德、立功、立言等创造生命价值，彰显生命意义。倘若做到了这一点，即使是人的生命逝去，其所创造的精神产品也会不朽，始终影响、激励后人不断前行，不断地把对死亡的焦虑或恐惧转化成超越自我、创造价值的巨大动力。

---

[1] 习近平.积极培育和践行社会主义核心价值观 [M]// 习近平谈治国理政：第一卷.北京：人民出版社.2023：241.

第三节　儒文化积极的死亡管理思想

如前所述，儒文化对死亡持积极心态，这种积极心态有助于人们消除对死亡的焦虑或恐惧，并将其作为实现人生价值和生命意义的动力。这对人的死亡焦虑管理具有十分重要的现实价值和积极意义。

一、死亡焦虑及其管理

在人类产生和发展过程中，借以把人类和动物区别开来的一个十分重要的标志就是意识与自我意识的产生。意识和自我意识是人所特有的心理，使人能够认知、规划、评价、反思、调整自己的行为，对自己进行审视。其中也包含对必死性的认知或意识。随着意识和自我意识的产生，人类的祖先发现自己不过是时间长河中的匆匆过客，总有一天自己的时间将会用完，生命必将随时间而结束。意识到死亡的必然性，会产生各种心理矛盾或冲突。其中最为突出的是弗洛姆（E. Fromm）所说的生与死的矛盾、人的潜能实现与生命短暂之间的矛盾（叶浩生，2014）。其中，生与死的矛盾是人类存在的基本矛盾，其他矛盾只是生与死的矛盾的一种体现。

当人类的祖先开始意识到自己将来必死，而又无能为力时，对死亡的恐惧或焦虑就会由此产生。另外，随着意识和自我意识的产生，人类发现未来充满不确定性。不确定性产生不安全感，由此也会产生对未来的恐惧或焦虑。尤其是当他们认识到自己和周围的人受疾病、伤痛、莫名其妙的伤害等的折磨，认识到自己和动物杀死同类和其他动物，会通过意识和自我意识反省或自居到自身，认识到自己也很有可能遭遇这样的事情时，也会加深人们对死亡的恐惧或焦虑。这种焦虑就是死亡焦虑，它是一种存在性焦虑，是人对自我存在的有限性即死亡的认识的结果。正因如此，人类在由野蛮时代进入文明时代及随后的发展过程中，都力图解决生与死的矛盾，以缓解乃至消除死亡焦虑，这就是死亡焦虑管理。通过对死亡焦虑的管理，死亡焦虑就对人类进化和发展发挥积极的动力作用。这种动力作用主要通过解决人类心理深处所包含的五对永恒矛盾——入世的与出世的（或现实的与理想的）、情感的与理性的、个体的与种类的、理智的与直觉的、历史的与伦理的矛盾来实现。不过，由于在世界各民族的进化、形成与发展过程中所生活的环境、面临和解决的生存问题等存在差异，他们解决这五对永恒矛盾的途径、方式或方法存在差异。"各民族解决这五对永恒矛盾的途径、方式或方法，构成了各民族的基本人生态度、情感方式、思维模式、致思途径和价值尺度。它们作为民族文化心理深层结构的'原始—古代积淀层'，成为不同民族的社会意识形态赖以相互区别的民族特点。"（许苏民，1990）这不仅形成各民族具有各自文化特色的知识结构和方法论体系，而且造就了各自的信仰体系和意识形态。其中包括具有各自文化特色的解决生与死的矛盾以解决死亡焦虑问题，即死亡焦虑管理的理念、途径和方法。中国的儒文化就是如此。

二、儒文化的死亡焦虑管理

儒文化的死亡焦虑管理主要通过血脉传承性、立德、立功、立言（高志强，2019）来得以实现。

（一）血脉传承性

血脉传承性是一种象征性不朽机制。象征性不朽实际上是不朽的引申或衍生的含义，即引申义或衍生义，它不是原义性不朽的那种个体生命（无论是肉体还是灵魂的）长久生存，而是指某些象征性的事物、特征或属性的长久延续。在象征性不朽中存在一种血脉传承性不朽，即通过繁衍生息而使生命基因不断延续。

既然单个生命无法永存，那就把生命的生殖繁衍视为生命的延续，生命一代代繁衍下去就被人们象征性地看作永存不朽。在这种思想指导下，人们追求生命不断地繁衍生息。其实质是通过对延续、对更长久的存在或实体的认同，如生命的延续等，以一种象征性的方式延续生命。中国儒家的"不孝有三，无后为大"（《孟子·离娄章句上》），就是这种思想的明确表达。

血脉延续是儒文化的一个重要议题，借由子子孙孙，保证血脉的世代延续，实现对生的追求和对死的超越。儒家就将人的有限个体生命与无限的血脉延续联系起来,将个人的生命价值与血缘关系的传承发展结合起来。因此中国人注重血缘关系,把天伦之乐作为人生的一个重要目标,并据此建立一个以血缘为基石的"世俗伦理"的宗法社会。在这样一个血缘维系的宗法社会里,人们不需要向外超越寄托人生,因为温情脉脉的社会大家庭足以弥补个人的孤独感,给予人不朽感,慰藉人的死亡焦虑或恐惧。

(二)立德

立德是树立道德标杆,即通过使自己成为社会上的道德典范而被历史铭记,被社会传承。它体现了儒文化道德至上的价值观,是象征性不朽中的价值性不朽的体现。价值性不朽或影响性不朽,即做出一定的贡献或影响或发挥一定的作用对后世持续产生影响以使自己不朽。即虽然死了,但影响还在,好像"活着一样"。因此,儒文化就通过把道德品行置于比生命还重要的地位来缓解死亡焦虑或恐惧。儒文化的"舍生取义""杀身成仁""饿死事小,失节事大"等思想就是把某些道德价值置于生死之上来对死亡焦虑或恐惧进行管理。

儒文化虽慎言生死,但是并不避忌死亡,在生死和大义面前,后者永远要强于前者。换言之,恐惧管理理论认为,人对死亡的恐惧会瓦解人类的各种社会行为,因而需要一定的心理防御。但是这种心理防御并不能真正消解死亡,只能压抑死亡焦虑;而儒文化强调仁义对死亡的终极超越,为了仁义,甚至可以放弃生命。由此可见,儒文化将仁义道德置于首要地位,而将死亡置于次要的地位,认为仁义道德才是做人的根本,是人的生命存在的根源性动力。正如孟子所说:"生,亦我所欲也;义,亦我所欲也,二者不可得兼,舍生而取义者也。生亦我所欲,所欲有甚于生者,故不为苟得也;死亦我所恶,所恶有甚于死者,故患有所不辟也。如使人之所欲莫甚于生,则凡可以得生者何不用也?使人之所恶莫甚于死者,则凡可以辟患者何不为也?由是则生而有不用也,由是则可以辟患而有不为也。是故所欲有甚于生者,所恶有甚于死者,非独贤者有是心也,人皆有之,贤者能勿丧耳。"(《孟子·告子章句上》)正是在儒文化的熏陶下,中国历史上无数仁人志士为了民族大义、人民大义,抛头颅洒热血。鲁迅先生说:"我们自古以来,就有埋头苦干的人,有拼命硬干的人,有为民请命的人，有舍身求法的人，……这就是中国的脊梁。"这与恐惧管理理论将死亡恐惧假设为人类的一种根源性的动力进而驱动各种社会行为的发生、发展有本质差异。除此之外，儒文化认为的死亡，并不总是消极和使人回避的，反而在某种情况下，死亡可以成为自我实现的一种方式，是通向"不朽"的道路之一。如为了大义或维护社会伦理道德而义无反顾地作出牺牲。利用道德价值实现对死亡的超越，是儒文化的死亡观与恐惧管理理论的一个根本区别。其实质是用社会性死亡取代个体性死亡。依据这样的儒文化价值观，人身死并不可怕，关键是死得要有价值，尤其是对社会有价值。

依据儒文化思想，"德"可以进一步拓展为人的修养或素养。立德就是确立和不断提升人的自我修养或素养，以达到儒文化的"内圣"精神境界。"内圣外王"是儒文化对个体提出的修行目标。"内圣"的"内"是指人的内在修养。"圣"指的是圣人。"内圣"是指个体的内在修养修炼达到圣人那样的水准，它是儒文化所讲的君子理想人格。儒文化所说的"圣人"，是指那些品德高尚、智慧超群、能力出众、心胸豁达、心态积极的人。这样的人因为合于道，故不畏惧死亡，也就不存在死亡焦虑或恐惧问题。这样，儒文化就从社会和伦理价值的角度消解了人对死亡的恐惧，用仁、义、礼、智、信等道德修养超越死亡，建构比生存更高级的社会文化需求。这与恐惧管理理论存在本质差异。该理论暗含和强调个体对文化世界的完全依附性对死亡恐惧消除的充分必要作用，其理论观点源于生物进化，死亡焦虑管理的方法源于整体的文化社会，解决问题的方式体现为象征性的心理防御机制。

（三）立功

立功是建功立业，具体地说就是建立功勋，取得成就，它是儒文化的"修身齐家治国平天下"思想的表达。其实质是象征性不朽中的群体性不朽和影响性不朽的这种内在心理机制的体现。如果说立德是"内圣"，那么立功就是"外王"，即能推行王道，成就王业。"外王"是儒文化所讲的君子的志向与抱负，尤其是所要承担的社会责任。由低到高依次表现为齐家、治国、平天下。如果个体能够取得这样的成就，那就不虚此生，死而无憾了。这样，儒文化就通过对死亡焦虑的管理，把死亡焦虑升华为积极承担社会责任、建功立业的巨大内在动力，将有限的个体生命与无限的社会事业和社会责任联系在一起，将有限的个体与无限的群体结合在一起，将有限的个体价值与群体和社会发展紧密结合起来。这不仅能够使个体免除孤独感，感到心灵充实，而且能够获得不朽感。

儒文化的这种做法能够积极满足弗洛姆所讲的关联需要、超越需要、寻根需要、同一感需要、定向与献身需要，形成爱、创造性、生存根基厚实感、自主性与独立性、理性等积极心理品质，产生自我整合感和完美感，使人觉得这一辈子活得有价值、生命有意义。这与恐惧管理理论有本质差异。恐惧管理理论从进化视界把死亡视为生存威胁性事件，由于人们恐惧死亡，因此在面临死亡时总是会趋生避死，从而采用象征性的防御方式来应对死亡、缓解死亡焦虑。儒文化是把死亡升华为建功立业的内在动机，给予人拼搏进取、战胜艰难险阻、建功立业以巨大内在动力。

（四）立言

立言是著书立说，建构思想或方法等。其内在的死亡焦虑管理机制是象征性不朽中的思想性不朽和作品性不朽。思想性不朽是指创造能够被后人传承和发展的精神或文化思想。例如，孔子创建的儒家思想、惠能建立的禅宗思想、克尔凯郭尔（Kierkegaard）提出的存在主义思想等，都在历史长河中延续下来，使他们"享万世香火"。作品性不朽是指创造能被永久传递的作品、技艺、方法、工具等，使自己随它们而长存。比如，鲁班为工匠之祖。

立言是儒文化所强调的死亡焦虑管理的重要途径或方法，其实质是通过建立有影响的思想学说、方法、技艺、产品等而使个体名留青史。中外历史上的思想家、名匠、方法和工艺技术的发明者和创造者，之所以能够被历史传承而不朽，其中的原因就是他们的"立言"。这样，儒文化的死亡焦虑管理就把个体有限的生命与创造或发明有长期历史影响的产品尤其是精神产品联系在一起，将个体有限的价值与无限的思想、方法、技艺发展联系起来，把死亡焦虑升华为人创造发明的内在动机，进而产生不朽的成就感。

三、小结

综上所述，儒文化的死亡焦虑管理是具有中国文化特色的富有现实价值和时代意义的死亡焦虑管理思想，它主要通过血脉传承性、立德、立功、立言等方式或途径来实现死亡焦虑的升华，使人产生不朽感。其心理机制主要是升华。依据儒文化的死亡焦虑管理思想，死亡焦虑或恐惧不是消极的而是积极的，它是人积极拼搏、自强不息的内在动机，对人的建功立业、创造发明、提升精神境界有巨大的刺激或激励作用。因此可以说，儒文化的死亡焦虑管理思想具有积极的教育价值，对预防自杀尤其是青少年的自杀和对生命的漠视（罗羽和张慧兰，2018）具有十分重要的意义。它可以作为教育尤其是生命教育的重要内容和途径。

第五章　儒文化的德文化心理

儒文化重德，以"仁为核心"，其价值观内涵——仁、义、礼、智、信、孝、悌、恕、忠、廉、耻等都是"德"的具体表现形式，故此，在一定意义上可以说儒文化就是一种德文化。正因如此，研究儒文化心理，不能不弄清德文化心理。

第一节　"德"在儒文化中的地位及其价值

对儒文化进行分析可以发现，伦理道德是儒文化的主要内容。在中华民族的发展历程中，"德"对人们的进德修业、修身养性和培养一代代有良好德操的中国人具有十分重要的价值。正因如此，"德"至今仍然受到人们的重视，在为人处世、教育、国家治理中发挥着重要的作用。

一、"德"是儒文化心理的核心

儒文化从诞生之日起，就确立了以"仁"为中心的"德"的思想理念，在其发展过程中，"德"的地位进一步得以巩固。

孔子的思想学说以"仁"为核心，"仁者爱人"（《孟子·离娄章句下》），意思为仁人是充满慈爱之心，满怀爱意，具有大智慧、人格魅力，善良的人，"爱人"是利他的德行。孔子说："道之以德，齐之以礼，有耻且格。"（《论语·为政》）"好善而恶恶，天下之同情，然人每失其正者，心有所系而不能自克也。惟仁者无私心，所以能好恶也。""心诚在于仁，则必无为恶之事矣。""苟志于仁，未必无过举也，然而为恶则无矣。""好仁者真知仁之可好，故天下之物无以加之。恶不仁者真知不仁之可恶，故其所以为仁者，必能绝去不仁之事，而不使少有及于其身。此皆成德之事，故难得而见之也。"（《论语集注·里仁》）上述内容都告诉人们，"仁"是"德"，故此可以说，"德"为孔子思想学说的核心，孔子尚德、崇德、好德。孔子说："君子哉若人！尚德哉若人！"（《论语·宪问》）。孔子明确提出君子尚德思想，把尚德作为君子的品质。尚德是一种心理追求，是对"德"理性肯定的心理趋向，是从理智上确认善有善报的因果关系进而把积德行善作为追求个人幸福的生活方式。在回答子张如何崇德辨惑时，孔子说："主忠信，徙义，崇德也。"（《论语·颜渊》）崇德是提升德行，属于动机或内驱力性质，是一种驱动自己从事德行实践活动的能力及培养，它必须依靠定向的感性经验的积累，即坚持欲立的德行实践，才能强化欲立的那种德行的定式乃至使之稳固化。好德是把德行习惯化为动力定型和自动化的行为模式，并因从德行中获得极大的乐趣而养成行德的习惯，进而内化为心理特质或人格特征。

孟子的思想学说以"义"为核心，"义"是正义，公正合宜的道理，是"德"的重要方面，所以可以说孟子的思想学说也是以"德"为核心。他说："以善服人者，未有能服人者也；以善养人，然后能服天下。天下不心服而王者，未之有也。"（《孟子·离娄章句下》）孟子十分明确地阐明"德"的重要性。孟子的认知路径是"尽心→知性→知天"，他所说的"天"，是人的仁、义、礼、智的天生的本性，人只要"尽心"，就能明白内在的仁、义、礼、智、德性——知性，进而明了"天"所具有的"生养万物而不自恃"的德性。这就是说，孟子所说的"心""性""天"是统一的，"性"是人的天生本性，是"天"的"生养万物而不自恃"的德性在人身上的体现；"心"是人天生具有的德性的发展扩充而成的良心，即由"四心"发展而来的仁、义、礼、智的德性；人们可以通过对良心的认知体认而认识到天的德性。所以，孟子说："万物皆备于我矣，反身而诚，乐莫大焉。强恕而行，求仁莫近焉。"（《孟

子·尽心章句上》）

　　荀子的思想学说以"礼"为核心，"礼"是礼法，即约束人们的行为使其符合社会道德规范的社会典章制度，规定社会行为的规范、传统习惯。他说："人无礼则不生。"（《荀子·修身》）"礼者，人道之极也。"（《荀子·礼论》）"礼者，所以正身也。"（《荀子·修身》）把"礼"作为人生之本，人之所以为人的标准，人的根本行为准则，无礼就无以为人（肖雁，2002）。"将原先王，本仁义，则礼正其经纬蹊径也。若挈裘领，诎五指而顿之，顺者不可胜数也。"（《荀子·劝学》）将礼视为诸德之纲或统帅，纲举目张，就如同用手提起皮衣领子抖动，把裘衣上数不清的裘毛全都理顺一样。可见荀子对以"礼"为中心的"德"的重视。《荀子》一书提到"德"有102次，可见他多么重德尚德崇德。他说："生乎由是，死乎由是，夫是之谓德操。德操然后能定，能定然后能应，能定能应，夫是之谓成人。天见其明，地见其光，君子贵其全也。"（《荀子·劝学》）所以他规劝人们一定"务修其内而让之于外，务积德于身而处之以遵道"（《荀子·儒效》）。可见，"礼"是"德"，故可以说"德"是荀子的思想学说的核心。

　　儒家认为："礼者，天理之节文也。为仁者，所以全其心之德也。盖心之全德，莫非天理，而亦不能不坏于人欲。故为仁者必有以胜私欲而复于礼，则事皆天理，而本心之德复全于我矣。"（《论语集注·颜渊第十二》）这样，由孔子创立，经由孟子、荀子等人的发展，逐渐形成"仁、义、礼"的德文化思想体系（黄光国，1998）。《中庸》指出："为政在人，取人以身，修身以道，修道以仁。仁者，人也，亲亲为大。义者，宜也，尊贤为大。亲亲之杀，尊贤之等，礼所生也。"这明确告诉人们，"亲其当亲"是"仁"，"尊其应尊"是"义"，"尊贤之等"是"礼"（黄光国，1998）。所有这些方面都是"德"的体现。儒文化的"仁、义、礼"的核心思想体现在社会治理上是"为政以德"，即实施仁政，也就是德治、礼治。

　　上述分析表明，儒文化非常重视"德"，即人的德行或道德品质，把"德"置于其思想的核心和首要位置。儒文化认为，人可以无才，但不能无德，只有才而无德，这样的人更危险，对社会的危害性更大。宋代思想家、政治家司马光指出："才者，德之资也；德者，才之帅也。……是故才德全尽谓之圣人，才德兼亡谓之愚人，德胜才谓之君子，才胜德谓之小人。

凡取人之术，苟不得圣人、君子而与之，与其得小人，不若得愚人。何则？君子挟才以为善，小人挟才以为恶。挟才以为善者，善无不至矣；挟才以为恶者，恶亦无不至矣。愚者虽欲为不善，智不能周，力不能胜，譬之乳狗搏人，人得而制之。小人智足以遂其奸，勇足以决其暴，是虎而翼者也，其为害岂不多哉！"（《资治通鉴·周纪》）司马光明确强调德的优先性。在他看来，做人应以德为先，领导者用人时最好是德才兼备之人，如果德才不能两全，则选用德胜过才的人。正因如此，儒文化一直重视做人的教育，特别强调人的德性的修炼和培养，人的精神境界的锻造与提升。儒家经典《大学》指出，"大学之道，在明明德，在亲民，在止于至善"，明确把明德置于首要和中心任务，强调教育的任务在于培养亲民的人，培养止于至善的人。那么，如何做到亲民？如何能够亲民？这就需要具有亲民的素养，这一素养就是"德"，即德性。

二、儒文化的德文化心理的历史价值及其地位

由于儒文化一直处于中国文化的主导地位，因此，在其作用下形成了中国重德的优秀文化传统和教育传统，形成中国社会普遍心态，"德"成为中国文化对人的最基本也是最重要、最普遍的要求，构成儒文化乃至整个中国文化人格最重要、最普遍、最基本的特点。在中国，无论是社会要求，还是教育和个人的学习，都首先要培养或形成德性。我国著名教育家陶行知先生说道："千教万教，教人做人；千学万学，学会真人。"（荆世华，1991；于月洁和栾奕，2001）可见，他把育德放在十分重要的地位。中国社会普遍认为："千教万教，教做人；千学万学，学报恩。"这里的"做人""报恩"，实际上就是人应该具有的道德品质，其行为符合社会道德规范的要求，如正直、廉洁、公平、忠诚等。

综上所述，在儒文化的主导下，立德树人逐渐成为中国教育的优秀传统，当代中国教育也不例外，把"立德树人"作为根本任务。中国共产党第十八次全国代表大会报告首次把"立德树人作为教育的根本任务"（顾明远，2014；赵新法，2012），把"全面提高公民道德素质"确立为"社会主义道德建设的基本任务"（人民网，2012）。习近平总书记多次强调"立

德树人"，不断丰富和深化"立德树人"的内涵。他在党的十九大报告中指出："要全面贯彻党的教育方针，落实立德树人根本任务……加强思想道德建设。人民有信仰，国家有力量，民族有希望。要提高人民思想觉悟、道德水准、文明素养，提高全社会文明程度。广泛开展理想信念教育，深化中国特色社会主义和中国梦宣传教育，弘扬民族精神和时代精神，加强爱国主义、集体主义、社会主义教育，引导人们树立正确的历史观、民族观、国家观、文化观。深入实施公民道德建设工程，推进社会公德、职业道德、家庭美德、个人品德建设，激励人们向上向善、孝老爱亲，忠于祖国、忠于人民。"[1] 习近平在党的二十大报告中指出："育人的根本在于立德。全面贯彻党的教育方针，落实立德树人根本任务"，"实施公民道德建设工程，弘扬中华传统美德，加强家庭家教家风建设，加强和改进未成年人思想道德建设，推动明大德、守公德、严私德，提高人民道德水准和文明素养"[2]。为落实"立德树人"的目标，2014 年教育部印发的《关于全面深化课程改革落实立德树人根本任务的意见》，首次提出"核心素养体系"，开始将核心素养作为立德树人的目标的具体化（人民网，2016），专门组织专家成立联合课题组对之进行研究。在 2016 年的全国高校思想政治工作会议上的讲话中，习近平总书记"把立德树人作为中心环节"，强调"全程育人、全方位育人"（新华网，2016）。在 2018 年的全国教育大会上，总书记把"立德树人"作为解决"培养什么人、怎样培养人、为谁培养人这一根本问题"的根本途径和内容（央广网，2108）。

综上所述，立德树人是中国文化的永恒的教育价值追求（张丽波，2018），是中国文化的教育之本。从中国文化的基本思想来看，德性是中国文化对人的最基本也是最重要、最普遍的要求。由于人格的首要特性是其社会性，它是人社会化的结果，是在社会中形成与发展的，因而德性成

---

[1] 习近平. 决胜全面建成小康社会 夺取新时代中国特色社会主义伟大胜利——在中国共产党第十九次全国代表大会上的报告 [EB/OL]. （2017−10−27）[2022−07−21]. http://www.gov.cn/zhuanti/2017−10/27/content_5234876.htm.

[2] 习近平. 高举中国特色社会主义伟大旗帜 为全面建设社会主义现代化国家而团结奋斗——在中国共产党第二十次全国代表大会上的报告 [N]. 人民日报，2022−10−26.

为中国人人格最重要、最普遍、最基本的特点。曾仕强（2008）先生认为："中国人……提倡典范，重视道德。'君子爱财，取之有道'，'大位有德者居之'……一个中国人，如果不讲良心道德的话，是很难在中国生存发展的。中国人不重视有形的东西，凡是有形的东西，对中国人来说迟早都会变成形式化的东西。我们只靠无形的东西彼此约束，约束别人，也约束自己。"这充分说明德性在中国人的人格中的中心性作用和儒文化中"德"的价值或意义。

第二节　基于字源的儒文化中"德"的含义

语言文字是文化的载体，也是文化的重要组成部分，无论是人类的心理形成和发展，还是个体的心理形成和发展，都是创建、掌握符号尤其是语言符号并通过符号的相互作用（即符号互动）来实现的，文化实际上就是人创造的符号表意系统。心理学、语言学等众多学科的研究表明，人的心理活动尤其是高级心理活动主要是符号活动，是创建或制造、运用、操作符号的过程，因此以人的心理和行为为研究对象的心理学必然要研究符号活动。正因如此，科学心理学从诞生之日起就把语言作为研究人的心理尤其是高级心理机能的重要途径和手段。基于此，对"德"的含义理解也应当从字的本义尤其是字源上进行分析。在字源上，甲骨文中的"德"由"彳"和"直"构成。其中"彳"代表行走，"直"字像一只眼睛上面有一条直线，代表眼要看正，因此，二者合一的意思是"行得要正，看得要直"。后来，金文在下面加上"心"，其义是按照正直的准则去想、去做，即"心"按正道进行心理活动和采取行动，由此符合正道的心理特征或心理品质和行为就是"德"，它们是"德性"。由于是按"道"行动、做事，所以"道"和"德"联系在一起构成"道德"。"德"和"道德"同义，"德"是"道德"的简称。基于此，要厘清"德"或"道德"的含义，需要弄清什么是"道"。

一、"道"的内涵

"道"是中国文化的基本核心概念之一，是中华民族在历史发展过程中为认识自然和人以为己所用而创造的一个词，是最能体现或代表中国文化理念的概念，中国文化中的道、儒、法、兵、阴阳、墨、名、杂、佛等百家思想都是以"道"概念为基础衍生发展出来的（黄光国，1998）。由此看来，"道"是中国文化的一个本体性概念，在中国文化中具有本体论意义。

作为本体论意义上的"道"是一切事物和非事物自己原本就是如此，是万事万物的运行轨道或轨迹，也可以说是事物变化运动的场所和规律。"道"的本义是"自然"，也就是说"自然"便是道。"自"是"自己"之义；"然"是"如此""这样、那样"之义。"自然"是自然而然，也就是事物是它自己本来就是如此的样子，事物的变化、演变原本就是如此。就如同柏拉图（Plato）所说的"美本身""善本身"那样具有永恒的、无始无终的、不生不灭的、不增不减的性质（李炳全和张旭东，2019；李炳全 等，2018）。例如，日月无人燃而自明，星辰无人列而自序，禽兽无人造而自生，风无人扇而自动，水无人推而自流，草木无人种而自生，动物不刻意去呼吸而自呼吸，心不有意去跳而自跳，等等。不可尽言皆自己如此。这就是说，"道"是所有的一切事物和非事物不约而同地共同遵循某种东西。它是变化之本，不生不灭、无形无相、无始无终、无所不包，其大无外、其小无内、过而变之、亘古不变。它在开始时是没有名字的即始无名，只是中国的先祖们为了讲述、理解的方便而给它冠名为"道"。所以，"道"是自然运行之道，也就是现在人们说的自然规律或自然法则，即"大道"或"天道"。"大道"或"天道"是事物形成与发展的自然法则或规律，不管人们认识不认识，它都是那样。正如阴阳相生相克的对立转化规律那样。也就是说，单独的阴和阳都不是"道"，阴和阳合起来也不是道，只有阴与阳的相互转化而孕育万物之规律才是"道"。所谓大道无形，不可言说。能言说的只是人们对"道"的认识，即人们只能把自己对道的认识说出来，但说出来的还不是对"道"认识的全部，而只是人认识中的能够转化成语言部分的认识。

综上所述，"道"是万事万物运行的自然之道，即事物运动变化之规律。规律是自然界和社会诸现象之间必然、本质、稳定和反复出现的关系，事物之间的内在的必然联系，决定着事物发展的必然趋向（中国社会科学院语言研究所词典编辑室，2015）。实际上"道"是事物产生、发展、变化所遵循的一般法则。这种关系、联系或法则不断反复出现，在一定条件下起作用，决定着事物必然向着某种趋势发展。规律是客观的，是不以人的意志为转移的，不管人们认识还是认识不到它，它都是客观存在的，都是它自身的样子。尽管规律是客观的，但它可以为人们所认识和利用。因为人具有主观能动性，有思维这样的心理活动。换言之，人在客观规律面前并不是完全消极被动的，人们在实践中可以通过大量的外部现象认识或发现客观规律，并用这种认识指导实践，即应用客观规律来改造自然，改造社会，为社会谋福利。人们若能够认识并利用规律，做事情遵循规律或按规律来做，做事情就比较容易获得成功。反之，倘若违背规律，做事情就会遭遇挫折或失败。这就是说，"道"虽然不以人的意志为转移，但人们是否认识并遵循"道"，对人来说非常重要。人认识到"道"，人就会依道而行，进而把事情做好。这就是"德"。反之，人若背道而驰，不依道而行动、做事，行歪门邪道，那就不仅事情做不好，而且会使事情变得更糟，对自然、社会、他人造成危害。这就是"邪恶"。

《周易·系辞上》指出："一阴一阳之谓道，继之者善也，成之者性也。仁者见之谓之仁，知者见之谓之知，百姓日用而不知，故君子之道鲜矣！显诸仁，藏诸用，鼓万物而不与圣人同忧，盛德大业至矣哉！富有之谓大业，日新之谓盛德。生生之谓易，成象之谓乾，效法之谓坤，极数知来之谓占，通变之谓事，阴阳不测之谓神。"[1]综合各家之言，并根据《易经》《道德经》

---

[1] 这是《周易·系辞》中的一段论述，相传是孔子所作的七篇阐发和总结《周易》论述中思想水平最高的作品，其中引用了不少孔子的论述，应当经过了孔子及其之后儒家的整理，可以说《系辞》是先秦儒家认识论和方法论的集大成。《系辞》是《周易》经文之外全书原理的通论。以"一阴一阳之谓道"立论，说明任何事物都具有两重性，肯定自然界存在阴阳、动静、刚柔等相反属性的事物；提出"刚柔相推而生变化""生生之谓易"的观点；认为相反事物的"相幸""相荡""相推""相感"等相互作用是事物变化的普遍规律，是万物化生的源泉。

中的中国文化思想，可对这段话作如下解释：阴和阳相生相克的变化规则就是"道"，按照这样的"道"来做任何事情都能把事情做好[1]，按照此道生成或形成的性质或特性就叫作"性"[2]。"道"包罗万象，生成万物，仁爱的人从"道"中发现仁爱的思想和方法，即见到"仁"；智慧的人能从"道"中发现智慧并据此增长自己的智慧，即见到"智"；普通老百姓在日常生活中不自觉地按照"道"来做事但却对"道"茫然不知，所以知道成为君子[3]的途径和按君子的准则去做事的人就非常罕见了。"道"在人世间显现出来就是仁德，即"道"外在表现为仁，在未显现时潜藏于日常的生活中而没有被人们察觉，自然而然地鼓动化育万物而无所谓忧虑，这与圣人通过对"道"的体悟而产生的忧患之心有所不同。不过，圣人通过效法"道"而成就盛美德行和宏大功业！按照"道"来行事而成就一番事业是宏大功业，按照"道"不断更新并提升自己的德行和开悟民智、觉醒民众是盛美德行。阴阳转化而生生不息就是易（变化生化之法则），画卦成为天的象征叫作乾，画卦仿效地的法则叫作坤，按照"道"去穷究预知未来叫作占筮，追寻"道"求真务实，具体情况具体分析，顺应时势的变化作相应的灵活变通是顺势而为或按照事态发展变化而作为，阴阳矛盾变化不可测定就被称为神。

　　对这段话进行分析，可以看出它包含如下两方面的内容：（1）人们对道的认识、利用各不相同，由此为人处世的效果也就有了千差万别。综观

[1] 在这里，"善"是"顺天修道，顺阴阳，合天道"，唯有如此，无论是维护身体健康，还是处理人际关系，还是做事情，都能取得好的效果。

[2] 这里的"性"是指各种各样的事物的"本性"，比如"水善利万物而不争，处众人之所恶，故几于道"。"性"也包括人性，人性是天道赋予人的这种善得到完成和显现，或者说人秉受天道之善而形成的与"道"相符合的性质。

[3] 君子是儒家所认为的理想人格标准，在今天也常常作为衡量一个人好坏的标准。按照儒家思想，君子应具有的心理特质有"仁、智、勇"，用孔子的话说"君子道者三，我无能焉，仁者不忧，知（智）者不惑，勇者不惧"（《论语·宪问》）。意思是说：仁德之人，心存他人，对什么都看得开，放得下，因而不会有忧愁或担忧。就如同谭嗣同等仁人志士那样，连死亡都不畏惧。有智慧之人明白事理，知道自己该干什么，能干什么，怎么干，因此没有困惑，尤其对自己的人生没有困惑。勇敢之人，有胆量和勇气，坦然面对艰难困苦乃至死亡，因此无惧，不怕苦、不怕累、不怕难、不怕死。"仁、智、勇"在君子身上是统一或一体的。

古今中外，所有伟大思想家如老子、孔子、苏格拉底、柏拉图等的思想莫不如此。尽管他们的思想影响至深、至广、至远、至长，但在任何历史时期都会有不同意见或反对之声。这就是"仁者见仁，智者见智"之义。这种认识的结果或看法会由于人的认识不同而有对错、正误、好坏之分。（2）"道"在人类社会中的表现是"德"，"德"表现为个体自身遵循"道"而不断超越自己，提升自己的心境界，以及觉醒民众，开启民智。

二、基于"道"的"德"的含义

依据上述分析，"德"是按照正确的"道"行动、做事、处世，是"道"在人身上的体现。对此，可以做如下三方面的诠释。

（一）"德"是"道"在人身上的体现——人性

依据《易经》和老子、孔子等人的思想，幽隐无形的"道"无处不在，是万事万物生长、发展或演变的规律，主宰着事物的发生和发展，显现于万事万物之中。尽管万事万物遵循的"道"相同，但"道"在万事万物中的显现形式或方式各不相同。万事万物遵循的"道"都是阴阳相生相克之道或法则，但阴阳相生相克的形式或方式是多种多样、变化无穷的，由此形成千差万别的事物，这样万事万物就从"道"那里获得各自特殊的性质和发展变化规律。这种事物因"道""所得的特殊规律或特殊性质"就是"德"。这是对"德"最为广义的界定。按照这一界定，水、火等世界上包括有生命和无生命的所有事物都具有"德"。管仲指出："德者，道之舍。物得以生生，知得以职道之精。故德者，得也；得也者，其谓所得以然也。以无为之谓道，舍之之谓德，故道之与德无间，故言之者不别也。"(《管子·心术上》)他明确表达出"德"是"道"的表现或体现，"道"是无形的"德"，"德"是有形的"道"，是"道"入驻的地方。这就好像人的身体与精神的关系那样，身体是精神的居所，精神通过身体来表现或体现。

前已有述，"道"在中国文化中具有本体论意义，它是万事万物的根源或本原，万事万物由其创生；"德"是万事万物从"道"那里获得的特征或属性，即万事万物获得自己的"道"，形成自己的"德"，而"道"

本身则无所增、无所减，既不得也不失。万事万物依据"德"（即"道"）赋予的本性发展成为各自独特的存在形态，这就是"器"。换言之，"德"源自"道"，"道"是因，"德"是果，"德"是"道"一般规律的体现，是"道"在具体的事物上具体化、特殊化的运动变化规律或本质特性，或者说具体事物的运动变化规律或基本性质或特征。这些具体事物的基本性质或特征依据"道"而形成相生相依关系，这就是"德"。

《易经》指出："乾道变化，各正性命。"（《周易·象·传上·乾》）其义是说，"道"的运行形成万物，万物因道的运行各得其性命之正。"道"在生成万物时所赋予万物的是"性"，即"道"给予并体现在它们身上的"德"。万物接受这一"性"后在自己身上所表现出来的是"命"。如果说"性"像一颗种子，那么"命"就是这颗种子的生根发芽、开花结果、枯萎死亡的生长全过程。因为"道"的作用，使所有事物都具有了各自的禀赋或禀性，即"德性"，在生长过程中因受到各种因素的作用形成了各自的品性，即"命"。人也是如此。"道"给予人的是"性"，也就是中国文化认为的人的天性、本性，即中国文化尤其是禅宗讲的自性，它是人的自然之性，也就是人所具有的德性，是"道"在人身上的体现。孔子说："天生德于予，桓魋其如予何？"（《论语·述而》）他认为"德"是秉承天道而来的。"为政以德，譬如北辰，居其所而众星拱之。"（《论语·为政》）"德"是顺应天道的，实施德政，实际上就是顺应天道而施政，这样就能使施政者有凝聚力、影响力，使民众有向心力。孟子说："水信无分于东西，无分于上下乎？人性之善也，犹水之就下也。人无有不善，水无有不下。今夫水，搏而跃之，可使过颡；激而行之，可使在山。是岂水之性哉？其势则然也。人之可使为不善，其性亦犹是也。"（《孟子·告子章句上》）他明确告诉人们，"道"所给予人的本性或天性是善性。水的天性是向低处流，人的天性是善性；人没有不向善的，就如同水没有不向低处流那样。人之所以没有向善而做坏事，实际上就像水受到外力的作用飞溅起来或流向高处那样。正如老子说的："水利万物而不争，处众人之所恶，故几于道。"（《道德经》）

《中庸》所说的"天命之谓性，率性之谓道，修道之谓教"。天命是"道"（这里的"道"是"大道""天道"），赋予人禀赋，即人的先天

禀赋，是"大道"或"天道"在人身上的表现。这样的先天禀赋就是"天道"给予人的基本属性，即人的本性、自性等，亦即人的"德性"，是"大道"或"天道"在人身上的具体化。人遵循先天赋予自己的本性或自性来做事，把先天的本性或自性逐步展现或发展出来，便是"道"。不过，这个"道"是人道，是"天道"或"大道"在人身上的具体化，即"天道"或"大道"赋予人的作为人的本质属性和形成发展规律，心理发展规律也包含在其中。因此可称为人的发展之道，它是一个过程，这一过程是对"天道"或"大道"赋予人的先天禀赋（潜能、潜力）的不断挖掘展现的过程。如果依据人的先天禀赋和形成与发展规律对人进行培养，就能把人的潜能或潜力不断地培养、激发出来，使人健康和谐地发展，这就是教育或教化。对于个体来说，便是自我教育或自我教化，即个体的修道过程。反之，违反"大道"或"天道"赋予人的先天禀赋和发展规律，对于个体来说就无法健康发展，把自己的潜能或潜力充分地挖掘展现出来，并有可能出现畸变甚至夭折；对于教育来说，就难以取得好的教育效果。正因为"道"赋予人以独特特性，因此每个人都应做好自己，把"道"给予自己的独特性充分地发展、展现出来，成为并成就一个独特的自己，做出自己特有的贡献，实现自己独有的对社会、民族或国家乃至全人类的价值，彰显自己的生命意义。这就是个体的"德"，"天生我材必有用"说的就是这个意思。在这一意义上可以说，对个体而言，认识并实现自己独特的生命意义和人生价值尤其是对家庭、民族、国家、全人类、生态系统的价值，就是具有德性，价值越高越大，德性就越高越淳厚；对于教育而言，把受教育者的独特的生命意义和人生价值挖掘、培养，并促进其实现，那就是德行；对于社会而言，为人们提供实现生命意义和人生价值的机会或舞台，营造每个人都能够充分发展的环境，那就是"德"。这与马克思的人的全面发展的思想是一致的。

郑玄认为天命就是性命。他对《中庸》的注解中说道："天命，谓天所命生人者也，是谓性命。"不过，中国传统文化尤其是儒家文化一般都把它理解为人的善性。中国文化中占据主导地位的"人之初，性本善"的性善论便是如此。《诗经·大雅·荡之什·烝民》说道："天生烝民，有物有则。民之秉彝，好是懿德。"这句话明确指出人的德性是与生俱来的。

孟子认为，人的天性本善，这是"道"给予的。他说："仁义礼智，非由外铄我也，我固有之也，弗思耳矣。"（《孟子·告子章句上》）"口之于味也，有同耆焉；耳之于声也，有同听焉；目之于色也，有同美焉。至于心，独无所同然乎？心之所同然者何也？谓理也，义也。圣人先得我心之所同然耳。故理义之悦我心，犹刍豢之悦我口。"（《孟子·告子章句上》）"口之于味也，目之于色也，耳之于声也，鼻之于臭也，四肢之于安佚也，性也，有命焉，君子不谓性也。仁之于父子也，义之于君臣也，礼之于宾主也，智之于贤者也，圣人之于天道也，命也，有性焉，君子不谓命也。"（《孟子·尽心章句下》）孟子的这些话明确告诉人们：（1）"道"具体化在人身上的"性"（即"德"）就是人的善性，是与水等外物的"性"一样由"道"先天赋予的，是人的本性；（2）每个人都有先天德性，只要在后天把先天德性加以发展，都可以成为德性厚实的人。这与孟子主张的"人皆可以为尧舜"（《孟子·告子章句下》）一致。这说明，在孟子看来，"德"是人的先天本性。不过，虽然"德"是人的先天本性，但很容易受到内外因素的影响而改变。人要成为圣贤之人，就需要明白并不断挖掘增厚自己的德性，把自己的私心欲望所提供的心理能量引导到正确的道上。这一过程即是"明明德"，与禅宗讲的"明心见性"异曲同工。

程颢认为："有德者，得天理而用之，既有诸己，所用莫非中理。"（《河南程氏遗书·卷第二上·二先生语》）他明确把"德"与"天理"等同，认为"德"是人获得"天理"并遵循"天理"而为人处世。

张载指出："德者得也，凡有性质而可有者也。"（《正蒙·至当》）"德"是事物从"道"那里获得的性质或本性，是事物可以拥有的性质。"至当之谓德，百顺之谓福。德者福之基，福者德之致，无入而非百顺，故君子乐得其道。循天下之理之谓道，得天下之理之谓德，故曰'易简之善配至德'。"（《正蒙·至当》）其明确把"德"视为明悟懂得"道"，"德"是道的体现。

王阳明把天命诠释为良知。他在《〈大学〉问》中说道："大人者，以天地万物为一体者也。其视天下犹一家，中国犹一人焉。若夫间形骸而分尔我者，小人矣。大人之能以天地万物为一体也，非意之也，其心之仁本若是，其与天地万物而为一也，岂惟大人，虽小人之心亦莫然，彼顾自小之耳。……是其一体之仁也，虽小人之心，亦必有之。是乃根于天命之性，而自然灵昭不昧者也，是故谓之'明德'。小人之心，既已分隔隘陋矣，而其一体之仁犹能不昧，若此者，是其未动于欲，而未蔽于私之时也。……故夫为大人之学者，亦惟去其私欲之蔽，以自明其明德，复其天地万物一体之本然而已耳。非能于本体之外，而有所增益之也。"这是对王阳明的"万物一体"和"人人皆圣人"思想的明确表达。在这里，王阳明十分明确地指出：（1）人人都有先天的良知，它是"道"赋予人的性，即"德"（仁心），是人的天命之性，与生万物的"道"是一致的，具有容养万物而不自恃的特性；（2）由于人人都具有先天的德性，因此人人皆可以为圣；（3）一些人不能成为圣人，而成为小人，因为他们的私心欲望蒙蔽了他们的先天德性。因此，人要在社会上立足，进德修业，就需要去除自己的私心欲望，挖掘发展自己的德性。这就是"明明德"，也就是认识并厚实"道"所具体化的自己的先天德性，即良知。在良知的引导下去行动、做事，那就是德行。不过，在现实生活中，"德"逐渐被人们窄化为道德品质。实际上，依据"德"是"道"的体现，可以说"德"是人的先天禀赋或人先天具有的发展潜力或潜能，良好的教育是把人先天禀赋或潜力、潜能充分地挖掘、培养出来。

（二）"德"与其他事物或方面形成相生相克关系

既然"德"是"道"的具体化，而"道"是阴阳相生相克的运行变化及由此形成各种各样的事物和事物的生灭发展过程。按照中国传统文化，阴阳相感而成体，即阴阳两个方面、两种力量，对立统一，相互推移，构成事物的本性及其运动的法则。无论自然、人事、物事都是如此。因此，做任何事情要想成功，就需要明白阴阳相互作用之道。在阴阳的相互作用过程中，会形成制约事物发展的趋势或气势。这是阴阳相互作用之道表现出来的特性，是"道"赋予任何事物的气势或作用场。事物只有在发展过程中按照"道"与其他事物进行相互作用，才能使自身发展良好的同时，获得"道"所赋予的势力或作用场，对其他事物产生积极影响或作用。这种对其他事物或方面有积极作用的气势或作用场就是"德"。正因如此，有人将"德"界定为"一种相生相克循环不息，当运时能主宰天道人事的天然势力"。对人来说，"德"就是人所具有的对他人、社会、事物的有积极作用的气势或作用场，是人在其发展过程中按照"道"为人处世而形成的。"仁者无敌""厚德载物"便是此义。孟子说："如施仁政于民，省刑罚，薄税敛，深耕易耨。壮者以暇日修其孝悌忠信，入以事其父兄，出以事其长上，可使制梃以挞秦楚之坚甲利兵矣。彼夺其民时，使不得耕耨以养其父母，父母冻饿，兄弟妻子离散。彼陷溺其民，王往而征之，夫谁与王敌？"（《孟子·梁惠王章句上》）孟子明确指出，掌权者仁政爱民，就可以与民形成积极的相生相成关系，与民一起凝结成有机整体和积极作用场，就可以赢得民心，得到人民的鼎力支持，由此就可以无敌于天下。

正因如此，儒文化特别强调"和"，其仁、义、礼、智、信或忠、信、孝、悌、礼、义、廉、耻的作用就是实现"和"。"和"包括与天（时）合、与地（利）合、与人（包括他人、群体、社会、国家或民族、人类等）合、与己合（包括身心和谐、德才和谐）、与事合等方面。所以，人要增厚自己的德性，即增强气势或气场，就应处理好与自身以外的人、事、物、境的关系，建立和谐关系，与之形成相生相辅相成的动力场。在这个动力场中，人的精神性居于核心地位。积极向上的精神性会通过自己的言语、行为、姿态、形象表现出来，与他人、事情、情境、事物等相互作用、相互强化，由此形成积极的动力场，即气势或气场。反之，消极的精神性则会形成相互削弱的动力场，由此逐渐削薄自己的德性。这就是说，真正德性厚实的人是天人合一的，与他人、环境和谐的，唯有如此，个体的能量场才能与周围人、事、物、环境等的能量场相融相生，使自己具有海纳百川、通畅共生的厚实德性。唯有这样的人，才能不断地进德修业，成就大业。古今中外，在现实生活中，越高的社会地位对人的气势或气场的要求越高。如果一个人居于某一社会地位却没有与之相一致的气势或气场，那他就是德不配位，不仅在这一社会地位上待不长久，而且极可能身败名裂。如果一个人想提升自己的社会地位，那就先要提升自己的气势或气场，以使自己德配其位。所以，儒文化特别强调修德的重要性。修德实际上就是强化自己的气势或气场的过程。这与《易经》所讲的"进德修业"（《周易·乾·文言》）和《大学》中所讲的"欲齐家、治国、平天下，必先修身"的思想是一致的。它们都是强调欲成事先修德，即要成就一番事业，就先要修炼自己的内功，使自己的德性厚实，即拥有强大的气势或气场，人气旺盛。

　　"进德"是增进自己的德性，修身即修德，它们同义，都是指不断增强自身的气势或气场，使自己人气旺盛，能不断匹配更高的社会地位。进德或修身是修业的前提或基石。德不够厚实，内功不够强大，是无法成就大业的。这就是说，德和业是根和枝干的关系，枝干要粗壮，必须有强壮的根来支撑。如《礼记·大学》之言："德者，本也；财者，末也。"其中的财可换成业、位、名等。有本才有末，切勿本末倒置。这就是说，财富、功业、社会地位、名声等是建立在德这个本的基础上，失去了德这个本，它们也就因没有存在的根基而消亡。就好比一艘船能够载重多少货物，取决于其承载量，它只能承载它的最大载重量以下的货物。如果超出其最大载重量，就会导致沉船。这就是说，人们若是想要建功立业，升到更高的位置，那就必须具有承载功业或高位的德性。如果还不具备这样的德性，那就要修身进德。但现实生活中许多人不明白这个道理，本末倒置，总以为披上黄袍、手执玉玺就能当皇帝，岂不知黄袍、玉玺只是皇帝的象征，若不具备当皇帝的德性，那些身外之物只能给自己招来杀身之祸。正因如此，儒文化特别强调经受艰难困苦的磨炼而不断增益其所不能。

（三）"德"是利他而不自恃的能力和素养

　　按照道文化、儒文化等思想，本体论意义上的"道"具有化育万物的功能。既然"德"是"道"的体现，是"道"表现出来的特性，因此，"德"也具有蓄养万物的作用，甚至在一定意义上可以说"德"就是"道"的这种容养万物而不自恃的特性或能力。既然是容养万物，那么就要有容养万物之心，也要有容养万物之能。其中的"心"指的是需要、动机、愿望等心理倾向，是容养万物的内在动力之源，可称为德心；"力"或"能"是容养万物的力量、能力、本领等，可称为德能或德力。二者是统一的，只有心而无能无力，心照样起不到任何作用，容养万物就成为空谈空想。只有力或能而无心，就会缺乏容养万物的动力，就不会承担起容养万物的责任，甚至反遭破坏、损害。这说明，"德"是"心"和"力或能"的统一，二者缺一不可，不可偏废。

　　对人而言，人的"德"是"道"的容养万物特性在人身上的体现，也是德心和德力或德能的统一，即有心有能力保护和改善生态环境及利他、利民、利国、利全人类而不居功自傲，以及不因自己有功、有恩于物和人而把他们据为己有或对他们的形成发展横加干涉的心理品质。这一"德"的概念包括物和人两个方面。物的方面，"德"是保护关爱动植物和环境之心和能之力的统一，即有心、有能力爱护动植物，保护和改善生态环境。如当今的沙漠绿化、保护野生动植物、治理雾霾等环境污染、净化水资源等是德行，是"德"的表现。人的方面，"德"表现为利他、利民、利国、利人类等的行为，是利他、利民、利国、利人类等的心和能力的统一，即有心有能力做有利于他人、人民、民族、国家乃至全人类的事情，且不因为做了这些事情就要求他人唯自己是从。这样做，就可以做到"不争之争"，即虽然自己不表功，不要求回报和他人的感恩，反而更能获得人心。孔子说的"德不孤，必有邻"（《论语·里仁》）便是此义。孟子说："得天下有道：得其民，斯得天下矣；得其民有道：得其心，斯得民矣；得其心有道：所欲与之聚之，所恶勿施尔也。"（《孟子·离娄章句上》）这句话明确表达出，做利民的事，必然会得到人民的拥护。

三、"德"词源意义综合

综合上述分析，可以看出词源意义上的"德"是人的本性中具有的利他而不自恃并由此获得正能量场的心理素养，是心、意、能、行统一的心理综合体。对这一概念可以做如下分析。

（一）"德"是人的本性

中国文化尤其是儒文化把人作为与天地并列的三才，其中天位上，地位下，人位中。人由天地相互作用孕育而生，所以具有天和地的特性。正因如此，中国文化精神指出，人要像天那样自强不息，要像大地那样厚德载物。不过，人虽然由天地相互作用孕育而生，但人具有自己的特性。《易经》指出："有天道焉，有人道焉，有地道焉，兼三才而两之，故六。六者非它也，三才之道也。"（《周易·系辞下》）其意是说，天地人都是由阴阳两方面构成的，阴与阳相互作用在天上主宰天的变化即天道，在地下主宰地的变化即地道，在居中的人身上主宰人的发展变化即人道。人道是"道"在人身上的体现，是人的本性或天性，也就是如上所述的"德"。孔子说："乾，阳物也；坤，阴物也。阴阳合德，而刚柔有体。以体天地之撰，以通神明之德。"（《周易·系辞下》）"德"是阴阳相合即"和"的结果，是阴阳之道的体现。荀子说："天之所覆，地之所载，莫不尽其美，致其用，上以饰贤良，下以养百姓而安乐之。"（《荀子·王制》）"德"是天地所具有的本质属性，是天地的德性在人身上的体现或具体化。由此看来，词源意义上的"德"具有类本能性，是人先天具有的潜能或潜质，是在后天的生活中的心理发展趋势或倾向，是人的德性后天发展的基石和内在依据。

不过，"德"虽然是人的本性，但需要后天的激活和强化。因为：（1）人天性中类本能的"德"是微弱的，并不像动物的本能那样在后天生活中难以改变，而是非常容易受到后天环境因素、他人的作用、人的欲望尤其是私欲等因素的影响而被遮蔽、改变。（2）它只是人先天具有的内在发展依据和发展趋势，是人的德性发展的内因，它要发展出来真正成为人的内在心理素养，需要后天环境尤其是社会环境等外因提供良好的条件。由于外因是变化的条件，这一变化条件如何，直接制约着先天德性的发展。就像种子一样，种子优良，如果缺乏合适的水分、土壤等外部条件，也长不好。（3）人的先天德性只是人的德性发展之端或基础，只是表明人先天具有积极、正道的发展方向和潜力或潜能，但能否发展出来，能否按照积极方向一直发展下去，受多种内外因素的影响。

（二）"德"是利他而不自恃的心理素养

利他中的"他"包括他人、民众、民族、国家、世界、生态环境及其中的各种事物，利他即做对他人有利的事。而要做到利他，就需要既有利他之心，也要有利他之能。如果说"德"是人的善性，那么它就既包含"心地善良，品质淳厚，有仁爱之心"之善，也包含"擅长、把事情做好"之善。这两个方面是统一在"德"之中的不可或缺的组成部分。

（三）"德"是因利他而形成的积极作用场或正能量场

如前所述，"德"是人所具有的积极作用场或正能量场，即积极影响力。它是由利他建构出来的，其强弱大小取决于人的利他之心、利他之能和所做的利他之事的强弱大小。人的利他之心越强烈，利他之能越高强，所做的利他之事越大越多，那他就越能融合聚拢他人、环境和事物的能量场而形成自己的积极作用场或正能量场。其能量场越大越强，就能做更大的事情，建更大的功业，进而再增强扩大它，由此形成良性循环。

第三节　基于《易经》的儒文化中"德"的内涵

《易经》是诸经之首，中国文化的各家各派都通过对《易经》的理解、诠释和发展来建构自己的思想体系，儒文化概莫能外。儒文化的"德"发端于孔子对《易经》的发展性诠释，孔子"五十而知天命"实际上就是读懂了《易经》，并据此发展完善了其儒家思想。所以《易经》是儒家的"五经"之首。孔子对"乾卦"和"坤卦"的解读——"天行健，君子以自强不息"（《周易·乾卦》），"地势坤，君子以厚德载物"（《周易·坤卦》），构成了中国文化精神——"自强不息，厚德载物"。[1] 其中蕴含着丰富的"德"思想，这些思想是儒文化对"德"最具代表性的观点。因此，可以作为厘清儒文化的"德"的内涵的重要途径。

一、对"乾"和"坤"的"象"的不同诠释

对于《易经》的"乾卦"和"坤卦"的"象"，有着众多的诠释。其中主要有如下几种诠释。

一种比较常见的解释是把乾解释为马，坤解释为牛，由此把乾卦和坤卦的象义解释为"人应当像骏马那样勇往直前，奋发向上；像牛一样忠厚

---

[1] 中国文化精神源自孔子对乾卦和坤卦所作的《象传》，即孔子对乾卦和坤卦所蕴含的道理进行诠释。

老实、吃苦耐劳"。这种解释实际上是把中国文化精神解释为龙马精神和老黄牛精神。龙马精神是精力旺盛的奋发向上、进取不止的精神，要求人不断地拼搏进取。老黄牛精神是吃苦耐劳、勤恳踏实、埋头苦干实干、无私奉献的精神。如果按照这种解释，"德"主要体现的是老黄牛精神。老黄牛精神确实是"德"的重要组成部分，但仅有老黄牛精神是不够的，无法包含"德"的全部内容。

另一种诠释则按照《易经》把乾解释为天，坤解释为地，据此来解释乾卦和坤卦的象义。这样的解释通常有：（1）"人应当像天一样拼搏进取，奋进不止；像大地一样温顺宽容，实实在在。"把"德"视为温顺宽容、实实在在的心理品质。（2）"人应像刚强劲健运动的天那样刚毅坚卓，发愤图强；像气势厚实和顺的大地那样增厚美德，容载万物。"这一解释只是对乾卦和坤卦的象义做了字面说明，并未真正解释"德"是什么。（3）"人应像天宇一样运行不息，即使颠沛流离，也不屈不挠；人的度量要像大地一样，没有任何东西不能承载。"这一解释把"德"说成人的度量，只是表达出"德"的一个方面，未能全面表达出"德"的内涵。（4）"人应该像天一样坚强；像大地一样宽厚，仁爱，有包容万物之胸怀。"这是把"德"解释为宽厚、仁爱、博大的胸怀，也不够全面。（5）"君子像天一样自强不息，像地一样用深厚的品德承载万物。"这也是从字面意义上进行解释，并未说明"德"的具体内涵。

上述诠释都对中国文化精神尤其是"厚德载物"作了合理解读，但还不够系统全面，并未真正全面深刻地解释"德"的具体含义。要全面系统地厘清"德"的含义，需要对整个中国文化精神做整体理解或解读。

二、"乾"和"坤"的"象"整体对照理解"德"

依据《易经》，天和地或乾和坤分别指阳和阴，而一阴一阳谓之道，就是说天和地的相互作用孕育润化万事万物。

（一）乾

"乾"指的是"天"，其特征或内容是元、亨、利、贞。按照《易经》，

"天"是"阳"，主"动""虚"，即"天"的基本特征是"动""虚"。孔子对乾卦的解释是："乾"为天，至高至大，利生万物而不言。元者玄也，其也至大。善行积广，则合天道焉。亨者通也，其也至达。众美集成，则人心归焉。利者义也，其也至益。义中存利，则自利利他焉。贞者正也，其也至坚。坚贞顺道，则大业兴焉。具此四者，则往而无不利矣。

"动"是运行、变化、转化等，故说"天行健"，取"天"不停地运行变化之义。正因如此，人们生活做事都应该审时，也就是根据天的运行变化（即"天时"）来合理安排并适时调整，即抓住天的运行变化的有利时机。这是中国文化所强调的做事成功的三个必要条件之一的"天时"。人必须依据天的运行变化与时俱进，不断奋发向前，否则就会跟不上时代发展的步伐，被滚滚向前的时间车轮甩下。正因如此，才强调人要自强不息，不断超越自我，奋力向前。这就好比逆水行舟，不进则退。小到个体如此，大到国家或民族同样如此。

"虚"是"空""无"，不真实，无确确实实的实体。所以人们通常说"天空""太虚""虚空"。这既是"天"的不断运行变换之果，即天的运行变化使任何看似存在的东西变成虚无；又是"天"的不断运行变化之因，即虚无使天具有了无限变幻的可能性，既可以吸引凝聚其他事物，又可以扩散分解事物。正因如此，人要虚怀若谷，看淡看空一切所得及其结果，尤其是身外之物；同时，人也不要满足于已取得的成就、已有的信念、能力、心理韧性、情商、逆商等心理品质，要不断地增益其所不能。倘若人满足于已取得的成就、已有的信念、能力、心理韧性、情商、逆商等心理品质，就会不思进取，如此就会随着社会的进步演变而被淘汰。

（二）坤

"坤"指的是"地"，而"地"是"阴"，主"静""实"，即"地"的基本特征是"静""实"。

"静"是"宁静""静止"，即"地"相对于"天"而言"静止""不变"，故说"地势坤"，取大地相对静止、厚实之义。正因如此，人们生活做事应度势，也就是根据对地势是否有利（即地利的情况）来合理计划，采取相应措施。这是中国文化所强调的做事成功的三个必备条件之一的"地利"。另外，人要有定力，始终保持心理宁静，宠辱不惊，去留无意，不以物喜，不以己悲，不为外界诱因所动，不为外部干扰而扰乱心神，如此才能坚定自己的方向与行动，坚持下去，直到实现目标为止。常言道："坚持不一定成功，但不坚持一定不会成功。"

"实"是"坚实""厚实""真实""充实"，正因为坚实、厚实，故能承载、容养万物。大地的这一特征体现到人的身上：（1）做人应当厚道实在、踏踏实实、诚实守信，一就是一，二就是二，不弄虚作假；（2）人要坚强勇敢，能够承受一切困苦、压力、艰难、疲累等，不怕甚至乐于受苦受累；（3）人应不断充实自己，强化自己的精神素养，让自己活得充实有意义；（4）人应当具有宽容心或包容心，"大肚能容，容天下难容之事"，不小肚鸡肠；（5）人应该有蓄养万事万物之心之能，体现在人身上即利人、利民、利社会、利国之心和之能；（6）人应该务实，要根据自己的身心条件尤其是能力确立适合自己的人生目标和要做的事，明晰自己能做什么，不能做什么，该做什么，不该做什么，既不能好高骛远，又不能自卑自贱；（7）要有责任感或使命感，积极承担自己作为人应该承担的责任或使命，实现作为人应该具有的人生价值或生命意义。

（三）对照理解的"德"之义

综上所述，"德"是"地"或"坤"具有的特征或属性在人身上的具体化或体现，是相对于"天"或"乾"的"动""虚"而言的"静""实"。孔子说："坤至柔而动也刚，至静而德方，后得主而有常，含万物而化光。坤道其顺乎！承天而时行。积善之家，必有余庆，积不善之家，必有余殃。"（《周易·坤文言》）这告诉人们：大地最为柔顺，但行动起来是极为刚强的，刚柔相和。就如同水一样，本身非常柔软，但在一定条件下又非常刚强有力，无坚不摧。就像母亲那样，对待自己的孩子温柔体贴，但为了养育孩子，又十分刚强地用柔弱的身躯扛起重任，为保护孩子不受伤害，直面自己难以抵御的危险。它具有宁静、方正或正直的品格，德行遍及四方，但却不张扬。跟随天来变化，遵循天道运行，但不像天那样变化无常，其变化有规律、有序，体现出礼。它包容、承载、蓄养万物，使万物健康生长，发扬光大，但始终不居功自傲，隐藏而不张扬自己的功绩，不自恃。就好像人们做好事而不留名，不索取。由此可以看出，孔子心中大地所具有的"德"有丰富的内涵，包含许多方面的良好品质特征。这些品质特征体现在人的身上，主要有定力、厚道、坚强、心量大、心理韧性、包容心、容养万物之心之能、责任心或使命感等。

在这些心理素养中，社会责任心和使命感居于核心地位，起到统摄作用。这就像"道"赋予大地的容养或滋养万物功能那样，赋予社会性群居性生物的人的价值和功能是社会责任心或使命感，用儒家思想来说即齐家治国平天下；其定力、坚强、心理韧性等是为承担履行社会责任或使命服务，承担的社会责任或使命越大，就要求具有的这些积极心理品质就越高、越强、越厚。如果人的这些心理品质不够高、强、厚，与所要承担的社会责任或使命不匹配，那就是德不配位。此时，要想德配其位，那就要通过磨炼增强、厚实、提高这些心理品质。就像孟子说的"苦其心志，劳其筋骨，饿其体肤，空乏其身，行拂乱其所为，所以动心忍性，曾益其所不能"（《孟子·告子下》）。从这一视界看，"地势坤，君子以厚德载物"告诉人们要像大地那样，不仅要有强烈的承担社会责任或使命的意识，而且要具备履行并完成社会责任或使命的能力和行动。只有这样，才能真正履行和完成社会责任或使命，并由此实现自己的人生价值或生命意义。由此来看，"厚德载物"中的"德"既包括积极主动地承担社会责任或使命之心，也包含履行完成社会责任或使命之能之行，是心、能、行共同构成的系统。只有心而无能无行，心就成为空的；无心而有能，能也不会被用在应该用的地方，也不会有行；有心有能而无行，心和能也无从表现。比如爱国，不仅要有爱国之心，还要有爱国之能之行，否则爱国就成为空谈。

三、依据关键字词的诠释

"地势坤，君子以厚德载物"中的关键字是"势""载""物"，为更好地厘清"德"的含义，下面依据这几个关键字进行更深入的分析。

（一）"势"

在中国文化精神中，"自强不息"对应的是"行"即运行、变化等，"厚德载物"对应的是"势"，因此，要弄清"德"的含义，就有必要厘清"势"的含义。"势"的字源意义从"力（权力、地位）"从"埶（种植）"，指人培植起来的权势、权利、地位。许慎的《说文解字》把"势"解释为盛力、权力，表示权力和地位，所以其本义是权力、势力，后衍生出由权力、势力所形成的状态、情形、趋向或势头，以及拥有权力、势力者所表现或展现出来的姿态。这样，"势"就有"力量""能量""威力""权力""形势""情形"等义。据此可以说，"地势坤"指的是大地所具有的容养万物的力量、能力和地形地貌所展现出来的影响力、势能、威势等。由于"德"对应的是"势"，依据上述"势"的内涵，可以说"德"是人应该具有的力量、能量、势力、权力和由它们所形成的影响力、威势和态势，以及对整个形势或大势的认知、把握及利用。它是人获得并维护功业、名声、财富、社会地位、权势等身外之物的基石，也是人在社会生活中实现自我价值和社会价值等双重价值的根基，更是人了解、把握并充分顺应社会发展的趋势或大势的必要心理条件。平时人们常说的"不怒自威""自带气场""人气高""吸引力或凝聚力强"等就是一种对应于"势"的"德"。从这一意义上说，进德或厚德实际上是获得和增强"势"。那如何才能获得并强化这样的"势"呢？儒文化认为应当得人心。孟子明确表达出"得民心者得天下"（《孟子·离娄章句下》）的思想，在他看来，民心所向是天下大势，只有顺应这一大势，才能得到天下，使天下稳固。他说："民为贵，社稷次之，君为轻。"（《孟子·尽心章句下》）古今中外明君名臣名士深谙此理，故特别注重顺应、赢得并增强民心之势。司马懿对儿子说："得民心者得天下；得君子之心者得诸侯；得诸侯之心者得士大夫。"魏征说："怨不在大，可畏惟人；载舟覆舟，所宜深慎。"（《谏太宗十思疏》）

从儒文化视界对基于"势"的"德"加以分析，可以看出它至少包括得势力、顺势力或乘势力、借势力、造势力等方面相互联系的心理素养。

1. 得势力

得势力是获得势的能力或心理素养。得势是由无势到得势或由弱势到强势的过程，即人所得到的势不断增强或强化的过程。一般意义上，得势指取得权势，获得优势，不过，依据上述对势的分析，对人来说，得势是获得权力、威力、能量、影响力、有利位置或形势的过程，其实质是逐渐培养和增强获取社会地位或身份、财富、名誉、功业、职位、权力等所需要的心理素养等过程。这些心理素养就是得势力，是"厚德载物"中的"德"的重要组成部分，培养或增强这些心理素养的过程即"厚德"过程。"厚德"有名、动两种词性：名词的含义是"厚实的大德""深厚的恩德"；动词的含义是"增厚德性""使德性变得越来越厚实"。前述培养或增强建功立业等心理素养的"厚德"是动词意义上的"厚德"。桓宽指出："小人智浅而谋大，羸弱而任重，故中道而废……小人处盛位，虽高必崩。不盈其道，不恒其德，而能以善终身，未之有也。是以初登于天，后入于地。"（《盐铁论·遵道第二十三》）这明确告诉人们，要想成功获得财富、建功立业等，必须具有获得它们所需要的心理素养，即得势力，否则不仅得不到它们，还有可能身败名裂。

2. 顺势力或乘势力

顺势又称为乘势，是顺应或遵循"道"所生成的天地运行的总的趋势和形成的形势，以及万事万物的发展趋势及其在特定阶段形成的情形而为，即顺势而为。对国家治理来说，是乘民心所向之势而为；对为人处世而言，是乘人心所向之势而为；对做事情而言，是乘事情所处形势而为；对人而言，是顺应形势尤其是社会发展的大势，顺应潮流，或乘着一定的势头尤其是有利的大趋势，不逆势而行。在人所乘或顺的势中，最为重要的是民心所向、社会所需。"得民心者得天下"，无论做什么事情，唯有顺应或乘着民心和社会所需之势，才能把事情做好。顺势力或乘势力是指顺应大势的能力或心理素养。这种心理素养对人做好事情和处理好人们之间的关系以为自己营造积极的氛围或环境来说非常重要。

《孙子兵法》用专篇来论述"势"。孙子指出："计利以听，乃为之势，以佐其外。势者，因利而制权也。"（《孙子兵法·始计第一》）"激水之疾，至于漂石者，势也；鸷鸟之疾，至于毁折者，节也。是故善战者，其势险，其节短。势如彍弩，节如发机。纷纷纭纭，斗乱而不可乱；浑浑沌沌，形圆而不可败。乱生于治，怯生于勇，弱生于强。治乱，数也；勇怯，势也；强弱，形也。故善动敌者，形之，敌必从之；予之，敌必取之。以利动之，以卒待之。故善战者，求之于势，不责于人，故能择人而任势。任势者，其战人也，如转木石。木石之性，安则静，危则动，方则止，圆则行。故善战人之势，如转圆石于千仞之山者，势也。"（《孙子兵法·兵势》）在这段话中，孙子把"势"作为战争成败的关键，强调人们应乘势或顺势而为。军事战争如此，管理国家也是如此，人们做事情尤其是做重要的事情也是如此。孟子说："虽有智慧，不如乘势。"（《孟子·公孙丑章句上》）这句话是说，再聪明有智慧的人，也要利用形势乘势而为。如果没有认清并很好地利用形势，将会一事无成。桓宽指出："欲粟者务时，欲治者因势。"（《盐铁论·遵道第二十三》）他明确告诉人们，治理国家、管理好一个群体，必须审时度势，因势乘势而行。所有这些，都说明顺势或乘势的重要性。

古今中外无数事实表明，能够恰当顺势或乘势的人，常常能够成就一番大事，建大功、立大业。即使是普通的人，倘若能够顺势或乘势，也能取得人们通常认为不可能取得的成就或业绩。反之，不能够顺势或乘势的人，即使是智商非常高的人，也会遭遇失败，生命活力枯萎，命运悲惨。正所谓："不知势，无以为人也。势易而未觉，必败焉。察其智，莫如观其势。信其言，莫如审其心。人无识，难明也。君子之势，滞而不坠。小人之势，强而必衰。心不生恶，道未绝也。""天生势，势生杰。人成事，事成名。"（《势胜学》）人之所以能成事，是他们顺应或乘了天生成的势，这些顺势或乘势之人就是势造就的豪杰。这就是"时势造英雄"之义。

3. 借势力

借势力是指人借助外势的能力或心理素养。借势是借用自身以外的力量、能量、权力、影响力等来实现自己的目标。借势的对象通常是多方面的，既可以借助天地等自然之势，如借助风势、地势、水势、山势等（诸葛亮的借东风就是借势），也可以借助他人、家族、社会、国家、国际等之势；既可以借助强势，也可以借助弱势。借助不同的势，所采取的途径、策略或方法不同。正如薛居正所言："借于强，谀不可厌。借于弱，予不可吝。"（《势胜学》）

在日常生活中我们经常可看到借势的情景，印象管理中一种重要的管理策略就是借势。在日常生活中可以借助一些名人或一些有较高社会地位的人来提升自己。比如说："某某名人对我非常期盼，说我有潜力，在某方面有发展前途，建议我在某些方面多努力。"这样就是借助这位名人来提升自己在同行或同事中的威望和社会地位。这种借势通常是借助社会地位比较高、社会形象比较好的一些人来提升自己。当然，借势不一定都是借助人，比如，参加一些只有具有一定地位或身份的人能够参加的聚会、派对之类的活动；参加需要有良好心理品质的挑战；给予某些弱势人员以帮助；为一些受到不公正对待的人仗义执言。例如，我国借助冬奥会之势提升自己的国际形象和影响力；一些企业、商家等借冬奥会之势进行营销；等等。总而言之，凡是借助他人或事、物等来提升自己在他人心目中的印象的过程，都是借势。

4. 造势力

造势是营造或创造出某种势以增强自己的影响力进而实现自己目标的过程。造势多用于群体、组织或个人为达到某种目的而采取某种措施制造或营造出某种态势、情形或氛围以影响他人，使他人按照自己的意图行事。造势力是营造或创造某种势的能力或心理素养。造势在军事战争、产品营销和日常生活中各个方面都有体现。我国古代军事上减灶计是给敌方制造出己方弱势以掩盖自己的实力来迷惑敌方；增灶计是给敌方制造出己方强势以掩盖自己的实力不足来迷惑敌方。日常生活中一些人故弄玄虚，采取一些手段使人觉得他具有神秘感而高深莫测等，都是造势的表现。

上述的得势力、顺势力或乘势力、借势力、造势力是密切相关、相辅相成的，是人们建功立业、获得社会地位、声誉等的重要条件。只有具备这些心理素养，才能真正承载起事业、名誉、情感等身外之物。由此看来，从"势"的角度看，"德"的内涵是非常丰富的，不能将其简单地视为道德品质，否则就对"德"的理解不全面，影响"德"的培养、锻造与提升。

（二）"载"

这里的"载"是对应于"地"而言的。从"地"的角度讲，"大地"承载、容养或蓄养（养育）、容纳地球上各种各样的事物，所以"载"有承载、容养或蓄养（养育）、容纳等义。

1. 承载

就"承载"而言，大地所承载的事物有大有小，不管大小，都一律承载，平等对待，不因大小而拒载；大地厚实，可以承载一切重物，无论多重的东西，它都能够载其而行。体现在人的身上，"载"主要有三层含义。

（1）要平等地对待所有人，不管贫富贵贱，都对他们一视同仁，带领他们发展致富，不能厚此薄彼，嫌贫爱富。如同一辆公交车在运载乘客时对所有的乘客都一视同仁地运载，而不管乘客的社会地位或身份如何。基于此，中国文化尤其是儒文化强调"和"，即有差异性的事物或方面相生互补共荣。从孔子开始，儒文化就提出"君舟民水"的民本民生思想，强调水可以载舟，也可以覆舟，由此要求统治者实施仁政，以实现统治者和人民的"和"。孔子说："君者舟也，庶人者水也，水则载舟，水则覆舟。"（《荀子·王制》《荀子·哀公》）我国在改革开放之初提出的走共同富裕之路，习近平总书记提出的人类命运共同体，我国采取的"国家不分大小、强弱、贫富一律平等，尊重各国人民自主选择发展道路的权利"的外交思想等，就是对这种"承载"思想的具体表达。社会主义核心价值观中的"民主""和谐""公正"等是这一思想的体现。古往今来，大凡施行仁德之政、顺民心、不断修德于天下的贤君明主，在其治理下，国家便能昌盛兴隆，风调雨顺，百姓安居乐业；反之，逆民心，最终走向毁灭。

（2）"载"还有承载善良之义，任何人，无论贫富贵贱、能力高低都可以有善良之心、做善事。只要有仁心，做善事，那他就是仁人。换言之，能否成为仁人，与人的社会地位高低、财富的多少等无关。所以，任何人都不能因为自己的社会地位低、贫穷等而觉得自己无行善能力或条件而不做善事，也不能因为他人的社会地位或身份高低、所拥有的财富多少等而看高或看低人的善心善行。例如，只要想，人人都可以做到社会主义核心价值观中的"爱国""敬业""诚信""友善"等。孟子说："君子以仁存心，以礼存心。仁者爱人，有礼者敬人。爱人者人恒爱之，敬人者人恒敬之。"（《孟子·离娄章句下》）如此就可以形成互爱互尊互助的"和"

局面。当然，在现实社会生活中，也有爱敬他而他却不爱敬人的人。遇到这种人时，我们要先反躬自省，看看自己有没有不妥当的地方，若有，就改正；若没有，则说明这种人是不可理喻之人，又何必与他计较那么多呢，做好自己即可。

（3）人无论遇到多么大的压力，多么重要的任务和使命，都能够承担起来，负重前行。能够承受的压力越大，承担的任务或使命就越重；能够取得的成就越大，建立的功业也就越大。

综上所述，从"载"的角度看，儒文化的"德"包含公正平等意识、善良、使命感和责任感、承受（载）力、心理韧性等心理品质。在这些品质中，承载社会责任或使命是"德"的核心意义。因为对照大地对万事万物的承载，人最应承载的是社会责任或使命，包括对家庭、国家乃至人类的责任或使命，公正、平等、善良、心理韧性、承受（载）力（承受挫折、失败、压力等的能力）等，都是服务于社会责任或使命的履行、完成。《礼记·大学》中的"亲民"就是这样的社会责任或使命，"明明德"就是明确作为社会性的人应当承载的"亲民"的社会责任或使命。

2. 容养或蓄养（养育）

就"容养或蓄养（养育）"而言，大地容养或蓄养生长在其上的一切事物，不分高低贵贱地为包括各种各样的动植物在内的一切事物的生长提供营养或养分。正如《易传》所言："坤也者，地也。万物皆致养焉，故曰：致役乎坤。"（《说卦传》）其义是说，坤是地，万物都得到大地的极致滋养（植物受大地的养育而结籽，各种动物都被大地养育得又肥又壮），所以说，承担滋养万物的劳役是大地。

依据中国文化尤其是儒文化心理思想，"天"生包括人在内的万事万物，"地"容养或养育万事万物，正是天与地的相互作用，才使万事万物顺利成长。如老子所言："道生之，德畜之。""畜"的基本词义是饲养、养育、培养、培植、积聚、收容、保存或储藏等，这表明了"厚德载物"中的"载"的意义。由此可以说，大地的德性就是容养或蓄养（养育）万事万物。

概言之，大地的本性或德性是容养、蓄养或滋养万事万物。

大地的这一特性表现在人的身上即是人的德性，"厚德载物"就是告诉人们应当像大地那样容养、滋养、关爱、保护他人、动植物及自然环境，为其健康发展、完善和生存生活提供有利的条件。从这一意义上讲，"德"包含容养或蓄养生态环境、动植物（生物多样性）和社会的心理倾向或心理品质、能力和行为特征。由于人、家、国、社会、环境等是个体之外的他者，故可将利人、利家、利民、利国、利社会、利环境等概括为利他。由此，从"载"的容养或蓄养意义上讲，"德"是人所具有的利他之心、之能、之行的统一体。其中，"心"是心理倾向和心理品质；"能"是能力或才能；"行"是行为特征。

3. 容纳

容纳，即包容接纳（接受）。就"接纳"而言，大地具有极强的接纳力，好的坏的、有生命的无生命的、圣洁的污秽的等统统无分别地接纳。就"包容"而言，大地包容一切，无论是对它的维护，还是对它的打击，统统包容。正如《易传·说卦传》所言："坤，顺也。"

大地的这一特性体现在人的身上，是说人应当像大地那样具有大度量、宽阔的胸怀、平常心、包容心、容忍力。"海纳百川，有容乃大""宰相肚里能撑船""大肚能容，容天下难容之事"等，讲的都是人的这种巨大的容纳力。

上述分析表明，从"载"的角度看，中国文化精神中"德"的内涵十分丰富，包含承载（受）力、容养力、容纳力等积极心理品质。孔子等儒思想家参照大地的特性，把"厚德载物"作为君子的精神或一个重要心理特质，是告诉人们，君子应当具有像大地那样的巨大的承载（受）力、容养力、容纳力等积极心理素养。

（三）"物"

对大地而言，"物"是它所承载、容养的万事万物。中国文化精神是依据大地的德性提出人应该具有的德性。对人而言，其所承载、容养的"物"并不是大地上所生长的万事万物，主要是人们都想追求并得到的功名利禄等身外之物。这些身外之物虽然对人来说生不带来、死不带走，但是人的价值或生命意义的体现，也是满足人们对美好生活的向往所需要的外部因素或条件，因此人们都想拥有。不过，要想拥有它们，就需要有获得并维护它们的能力或心理素养。比如，要想建大功立大业，就必须有与所要建立的功业相一致的能力和心理素养，即建立这样的功业的能力和心理素养；如果想承担大任，就需要具有承担大任所需要的心理素养。这些心理素养就是能承载这些身外之物的"德"。不具有这样的心理素养，那就是"德不配位"。例如，一个领导者如果不具有领导素养，那他就是德不配位，做不好领导的工作；一个教师倘若不具有教师应具有的素养，那他就是德不配位，不适合做教师的工作。

孔子指出："德不配位，必有灾殃。德薄而位尊，智小而谋大，力小而任重，鲜不及矣。"（《周易·系辞下》）他明确告诉人们，"德"是个体做成乃至做好事情应具备的素养。一个人如果不具备这样的素养，那么事情就做不好，甚至会使自己遭殃，为自己带来灾祸。比如，德行浅薄却占据高位，智慧很有限却谋划甚大，能力低却想承担重任、大任，这三者很少有不遭殃的。"位尊而无功，奉厚而无劳，而挟重器多也"必然会"近者祸及身，远者及其子孙"（《战国策·触龙说赵太后》）。不具有完成所做事情素养的人就好像折足的鼎那样，"鼎折足，覆公悚，其形渥，凶"（《周易·鼎》）。鼎虽好，如果折了足，就不能用来盛美味佳肴，否则美味佳肴会倾覆一地，被弄脏变污秽，甚至有可能倾倒在食者身上，弄脏乃至烫坏食者的衣身。如果用折足之鼎来指人，至少包括如下两方面含义：（1）就个人而言，一个人如果承担了自己所不能胜任或无力承担的事情，就会因承载不起而折断自己的"足"，又耽误所要做的事情，还会使自己的个人信誉遭受很大损害。日常生活中有些人好揽事，却缺乏做事的能力，结果把所揽的事情给耽误了，导致了他人的不满。这就告诉人们，不管做什么事情，都要量力而行，根据自己的实力作出取舍。如一些富二代、富三代从父辈或祖辈那里继承了大量的遗产，但因为缺乏能力而把这些财产都败光了，甚至有了性命之忧。（2）就群体或团队而言，用人要知人善任，倘若用人不当，或没有把人用到能发挥其作用的恰当地方，那就会既浪费人力资源，又耽误事，影响群体或团队的发展。管理上的彼得原理就是这个意思。

依据儒文化的这一思想，人所获得的身外之物与人所承担并完成的社会责任或使命是密不可分的。承担并完成的社会责任或使命越大，所获得的功名利禄福等身外之物就越多。尽管人出于内心甚至本性自觉或不自觉地承担并完成自己承担的社会责任或使命，并不需要回报或得到什么，但社会反而自然给予他们功名利禄福。这实际上就是"不争之争"。

由此来看，"厚德载物"中的"物"是功名利禄权等身外之物，"德"是获得、承载、维护或强化这些身外之物的心理素养，是与人已拥有或想拥有的社会地位或身份、财富、权势、职位等相匹配的心理素养。这些心理素养包含但不限于道德品质，除道德品质外，还包括胜任力、责任心或使命感、威信等，是多种积极心理品质的综合体。

第四节 "德"的结构

综上所述，从中国文化精神的视界看，对应大地承载、容养万事万物的特性，人的"德"是以亲社会或亲民心理素养为核心的承载功业、财富、名誉、社会地位、权势、爱情等外物所应具备的心理素养，这种心理素养包括心、意、能、行四个方面。就核心的亲社会或亲民而言，心是似本能或类本能的亲社会或亲民的无意识心理品质或心理倾向；意是亲社会或亲民的意识；能是亲社会或亲民的能力；行是亲社会或亲民的行为特征。

一、心

"心"是指本心，即自性或先天的本性（李炳全和张旭东，2021a），是人的无意识或下意识的心理活动，是人在遇到某些事件时所产生的似本能的怦然心动。比如，人在看到有孩子落水时有一种不由自主地把孩子从水中救出的冲动，就是这一意义上的"心"。孟子说的恻隐之心、羞恶之心、辞让之心、是非之心等，就是这一层面的心理活动。

二、意

"意"是意识、意念,是人有意识的心理活动。比如,人在看到有孩子落水想要救时会考虑"我会不会有危险?""我会不会把孩子救不上来反而把自己给搭进去?""我救这个小孩会有什么益处?""我必须想一个妥善的办法去救这个孩子"等,就是"意"的表现。

一般情况下,"心"和"意"是一致的,但因种种原因,二者也经常不一致,即无意识和意识失调或出现矛盾,由此就容易导致人的心理问题或心理失调。要消除心理问题或心理失调,就需要个体通过修炼使"心"与"意"统一协调起来,把潜在的"心"发展成为心理品质。如把孟子的恻隐之心、羞恶之心、辞让之心、是非之心分别发展成仁、义、礼、智等心理品质。

三、能

"能"是能力,即有能力做自己想做的利他之事。例如,报效祖国,为祖国做贡献,那就需要具有报效祖国的能力;平天下要具有平天下之能。

四、行

"行"是行动、行为,即采取行动,积极去做利他的事情。这实际上是中国文化中知行合一思想的体现。

五、"德"的各部分之间的关系

综上所述,儒文化的"德"包括亲民力、容养力、包容心、承受力、定力、驭心力、心理化功等诸多方面的心理素养,其核心是社会责任心或使命感,包括承担且完成社会责任或使命的心、意、能、行。"德"的这四个方面构成相辅相成,缺一不可。其中,"心"是种子、基石或根源;"意"是"心"生长出的芽、小苗直到大树整个过程及这一过程中所有的生长状态;"能"是保障、支撑和承载;"行"是实现途径。如果无"意","心"就无法发芽、生根、开花、结果,即本性的"德"无法发展成现实的"德",无法成为人格的组成部分。如果无"心"与"意","能"就无法用在做事上,"德"

也无法得以实现。反之，无"能"，"心"和"意"也就成为空谈，毫无意义。如果无"行"，"能"也无从作用和体现，"德"也就无法最终得以实现，"心"这颗种子就无法开花结果。这说明，"德"的心、意、能、行是密切联系、无法割裂的。

这说明，从中国文化精神的视界分析儒文化的"德"，可以对"德"有更深刻、更全面系统的理解。这既可以使人们重新审视德育的任务与内容，并对其有新的认识和理解，也可以对人的发展有更深入的理解。这既有益于教育尤其是德育工作的开展，也有利于个体对自身发展及自我教育的恰当认识。对于德育而言，德育应依据"德"的丰富内涵培养人的以亲社会或亲民的心、意、能、行为核心的多方面积极心理素养，尤其是与将来所有成就的事业相匹配的心理素养，以使人德配其位。对人的发展而言，个体应当把自己的人生价值和生命意义置于承担履行并完成社会责任或使命之中，把个体的自我实现融入亲社会、亲民的行动，确立实现自我价值和社会价值相统一的人生志向或理想，据此磨炼实现志向或理想所需要的心理素养。

第五节　儒文化中"德"的种类

依据儒文化，"德"有许多种，不同的儒思想家可以依据不同的标准把"德"分为不同的种类。为弄清儒文化的"德"心理，下面对儒文化中"德"的种类进行分析。

一、儒思想家对"德"的种类划分

对于"德"，不同的儒思想家依据不同的标准把"德"划分为不同种类，他们的分类对于弄清儒文化的"德"概念有积极意义，对于现今社会的人们增进和培养德性有现实价值。儒思想家对"德"的种类划分有很多，现列举其中主要的种类划分进行论述。

（一）孔子对"德"的分类

孔子对"德"有不同的划分方法。

孔子以水作比方，认为"德"有九种。"夫水，大遍与诸生而无为也，似德。其流也埤下，裾拘必循其理，似义。其洸洸乎不淈尽，似道。若有决行之，其应佚若声响，其赴百仞之谷不惧，似勇。主量必平，似法。盈不求概，似正。淖约微达，似察。以出以入以就鲜絜，似善化。其万折也必东，似志。"（《荀子·宥坐》）

孔子用玉作比方，认为"德"有十一种。"夫昔者君子比德于玉焉。温润而泽，仁也；缜密以栗，知也；廉而不刿，义也；垂之如队，礼也；叩之其声清越以长，其终诎然，乐也；瑕不掩瑜，瑜不掩瑕，忠也；孚尹旁达，信也；气如白虹，天也；精神见于山川，地也；圭璋特达，德也。天下莫不贵者，道也。"（《礼记·聘义》）在这十一种"德"中，有人强调仁、义、礼、乐、忠五种。许慎的《说文解字》指出："玉，石之美者，有五德：润泽以温，仁之方也。鰓理自外，可以知中，义之方也。其声舒扬，专以远闻，智之方也。不桡而折，勇之方也。锐廉而不技，絜之方也。"也有人强调仁、义、智、勇、洁五种，也有人强调仁、义、礼、乐、忠、智、信、德、道九种。

（二）孟子对"德"的分类

孟子把"德"分为仁、义、礼、智四德，其初始或本性状态分别是恻隐之心、羞恶之心、辞让之心、是非之心。

（三）荀子对"德"的划分

荀子说："礼也者，贵者敬焉，老者孝焉，长者弟焉，幼者慈焉，贱者惠焉。"（《荀子·大略》）依据"礼"的对象把"德"分为敬、孝、悌、慈、惠等方面。"亲亲、故故、庸庸、劳劳，仁之杀也；贵贵、尊尊、贤贤、老老、长长，义之伦也。行之得其节，礼之序也。仁，爱也，故亲。义，理也，故行。礼，节也，故成。仁有里，义有门。仁非其里而虚之，非仁也；义非其门而由之，非义也。推恩而不理，不成仁；遂理而不敢，不成义；审节而不和，不成

礼；和而不发，不成乐。故曰：仁、义、礼、乐，其致一也。君子处仁以义，然后仁也；行义以礼，然后义也；制礼反本成末，然后礼也。三者皆通，然后道也。"（《荀子·大略》）荀子依据"德"的内容将之分为仁、义、礼几个相互联系、相辅相成的方面。

（四）朱熹对"德"的划分

朱熹依据《易经》的乾卦将"德"分为仁、义、礼、智几个方面。他说："元者，生万物之始，天地之德，莫先于此，故于时为春，与人则为仁，而众善之长也。亨者，生物之通，物至于此，莫不嘉美，故于时为夏，于人则为礼，而众美之会也。利者，生物之遂，物各得其宜，不相妨害，故于时为秋，与人则为义，而得其分之和。贞者，生物之成，实理具备，随在各足，故于时为冬，于人则为智，而为众事之干。干，木之身而枝叶所依以立者也。"（《周易本义》）在这里，朱熹对仁、义、礼、智做了明确解释。他把仁、义、礼、智四德称为人的本性。他说："仁是性也……性中只有个仁、义、礼、智四者而已……仁主于爱，爱莫大于爱亲。"（《论语集注·学而》）这种看法与孟子的思想一致。

（五）儒家的"五常"

上述分析表明，不同的儒思想家对"德"的分类有一定差异。不过，综观各个思想家的观点，有共同的地方，这些共同地方构成了儒思想家的共同分类。到汉代时，形成了儒文化的"五常"。"五常"是仁、义、礼、智、信。

二、依据"德"的层次的划分

（一）依据由小到大的范围划分

依据儒文化思想，可由小到大将"德"分为己、家、社区、国或民族、人类等层次。

"己"是最低层次，这一层次的"德"是洁身自好，不成为社会的负担，不做破坏环境、损人及对社会、国家或民族不利的事情。

"家"层次的"德"是自觉且有能力承担起家庭的责任，关爱家庭成员，协调好家庭成员的关系，努力使家庭和谐繁荣。

"社区"层次的"德"是积极且有能力承担起对社区的责任，为社区的发展积极做出自己的贡献。

"国或民族"层面的"德"是以国家或民族的发展为己任，积极且能够为国家或民族的发展做出自己能够做出的最大贡献。

"人类"层面的"德"是以全人类的发展为己任，积极为全人类的和平繁荣做出贡献。习近平总书记提出的"人类命运共同体"便是如此。

（二）依据"德"的层次水平划分

综合儒文化思想，可将"德"由低到高的层次水平分为礼、义、仁、下德、上（玄）德。

1. 礼

"礼"是最低层次的"德"，它是人自觉并能够遵守社会规范和秩序，不做违法乱纪和违反良风善俗之事。这是对一个人最低、最基本的要求。

"礼"主要指"仪式或规范"和"礼节"。"礼"的目的主要有三：（1）使社会稳定和谐；（2）使人们相互理解；（3）提高社会和人的文明程度。

2. 义

"义"是为人处世公正公平，不违背道义，自觉并有能力做符合社会大众福祉或对社会大众有益的事，维护一定范围或程度的公平正义。

"义"主要指"道义或正义""情谊""利他"。"直其正也，方其义也。君子敬以直内，义以方外，敬义立，而德不孤。'直、方、大，不习，无不利'；则不疑其所行也。"（《周易·坤卦》）

3. 仁

"仁"是爱人，即人与人互相爱护或关爱。所谓"仁者爱人"，即发自内心自觉或不自觉且有能力关心、爱护、帮助他人。孔子说的"仁者爱人"、孟子说的"老吾老以及人之老，幼吾幼以及人之幼"就是这一层面的"德"。

4. 下德

"下德"是人有意识地按照"道"为人处世，自觉使自己不背离"道"，既具有容养万物之意，也具有容养万物之能、之行。不过，对于"下德"的人来说，"道"所赋予的包括容养万物之心、之能、之力的德性还未真正成为自己的内在品质和无意识，只能在意识的作用下按"道"来做，其心和意还未能完全成为一体。

5. 上（玄）德

"上（玄）德"是"道"所赋予的德性，其已成为人的内在品质，人在为人处世时会很自然地遵循"道"，不追求外部的形式，不考虑是否符合"道"却能自然地依道而为。上德者的心、意、能、行融为一体，自然而然地做利于环境、他人、社会、民族、国家和全人类的事，但却并不认为自己做了什么，而只是按照自己的本性自然而然地做这些事而已，即自己的自然本性使然，故不需要他人报恩，更不会因做善事而自恃对他人、社会有功有恩等而干涉或主宰他们。也就是按照自己的"德"之本性自然而然地展现德性，表现德行。"上（玄）德"是"道"赋予人的先天本性。"人之初，性本善"便是此意。概言之，"上（玄）德"是"道"所赋予的德性已成为人的内在品质，人在为人处世时会很自然地遵循"道"，不追求外部的形式，不考虑是否符合"道"，却能自然地依道而为，就如孔子所说的"随心所欲而不逾矩"。

上述从"礼"到"上（玄）德"的"德"的层次上升是外部的约束逐渐减少而内在的自觉逐渐增强，直到"上（玄）德"成为人的自然本性，"无须约束的近乎本能的自觉"即类本能。

第六章　儒文化智慧

儒文化中充满了生命智慧，这些生命智慧能够给予当今社会的人消除和预防心理问题，提升心理境界，增进生命意义和提高生活质量，有十分重要的积极意义。因此，有必要对儒文化智慧进行探讨。

第一节　儒文化中为人处世的智慧

儒家站在社会的视界重视为人处世，在其发展过程中逐渐生发出为人处世的智慧。为人是做人，即成为或做什么样的人，处世是如何在世间生活和成就事业，二者密切联系，相辅相成。儒文化把做人的目标确立为君子，而君子是"内圣外王"的人。内圣是指具有圣人的内在素养，尤其是德性，外王是建功立业，即儒文化所说的"齐家治国平天下"。内圣是为人，外王是处世。内圣不一定能外王，它只是外王的必要条件或前提，就如同孔子、孟子那样。外王一定是内圣，是内圣的外化或理想实现。如何才能成为"内圣外王"的君子，儒文化有一套富有智慧的方法或途径，这些为人处世的智慧仍具有极其重要的现实价值。

一、"心"之道

儒文化非常重视"心"的作用，认为在为人处世时要存心、用心、尽心，

这样才能为好人处好世。

（一）儒文化的"心"思想

孔子非常重视"心"的作用，要求人们对待人和事都要有心、用心、尽心。他说："回也，其心三月不违仁。其余则日月至焉而已矣。"（《论语·雍也》）孔子盛赞颜回心中长久离不开仁德，告诉人们，要成为君子或仁者，必须心中有仁。《论语·宪问》记载："子击磬于卫，有荷蒉而过孔氏之门者，曰：'有心哉，击磬乎！'既而曰：'鄙哉，硁硁乎！莫己知也，斯己而已矣。深则厉，浅则揭。'子曰：'果哉！末之难矣。'"这告诉人们，无论做什么事情，只要尽心尽力就好，即使目标或志向得不到实现，但对自己来说问心无愧，就没有什么可后悔的。正因如此，孔子知不可为而为之，为实现自己的理想尽心尽力。"无所用心，难矣哉！"孔子所说的"心"有良知之心和认知之心（杨少涵，2010），前者是内在的道德自觉或素养，后者是对外部的道德规范尤其是对礼和外部事物的认知，前、后者应统一起来，且后者服从前者。有人认为，孔子的"心"主要包含知性、德性、悟性、志性等方面（储朝晖，2004）。也有人认为孔子所说的"心"包括德性、知性、情性。要具有这些方面，就需要用心尽心。"仁远乎哉？我欲仁，斯仁至矣。"（《论语·述而》）这句话强调用心尽心的作用，只要有仁心，就会行仁事，由此就能成为仁人。"人而不仁，如礼何？人而不仁，如乐何？"（《论语·八佾》）这句话明确强调"心"的作用，告诉人们行仁要有心、用心、尽心。

"心"是孟子思想最为重要的范畴，孟子特别重视"心"的作用，《孟子·尽心章句上》中有专门章节论述了"心"。孟子认为，"心"是人与动物区别的重要标准，人的心既具有认识性，也具有道德性，人心规定了人性，人性是人心的具体化、现实化和拓展化，人只要尽心尽力扩充发展自己的本心和本性，就可成就自己。在孟子看来，"心"是连接人与天的桥梁，是人的存在之本，用心尽心可以成就人、治好国，所以尽心是人的安身立命之道。其路径是：尽心→知性→知天（道）。他认为，每个人都具有"道"所具有的"生养万物而不自恃"的良好品质，只要通过反躬自省发现自己的这些良好品质，尽心尽力把它们展现出来，就是人生的最大乐事。依据孟子的思想，尽心的目标是成为君子，既然要成为君子，那就要行善、施仁政，为人处世要做到无愧于心。他指出："虽存乎人者，岂无仁义之心哉？其所以放其良心者，亦犹斧斤之于木也，旦旦而伐之，可以为美乎？其日夜之所息，平旦之气，其好恶与人相近也者几希，则其旦昼之所为，有梏亡之矣。梏之反覆，则其夜气不足以存；夜气不足以存，则其违禽兽不远矣。"（《孟子·告子章句上》）这段话告诉人们，人应尽心尽力维护、培植、扩展自己的本心、本性，这样人才能得以很好发展。否则，犹如用斧伐木那样天天损害仁心，就会造成自己的人性丧失。他说："弈之为数，小数也；不专心致志，则不得也。……使弈秋诲二人弈，其一人专心致志，惟弈秋之为听。一人虽听之，一心以为有鸿鹄将至，思援弓缴而射之，虽与之俱学，弗若之矣。"（《孟子·告子章句上》）其义是，就连下棋这样的小术不尽心尽力学习都学不好，更何况成大德大业这样的事情呢？（梁山，2016）

"心"是荀子思想的基础。荀子特别重视"心"的作用，认为"心"主宰或决定着人的身体或生理活动和情欲、认知、行为等，在人的为学、为政和成德等方面发挥决定性作用（唐琳，2012）。在为学方面，他认为唯有用心、尽心，才能把学习搞好。学习之道是"用心一也"（《荀子·劝学》），只有用心、尽心，才能认识事物的实质，发现事物之道即规律，获得真理性知识。"君子之学也，入乎耳，着乎心，布乎四体，形乎动静"（《荀子·劝学》），告诉人们学习要用心思考、实践、体认。"今使涂之人伏术为学，专心一志，思索孰察，加日县久，积善而不息，则通于神明，参于天地矣。"（《荀子·性恶》）在为政上，荀子认为合道之心是治理国家的根本（唐琳，2012）。他指出："天下无二道，圣人无两心。""心不可以不知道，心不知道，则不可道，而可非道。""心者，形之君也，而神明之主也，出令而无所受令。自禁也，自使也，自夺也，自取也，自行也，自止也。"（《荀子·解蔽》）任何人，只要用心、尽心学习，就可以知道明道循道，进而可以成为像尧舜禹那样的圣人，这样天下就可以治理好了。在成德上，荀子把用心尽心作为成德之道，应以礼化心，以诚养心，心之修养是君子成就完美人格的根本（唐琳，2012）。他认为，人们要成为大德者，应当心坚守道，进而好道乐道，诚服于道。他指出："君子养心莫善于诚，致诚则无它事矣。唯仁之为守，唯义之为行。诚心守仁则形，形则神，神则能化矣。诚心行义则理，理则明，明则能变矣。变化代兴，谓之天德。天不言而人推其高焉，地不言而人推其厚焉，四时不言而百姓期焉。夫此有常，以至其诚者也。"（《荀子·不苟》）。综上所述，荀子特别重视"心"的作用，把用心、尽心作为为人处世之道。

宋明理学发展了孔子、孟子等用心、尽心的思想，提出"心即理"的主张，把"心"置于核心主导地位，强调存心、明心、用心、尽心。存心就是存有或葆有本心。既然"心即理"，那么存有或保有本心，就是存（天）理。明心是认知自己的（天）理之心，明晰自己的（天）理之心的性质、内容与特点。用心是用心去体认（天）理，依据（天）理去为人处世，这样才能为好人处好世。尽心是尽（天）理之心，就是完全按照（天）理来为人处世，把自己内心中的（天）理尽可能地释放出来。

朱熹说："仁者，心之德。心不违仁者，无私欲而有其德也。"（《四书章句集注·公冶长》）他明确指出人的本心是仁心，仁心即天理，所以人们要本着仁心为人处世，这样就可成就自己的德性，建功立业。"圣人之心未尝忘天下，圣人心同天地，视天下犹一家，中国犹一人，不能一日忘也。故闻荷蒉之言，而叹其果于忘世。且言人之出处，若但如此，则亦无所难矣。"（《论语集注·宪问第十四》）其义是，只要志向合天理，不管它能否实现，始终保持这一志向，用心、尽心去实现就无愧于天、人、己。

王阳明举例说："如事父不成，去父上求个孝的理；事君不成，去君上求个忠的理；交友治民不成，去友上、民上求个信与仁的理：都只在此心，心即理也。此心无私欲之蔽，即是天理，不须外面添一分。以此纯乎天理之心，发之事父便是孝，发之事君便是忠，发之交友治民便是信与仁。只在此心去人欲、存天理上用功便是。……就如讲求冬温，也只是要尽此心之孝，恐怕有一毫人欲间杂；讲求夏凊，也只是要尽此心之孝，恐怕有一毫人欲间杂；只是请求得此心。此心若无人欲，纯是天理，是个诚于孝亲的心，冬时自然思量父母的寒，便自要去求个温的道理；夏时自然思量父母的热，便自要去求个凊的道理。这都是那诚孝的心发出来的条件。却是须有这诚孝的心，然后有这条件发出来。譬之树木，这诚孝的心便是根，许多条件便是枝叶，须先有根然后有枝叶，不是先寻了枝叶然后去种根。《礼记》言：'孝子之有深爱者，必有和气；有和气者，必有愉色；有愉色者，必有婉容。'须是有个深爱做根，便自然如此。"（《王守仁全集·卷六》）。这也是在强调存心、用心和尽心，要求人们要用心、尽心为人处世。

（二）儒文化的"心"道智慧

儒文化的"心"道智慧主要表现在以下几个相互联系、相辅相成的方面。

1. 一

"一"是一心一意，一以贯之，用"道"贯通事情的始末或全部道理，遵循"道"为人处世，自始至终都不会改变。孔子一心坚持自己的志向而不改，即使是遭遇极大困苦，他也能不改其志。他说："达于道之谓达，穷于道之谓穷。今丘也拘仁义之道，以遭乱世之患，其所也，何穷之谓？故内省而不疚于道，临难而不失其德，大寒既至，霜雪既降，吾是以知松柏之茂也。……陈、蔡之厄，于丘其幸乎！"（《吕氏春秋·孝行览》）荀子说："天下无二道，圣人无二心。"（《荀子·解蔽》）在他看来，君子通常选择一端而专一于思想，专一于思想就是意志端正，能够穷尽事物。王阳明说："天地间只此一事，安有两事？……如读书便一心在读书上，接事便一心在接事上。……一者，天理。主一是一心在天理上。若只知主一，不知一即是理，有事时便是逐物，无事时便是着空。惟其有事无事，一心皆在天理上用功，所以居敬亦即是穷理。"（《传习录》）这就告诉人们，做任何事情都要一心一意，不能三心二意、朝三暮四，否则将会一事无成。

2. 专

"专"是专心、专注，是指人们对自己所从事的工作或活动执着，专心于并全身心地投入自己的事业或活动上。具有这样的素养的人，能避免浮躁，抵御外界的各种诱惑，坚守自己的事业或活动而不动摇，无论社会环境如何变化，行业职业如何变动，所从事的工作或活动的回报或价值如何变化，他们都坚守自己的事业。古今中外所有立德、立功、立言的人，他们之所以能够在自己的事业上不断精进，与他们日积月累地对事业的专注与勤奋是分不开的。因此，儒文化特别重视专心的重要性，将其作为做成任何事情的必要条件和关键性因素，是人的修行捷径。孟子以两人跟弈秋学棋为例强调专心的重要性。王阳明说："持志如心痛，一心在痛上，岂有工夫说闲话、管闲事？"（《传习录》）意思是说保持自己的志向，就如同心脏在疼痛，注意力都被这种疼痛吸引了，哪里有空闲说无意义的话和管无意义的事。这也告诉人们，专心可以使人们排除内外干扰，这样有利于把事情做好。事实上，无论做什么事情，只有专心，才能有强大的定力，排除各种内外干扰，走出各种诱惑、欲望等所导致的迷茫状态，使自己目标明确。

3. 诚

"诚"是诚心实意，要求人们做人要真实、讲信用、不虚假、不欺骗人等，做到诚以待人，为人处世实心实意，说话办事讲信用，说到做到。儒文化认为，诚是人最应该具备的特质，有了诚，为人处世就好办了。孔子说："言忠信，行笃敬，虽蛮貊之邦，行矣；言不忠信，行不笃敬，虽州里，行乎哉？"（《论语·卫灵公》）这明确告诉人们，诚实忠信是为人之本，这样的人走到哪里都行得通；反之，在哪里都行不通。孟子说："反身不诚，不悦于亲矣；诚身有道：不明乎善，不诚其身矣。是故，诚者，天之道也；思诚者，人之道也。至诚而不动者，未之有也；不诚，未有能动者也。"（《孟子·离娄上》）把"诚"作为中国文化的本体意义上的"道"，是人们必须遵循的，否则什么事情也做不好。荀子更是把"诚"置于为人处世的最高地位。在日常生活中，人们都不喜欢虚伪、口是心非、说假话、不讲信用的人。在与这样的人交往中，人们也不会有诚心、讲信用。最终这样的人会因为自己的不诚而给自己带来伤害。"烽火戏诸侯""狼来了"等故事充分说明了这一点。因此，中国人非常重视"诚"，许多词语如"童叟无欺""一诺千金""言必行，行必果""人无信而不立""言而有信"等便是对"诚"的要求。

"欺人者，必自欺"，对人不"诚"的人终将自食其果，导致人人都不信任他，甚至唾弃他。倘若在人际交往中人人都"诚"，就必然会建立良好的人际关系。倘若人人都虚假，不讲信用，尔虞我诈，社会就会混乱，人人都会没有安全感，就不可能形成和谐的、适合人生活的社会氛围。"欺人一时，欺不了一世"，不诚实、不讲信用的人最终会被人们识破，遭到他人的背弃。

4. 恒

"恒"是恒心，持之以恒。恒心是指无论遇到什么艰难困苦，遭遇什么挫折或失败，都能持之以恒。恒心是进德修业的一个重要条件和心理素养。常言道，坚持不一定会成功，但是不坚持肯定不会成功。另外，倘若人们坚持了，即使事情没有做成，也没有什么可遗憾、可后悔的。曾国藩非常重视恒心的重要性，他所认为的成功要素中"恒心"占据十分重要的地位。[1] 他说："凡人作一事，便须全副精神注在此一事。首尾不懈，不可见异思迁，做这样想那样，坐这山望那山。人而无恒，终身一无所成。"（《曾国藩家书·修身篇·致九弟·做人需要有恒心》）"学问之道无穷，而总以有恒为主。"（《曾国藩家书·劝学篇·致诸弟·读书必须有恒心》）这明确告诉人们，无论做什么事情，尤其是重大事情，必须有恒心，不能"三天打鱼，两天晒网"。

5. 定

"定"是定力，是人能排除任何外界干扰的心理素养，即正念坚固，不随物流，不为境转，心地清净，不被假象迷惑，不为功名利禄而动心，不为他人的言行哪怕是侮辱性、诽谤性的言行而乱心生嗔的心理素养。一个人所能够表现出来的"定"，被称为定力。心有主宰，有定力，不会因外界的各种干扰或诱惑而动摇。古今中外的建功立业者，大多因为他们有强大定力，才能专注于自己的工作，定下心来追求技艺的提升。

宋代赵善璙在《自警篇》说道："或问张无垢：'仓卒中、患难中处事不乱，是其才耶？是其识耶？'先生曰：'未必才识了得，必其胸中器局不凡，素有定力。不然，恐胸中先乱，何以临事？'"（《自警篇·善处事》）其明确告诉人们，定力对人十分重要。正因如此，2017 年 2 月 13 日，习近平总书记强调，领导干部要"增强政治定力、纪律定力、道德定力、抵腐定力，始终不放纵、不越轨、不逾矩"[2]。

---

[1] 曾国藩结合自身总结的成功要素有"勤""恒""志""识"等，其中"恒"是不可或缺的因素或素养。

[2] 人民网. 领导干部要增强四种定力 [EB/OL]. （2018-05-09）[2022-07-09]. http://dangjian.people.com.cn/n1/2018/0509/c117092-29974085.html.

二、"中"之道

"中"是中庸，中庸是适度、恰当，"无过无不及"。"过"是过头，过分，超过一定限度。"不及"是没有达到或达不到一定程度。在儒文化看来，"过"和"不及"都不当，都做不好事情，搞不好人与人之间的关系，因此对二者都予以反对。"无过无不及"出自《论语》。"子贡问：'师与商也孰贤？'子曰：'师也过，商也不及。'曰：'然则师愈与？'子曰：'过犹不及。'"这明确告诉人们，"过"和"不及"同样不好。贾谊说："过犹不及，有余犹不足也。"（《贾谊新书·容经》）意思是说，事情做过了头就如没做到一样，过多就如不够一样，都不合适。这告诉我们一个浅显的道理：做什么事都要适度，做得不够或做得太过都不能把事情做好，唯有适度才能把事情做好。用现在的话讲就是，做任何事情都应有一个度，都不能达不到一定的度或超出一定的限度。做得不够，如努力不够、力量不够、付出不够等，事情就做不成；倘若过度或过分了，不仅不会有好的结果，还会有害，那样还不如不做。比如，经济发展既不能速度太快，也不能太慢。就个体的心理与行为而言，也要有个度，在"度"内是积极的，在"度"外是消极的。如"怯懦"是"不及"，"张狂"是"过"，而"勇敢"是"中庸"；"吝啬"是"不及"，"奢侈"是"过"，而"慷慨"是"中庸"；"自卑"是"不及"，"自负"是过，而"自信"是"中庸"。"中庸"本身也是如此，中庸如果变成了没有原则的"老好人"，什么事情都折中，不敢为人先或为天下先，产生"人怕出名猪怕壮""枪打出头鸟"的心态，既不落后，也不先进，走中间路线，和稀泥、不偏不倚、模棱两可、首鼠两端，就变成了消极的品质。

中庸是儒文化的为人处世处之道，既是哲学意义上的认识论和方法论，又是道德伦理上的行为准则，也是人应具有的特质。它作为做事方式和尺度深深植根于中华民族的意识形态中，影响、制约、指导着中国人的行为。

中庸由孔子首倡。孔子认为，远古圣帝尧、舜、禹相传的"允执其中"是处理一切问题的基本法则，并在此基础上进一步发挥，创立了系统的中庸思想。从方法论和做事方式角度看，中庸指适度、适中、正确，无过无不及，恰到好处；从行为上讲是合理、合度、合宜，无所偏颇而恰如其分；从道德上讲是和睦、公平、公正，既顺乎天理又合乎人情（李益荣，2006）。

"中庸"告诉人们在处理人与人、人与社会、人与自然关系方面应和平共处、协调和谐、内求平衡与外重情感。这种思想既是个人行为规范的最高准则，也是理想社会的目标追求（李益荣，2006）。

儒文化乃至整个中国文化之所以注重中庸，既与农耕经济有关，也是其观察自然获得的经验。农耕经济要求按照庄稼的生长规律和自然运行规律来进行生产活动，生产活动应当适度，既不能过也不能不及，如既不能施肥太多，也不能不施肥；既不能为使庄稼长得快而揠苗助长，也不能完全不采取措施任由庄稼慢慢生长；农业生产要适时，既不能过早也不能过晚，否则就不能有好的收获。从经验上说，中国人通过对自然的观察，注意到做任何事情都应适度，否则会物极必反，不仅做不好事情，而且会把事情搞糟搞砸。

三、恕之道

恕是儒文化重要的为人处世之道，也是儒文化所强调的身心保健的重要途径或方法。从儒文化的创始人孔子开始，儒思想家对恕都非常重视。

（一）儒文化中的"恕"的论述

"恕"是贯穿孔子思想始终的根本原则或"道"。"夫子之道，忠恕而已矣""吾道一以贯之"（《论语·里仁》）。在子贡询问"有一言而可以终身行之者乎？"时，孔子回答说："其恕乎！己所不欲，勿施于人。"（《论语·卫灵公》）由此看来，孔子把"恕"作为人应当终生奉行且能从中受益的基本行为，"仁"在现实社会生活中的实际运用，是为人处世的基本原则。

孟子说："强恕而行，求仁莫近焉。"（《孟子·尽心章句上》）这明确告诉人们，不断勉励自己按照推己及人的恕道去做，是达到仁德的最近道路，把"恕"置于非常高的地位。在孟子看来，"恕"是人内在的心理特质，要按恕道做，首先应发现自己内在的"恕"之本性，然后由己及人，把自己的"恕"之心理品质推而广之运用到亲朋好友乃至所有人身上，那就可以称为仁人或义人。正是由于"恕"是人内在固有的心理品质，因此要实现"恕"道，首先要反躬自省，这就是孟子说的"反身而诚"。如果遇到不顺心的事，反躬自省，看看自己有什么做得不对的地方、做得不好的地方，还有哪些欠缺或不足，进而增益己所不能。如果遭遇挫折、失败、艰难困苦、烦恼和痛苦，应反躬自省是哪些缺陷导致的，是能力不足，还是定力、驭心力差，还是德性不够，哪方面差就在哪方面努力。

《中庸》说："忠恕违道不远。"这明确告诉人们，一个人如果能够做到忠恕，就离道不远了。其实，按照中国文化，尤其是儒文化思想，做任何事情都要遵道循道，唯有如此，才能把事情做好；否则什么事情也做不好。由于"恕"是儒文化所认为并强调的"道"，特别是人道，即为人处世之道，所以为人处世要遵循"恕之道"，这样才能为好人处好世；一旦在为人处世方面出现问题，就会使自己陷入痛苦、烦恼等不良情绪，导致身心失调。

《过庭录》说："但以责人之心责己，恕己之心恕人，不患不到圣贤地位也。"其把"恕"作为修达圣贤的途径或方法，告诉人们为人处世，应当遵循恕之道，用苛求和责备他人的心来要求、反省自己；用宽恕、体谅自己的心去宽容体谅他人。《省心录》指出："礼义廉耻，可以律己，不可以绳人。律己则寡过，绳人则寡合，寡合则非涉世之道。故君子责己，小人责人。""责人者不全交，自恕者不改过。""己所有者，可以望人，而不敢责人也；己所无者，可以规人，而不敢怒人也。故恕者推己以及人，不执己以量人。"这告诉人们，在做人上，要对自己严格要求，但不能把对自己的严格要求用到他人身上，这就是"恕"。按照这样的恕道来做，就不会出现问题。

程颐、程颢指出：忠恕"犹形影也，无忠则不能为恕也""维天之命，于穆不已，不其忠乎？天地变化草木蕃，不其恕乎"（《二程外书》）。朱熹也作出同样解释："维天之命，于穆不已，忠也；乾道变化，各正性命，恕也。"（《朱子语类·卷二十七》）"维天之命，于穆不已"源于《诗经·周颂·维天之命》，告诉人们应按照肃穆庄严运行不止的天道来行事。圣人的"忠恕"使他们明白天理，能够很自然地按照"道"去做，发自内心地"忠恕"，用现在的话说应该是无意识或下意识自动地表现"忠恕"，也就是孔子说的"随心所欲而不逾矩"。学者的"忠恕"是有意识地表现"忠恕"，要下工夫克己，即有意识地控制自己实现"忠恕"。不管是哪个层次的"忠恕"，朱熹都概括为"尽己之谓忠，推己之谓恕"（《论语集注·卫灵公》）。尽自己的力，努力做好自己，使自己达到"道"的要求，这是忠；推己及人，使他人、天下人也做好他们，也达到"道"的境界，这是恕。概言之，"忠"是尽心尽力，"恕"是为他人做事也像做自己的事情那样尽心尽力。"忠"是对己而言，即对自己的事情或人，如父母、孩子尽心尽力；"恕"是对他人，类似于孟子说的"老吾老以及人之老，幼吾幼以及人之幼"。

　　王阳明从"心即理""人同此理"出发，认为"忠恕"是"道"的体现，"道"体现在认知上即"格致"；体现在人际交往上即"忠恕"；体现在自我修身方面即"尊德性""求放心"（何彦彤，2019）。依据王阳明的这一思想，"忠恕"是处理人际关系之道，而这一"道"就是推己及人，即孔子提出的"己所不欲，勿施于人""己欲立则立人，己欲达则达人"，孟子提出的"老吾老以及人之老，幼吾幼以及人之幼"。这实际上是当今科学心理学所讲的人际交往的黄金法则和白金法则[1]。

---

[1] 人际交往的白金法则是"别人希望你怎样对待他们，你就怎样对待他们"。它是由美国最有影响力的演说人之一和最受欢迎的商业广播讲座撰稿人托尼·亚历山德拉博士和人力资源顾问、训导专家迈克尔·奥康纳共同提出的。白金法则提出了一个十分重要的与黄金法则不同的理念，那就是以别人为中心，即根据别人的需要，来组织交往的技巧与技术，这样才能更好地打动他的心，建立良好的人际关系。它明确告诉我们，不要以自我为中心。若以自我为中心，将使自己陷入并困于人生最大的陷阱。虽然人人都有一个"自我"，都有自己的需要、立场、观点、方法、性格、喜好、人生观等，但要做一个聪明人，就不能只站在自己的角度，而应该多替他人着想，因为没有他人，也就没有自己。"后其身而身先，外其身而身存。"如果过分强调自我，一切以自己为中心，在做事情时就会患得患失，放不开手脚，反而更容易使自我受到伤害。这与老聃的"我与无我"的辩证统一思想相一致。

（二）儒文化中"恕"的含义

综合儒文化的"恕"思想，可以看出"恕"主要有如下含义：（1）换位思考或角色互换，用自己的心推及他人的心；（2）不计较他人的过失，尤其是无意对自己造成的伤害，原谅宽容他人；（3）不与他人斤斤计较，能够接受或容忍他人的异己之见；（4）遵从自己内心的善性行事，心生善良、关爱、同情的同理心和情感，并将这种同理心或情感传递给他人，设身处地地为他人着想、考虑。其实质是忘我或无我。如此，人就会善解人意，成人之美而不成人之恶，宽容、原谅他人的冒犯或过失。

（三）作为中国文化心理特质的"恕"的价值或作用

由于儒文化是中国传统文化的主导性文化，所以它所倡导的"恕"逐渐发展成为中国人重要的人格特质之一。中国人常说，"退一步海阔天空""忍一时风平浪静""能容人处且容人""己所不欲，勿施于人""己欲立而立人，己欲达而达人""宰相肚里能撑船""大人不计小人过""宽以待人，虚怀若谷""与人方便，自己方便""我为人人，人人为我""设身处地为他人着想""退避三舍"等，都是恕的体现或反映。

在一般情况下，人们对于自己亲近和尊敬的人，很容易做到关爱、宽容、体谅。可是，对方若是陌生人，或是自己憎恨的人时，则很难做到，这说明此时人还不具有"恕"的品质。如果对陌生人也能做到将心比心和宽容，那就已具备了"行仁"的资格。当然，宽容并不是无限制的，它也是有底线的，否则无度的宽容就会演变成纵容，到时候再想收场就有难度了。在确定自己要做的事符合"仁"的原则后，不管是自己要做的，还是承诺他人的，都忠实于内心的想法，全心全意，竭尽全力做好；自己喜欢的，要考虑他人是否也会喜欢，自己讨厌的，要考虑到他人是否也会讨厌，推而广之，运用到实际的人际交往中善待、包容和宽恕他人，就是"忠恕"。秉承忠恕之念做事，就是从人们自身需要出发，而不是强加于人，所以很容易被人接受。如果不能正确理解"忠恕之道"，人们在生活中就很可能会陷入困境，招致挫折或伤害。当我们遵循恕之道，而不被他人认同；倘若我们将心比心善待他人，却遭受对方无情的中伤时，又该如何做才是恕呢？仔细观察就会发现，这两种心态特别重视别人的评价，这种想法本身就不符合"恕之道"。真正的"忠恕之道"重在内在的体验，强调"我这样做问心无愧就可以了，至于别人怎样说并不重要"。如果能正确理解"忠恕之道"的确切思想，就不会陷于迷茫。

在儒文化看来，人与人之间相互谦让、相互谅解，就没有解决不了的问题。换言之，恕是处理好人际关系、为自己赢得较好的生存与发展空间或条件的重要途径，也是人良好的道德品质和高尚的情操。要想与他人关系融洽、和睦相处，恕是不可缺少的。要想使他人不过分要求自己，就不要过分求他人，要包容他人的缺点和不足之处；将心比心，善待他人，对他人要关怀、尊重和理解，这样才能换得他人的善待；任何人都有自己对问题的看法、意见和体会，应学会欣赏他人，从他人的意见、看法或体会中发现对自己有益之处，不要固执己见，一味否定他人；"人无完人，金无足赤"，要容许他人犯错误，给他人改正错误的机会，并帮助他人改正错误，不要"一棍子把人打死"或揪着他人的错误不放，对待他人对自己的冒犯不要耿耿于怀或睚眦必报；如果想让他人信任自己，那就要信任他人，不要对人都持怀疑、否定态度或心存敌意，也不要把人都看作不好的。有首童谣唱得好："东边来了一只羊，西边来了一只羊，一起走到小桥上，你也不肯让，我也不肯让，扑通一声掉到河中央。"它唱出了儒文化所重视"恕之道"的价值或意义——相互礼让，共同受益。在中国各地都流传着许多体现恕之道的故事。如安徽桐城的"六尺巷"[1]，以及河南沁阳、山东聊城、河北丰润县、河北迁安市建昌营古镇等的"仁义胡

---

[1] 清朝康熙年间，文华殿大学士兼礼部尚书张英的老家人与邻居吴家在建房子的时候因为土地问题发生了争执，谁也不肯相让。张英知道后，拿起大笔，写了一首诗："千里家书只为墙，让他三尺又何妨。长城万里今犹在，不见当年秦始皇。"家人接信之后，主动退让了三尺。邻居既感动又羞愧，也把围墙向后退三尺。最后空了一条巷子，有六尺宽，有张家的一半，也有吴家的一半，村民们可以自由通过。六尺巷由此得名，并成为邻里谦让和谐的象征。

同"[1]等也体现了恕之道。如果社会上的人都能按照恕之道来做，就非常有助于社会的和谐与稳定、人们的身心健康。

恕之道是一个有效地维护并促进身心健康的方法或途径。（1）宽容、

---

[1] 沁阳的仁义胡同位于沁阳市城区东南部，呈南北走向，南起南街，北至覃怀中路，长50米，南头不足1.5米宽，北头稍宽。该胡同与沁阳市的历史文化名人何瑭有关。明正德年间（1506—1521年），何瑭的女儿何英、女婿任冠元与邻居丁琪因宅地发生争执，何英就给何瑭写了一封信，想借父亲的威名压制对方。何瑭收到信后，挥毫写下一封家书，严肃地教育何英、任冠元要以仁义为本，与邻居和睦相处、互谅互让，切不可仗势欺人、以邻为壑。他还交代何英、任冠元，如果丁琪的母亲旧病复发，可送些银两资助，并在信末附了一首诗："千里捎书为一墙，让他一墙有何妨？邻里应重仁和义，莫借吾名做强梁。"何英、任冠元收到何瑭的信后，被父亲的大仁大义感动，遵照父亲的叮嘱，把墙往自家这边挪了一下。丁琪看到后，也把墙往自家这边挪了一下。这样一来，两家中间便形成了一条六尺宽的胡同，后被人们称为仁义胡同。该胡同路面很窄，却体现了宽容；道路很短，却德义中间走、礼让站两旁。

山东聊城的仁义胡同位于山东省聊城市东昌府区东关大街111号傅斯年陈列馆（傅氏祠堂）东临，长约60余米，宽2米。胡同为青石铺筑，胡同南首为一木质牌坊，坊上檐下正中为清康熙皇帝题写的"仁义胡同"。在胡同北首为一影壁，壁为硬山顶，正中书有"仁义胡同"四个金色大字。此胡同与清初名臣傅以渐有关。傅以渐是清朝开国状元，官至武英殿大学士兼兵部尚书，可谓是一代名相。他天资聪慧，博览群书，经史熟记不忘，对伦理道德尤为注重。他治学严谨，学识渊博，儒生学士尊称"星岩先生"，有些史官学者赞其"道德文章实为一时之冠"。顺治皇帝对其非常器重，凡是朝中重要之事，都找他来一起商量。傅以渐家人在东关家庙拓修建设时，傅家新建的院墙盖住了邻居地基，邻居以为有碍自家的风水，于是找上门来。傅家宅院刚刚修缮完毕，不愿额外增加开支，与邻居发生纠纷，一时相持不下，于是写信给当时任国史院大学士兼兵部尚书的傅以渐，让他给地方官员通融一下，予以照顾。傅以渐很快回信道："千里捎书只为墙，让他三尺又何妨？万里长城今犹在，不见当年秦始皇。"家人看后，十分羞愧，主动将墙基退让三尺，并主动找邻居道歉。邻居看到相府人家如此仁义，十分感动，便也退让三尺，就成了傅氏祠堂东邻的这条六尺胡同。后来康熙皇帝驻跸聊城，闻听此事，遂书"仁义胡同"四个大字以倡义举。

除上述两地的仁义胡同外，河北丰润县、河北迁安市建昌营古镇等地也有类似传说，故事梗概大致相同。

不计较、体谅等可以使人心态平和，免除因争执等而产生的愤怒、焦虑等影响身心健康的情绪。大量事实表明，良好的情绪是维护生理机能正常运行的前提，是防病治病的重要因素。情绪处于高度的唤起状态，特别是长期处于不良情绪之中，如愤怒、恐惧、悲伤、忧郁等，对健康十分有害，有时甚至会诱发各种疾病（包括精神疾病）。（2）恕之道能够创建和谐的人际关系，而良好的人际关系是增进身心健康的有利条件。缺乏"恕之道"，就容易导致人际关系紧张，进而导致社会适应性差。在日常生活中常会看到，有些人智商很高，但难以适应社会，难以在社会中生存，其中一个重要原因就是他们缺乏恕之道，容易产生嫉妒、压力感、焦虑、郁闷等消极情绪导致人际关系不良。

四、和之道

（一）儒文化的"和"的论述

"和"是中国文化特别是儒文化十分重视的为人处世之道，也是人们的身心保健之道。孔子提出和之道，非常重视"和"的作用。孔子说，"君子和而不同，小人同而不和"（《论语·子路》），把"和"作为君子和小人相区别的重要心理特质。何晏把之解释为："君子心和然其所见各异，故曰不同；小人所嗜好者同，然各争利，故曰不和。"（《论语集解》）他明确指出，君子的"和"是心和，即心中可以有不同见解，但不会因为不同见解而影响他们之间的和谐关系，甚至相互之间可以取长补短，把各种看法相融合以形成更为全面恰当的看法。邢昺认为："别君子小人志行不同之事也。君子心和，然其所见各异，故曰不同。小人所嗜好者则同，然各争利，故曰不和。"（《论语注疏》）他把"和"作为区分君子和小人的基本标准。君子之间和睦相处，不过他们会按照自己的认知或理解对同一事物或事件有不同的看法；小人有共同的嗜好，但遇到利益则相互争抢。比如，追求名利，为了名利不择手段相互抢夺。朱熹认为："和者，无乖戾之心；同者，有阿比之意。尹氏曰：'君子尚义，故有不同。小人尚利，安得而和？'"（《论语集注》）朱熹从心理上对"和"与"同"进行解释，认为君子崇尚"义",但践行"义"的内容、方式、方法等可能不同;小人争名夺利,所以不可能内心平和、与人和谐,在不涉及利益的情况下可能表面上看起来关系不错,一旦涉及名利等就会发生冲突,甚至大打出手。刘宝楠解释说:"和因义起,同由利生。义者,宜也,各适其宜,未有方体,故不同;然不同因乎义,而非执己之见,无伤于和。利者,人之所同欲也;民务于是,则有争心,故同而不和。此君子、小人之异也。"(《论语正义》)刘宝楠明确指出,"和"的起因是"义",而"义"是适宜、适当、合适,由于适宜于每个人行义的方法和途径各不相同,因此"和"是不同的。这样,不同的和不是执己之见,没有伤及"和"。这与当代科学心理学所说的个性差异相吻合。由于每个人的先天禀赋(即遗传素质)各不相同,所生活的环境不同,因此造就了具有差异性的人,即"人心不同,各如其面""人莫不有所长,莫不有所短",况且每个人"所习立之志业"自亦有异,不能强求千篇一律。所谓"义",并非指抽象而固定的教义(即所谓有方体),而是"各适其宜"。正如《易经》说的"神无方而《易》无体"(《周易·系辞上》),"同归而殊途,一致而百虑"(《周易·系辞下》)。这说明,儒文化持多元人生观、价值观、义利观。"同"的起因或根源是"利",而"利"是重利之人所认为的人所共同追求或想获得的,正如一些人所说的"没有永恒的朋友,也没有永恒的敌人,只有永恒的利益",正因如此,人们为获得名、利、权等而钩心斗角,相互倾轧。这是不和、两败俱伤与身心问题的根源。国学大师皇侃认为:"'和'谓心不争也。不同谓立志各异也。君子之人千万,千万其心和如一,而所习立之志业不同也。"晏子对"和"与"同"作了生动形象的论述。在齐侯问他"和"与"同"是否相异时,他说:"异。和如羹焉,水火醯醢(xī hǎi)盐梅,以烹鱼肉,燀(chǎn)之以薪,宰夫和之,齐之以味,济其不及,以泄其过。君子食之,以平其心。君臣亦然。君所谓可,而有否焉,臣献其否,以成其可;君所谓否,而有可焉,臣献其可,以去其否。是以政平而不干,民无争心。……先王之济五味,和五声也,以平其心,成其政也。声亦如味,一气、二体、三类、四物、五声、六律、七音、八风、九歌以相成也,清浊、小大、短长、疾徐、哀乐、刚柔、迟速、高下、出入、周疏,以相济也。……若以水济水,谁能食之? 若琴瑟之专一,谁能听之? 同之不可也如是!"(《左传·昭公二十年》）用现在的话就是，肉加上酱醋盐等各种材料，适当调和才能成为美味的汤汁。从政治上说，如果君主认为某个方案是正确的，臣子应当指出其中问题，使之完善；如果君主认为某个方案不好，臣子应当指出其中合理的地方，改掉其中不好的方面。只有听取不同的意见，才能使一个政策、方案得到完善，国家才能够治理好。如果唯唯诺诺，始终与君主一致，那就没有进步，"同"就像水加水，没有任何味道。

有子曰："礼之用，和为贵。先王之道斯为美，小大由之。"（《论语·学而》）。把"和"放在十分重要的位置，视为君子应当具备的核心心理素养，是为人处世应遵循的基本准则和基本目的。《论语注疏》认为："和，谓乐也。乐主和同，故谓乐为和。夫礼胜则离，谓所居不和也，故礼贵用和，使不至于离也。……斯，此也。言先王治民之道，以此礼贵和美，礼节民心，乐和民声。乐至则无怨，礼至则不争，揖让而治天下者，礼乐之谓也，是先王之美道也。……由，用也。言每事小大皆用礼，而不以乐和之，则其政有所不行也。"朱熹解释说："礼者，天理之节文，人事之仪则也。和者，从容不迫之意。盖礼之为体虽严，而皆出于自然之理，故其为用，必从容而不迫，乃为可贵。先王之道，此其所以为美，而小事大事无不由之也。如此而复有所不行者，以其徒知和之为贵而一于和，不复以礼节之，则亦非复理之本然矣，所以流荡忘反，而亦不可行也。程子曰：'礼胜则离，故礼之用和为贵。先王之道以斯为美，而小大由之。乐胜则流，故有所不行者，知和而和，不以礼节之，亦不可行。'范氏曰：'凡礼之体主于敬，而其用则以和为贵。敬者，礼之所以立也；和者，乐之所由生也。若有子可谓达礼乐之本矣。'愚谓严而泰，和而节，此理之自然，礼之全体也。毫厘有差，则失其中正，而各倚于一偏，其不可行均矣。"（《论语集注·学而第一》）

孟子非常重视"和"，将其视为人们为人处世和做事情成功的基本准则与方法。他说："天时不如地利，地利不如人和。三里之城，七里之郭，环而攻之而不胜。夫环而攻之，必有得天时者矣，然而不胜者，是天时不如地利也。城非不高也，池非不深也，兵革非不坚利也，米粟非不多也；委而去之，是地利不如人和也……得道者多助，失道者寡助。寡助之至，亲戚畔之；多助之至，天下顺之。以天下之所顺，攻亲戚之所畔；故君子有不战，战必胜矣。"（《孟子·公孙丑章句下》）孟子明确把"和"放在为人处世最重要的位置上。

荀子说："义以分则和，和则一，一则多力，多力则强，强则胜物。"（《荀子·王制》）他明确指出，"和"能够把不同的人组织起来产生巨大的力量。

《中庸》进一步扩展了"和"概念，将其作为世间万事万物应遵循的法则。"喜怒哀乐之未发谓之中，发而皆中节谓之和。中也者，天下之大本也；和也者，天下之达道也。致中和，天地位焉，万物育焉。"用现在的话说，人喜怒哀乐的感情没有表露出来的时候无所偏向，叫作中；表现出来后符合法度，叫作和。中是天下万事万物的根本；和是天下共行的普遍标准。达到中和的境界，天地一切都各安其所，万物也就生长发育了。由此来看，《中庸》非常重视"和"的作用，认为"和"是万事万物顺利生长应遵循的基本规律。

（二）"和"的字源意义

儒文化"和"的含义源自"和"的词源意义，二者在本质上是一致的，因此，要厘清儒文化"和"的意义，就有必要弄清"和"的本义，即字源意义。

"和"在甲骨文和金文中均有所见，早期其字形有"和（咊）""龢""盉""惒"四种（汪凤炎，2019）。其中，"惒"现今基本不用，只是把它作为"和"的异体字或生僻字。

"和"或"咊"在《说文解字》中解释为"相应也"，从口，禾声。与入口之饮食有关，其义是"调味"，如史伯所言"和五味以调口"（《国语·卷十六·郑语》）。"和"的这一意义后来引申为对各种粮食进行加工处理，把它们变成适合人食用的食物以养人。《诗经·商颂·烈祖》说："亦有和羹，既戒既平。鬷假无言，时靡有争。"意思是说，把肉羹调制好，五味平和最适中；众人祷告不出声，没有争执很庄重。"和"就像烹制羹汤一样，用水、火和各种佐料来烹制鱼肉，由掌管膳食的人调和，并努力做出适口的味道。味道淡了或味浓了，可以随时调和，君子吃了就会感到满意。换言之，五味要经过调和，才能取长补短，相互作用，达到适口和芳香，鱼肉蔬菜也要通过适当的搭配，去其有余，补其不足，才能荤素和谐，令人回味无穷。这样，"和"或"咊"就有和谐、调节、调和、相辅相成之义。

"龢"字中的"龠（yuè）"部是一种乐器，从品仑，"品"表示乐器的管孔，仑是按顺序排列之义。龠是古代管乐器，像编管之形，似为排箫之前身。《说文解字》认为："龠，乐之竹管，三孔，以和众声也。"《博雅》认为："龠谓之笛，有七孔。"《尔雅·释乐》认为："大龠谓之产，其中谓之仲，小者谓之箹。"《字汇》指出："乐之竹管丛谓之龠，惟黄钟之管。"据此来看，"龢"是乐器的象征，其本义是调和音乐，使从多孔中发出的不同声音成为和谐的音乐之声。《说文解字》认为，"龢，调也"。"龢五声"就是调节宫、商、角、徵、羽五音使之成为和谐悦耳的音乐以养耳，把"龢"作为养耳之道。不同的声音要构成美妙的音乐以和即适宜（合）于众生，就必须对它们进行调节以使它们和谐（常晨，2009）。因此，"龢"就有和谐、调节、调和、相辅相成之义。

"盉"字的"皿"部原指调味器，后引申出"调味"的意思。"盉"是盛行于中国商代后期和西周初期的酒器，用青铜制成，多为圆口，腹部较大，三足或四足，用以温酒或调和酒水的浓淡。《说文解字》把"盉"解释为"调味器"或"调味"；《广韵》把之解释为"调五味器"。《博古图》说："商有卓父丁盉，执戈父癸盉。周有单从盉，嘉仲盉，龙首盉，云雷盉，三螭盉，蛟螭盉，麟盉，螭虬盉，粟纹盉，细纹熊足盉。汉有凤盉，螭首虬纹盉，凡一十四器。其款识或谓之彝，或谓之尊或谓之卣，取调和五味之义则一也。"王国维《说盉》："盉乃和水于酒之器，所以节酒之厚薄者也。"郭沫若的《长安县张家坡铜器群铭文汇释》："金文'盉'从禾者，乃像意兼谐声。故如《季良父盉》，字像以手持麦秆以吸酒。"又对"盉"字的含义进行分析，其基本字义与"和"或"咊"一样是调味或制作食物以使之合口以养人。

综上所述可以发现，"和""咊""龢""盉"同音同源，字形虽异，却都以"禾"字为旁。"禾"乃是"和"的观念的基本喻象，这透露出农耕文明"民以食为天"的文化特征（张海晏，2009）。由于它们具有同样的字音、字义，故在后来的发展过程中逐渐整合为"和"。"和"是一个形声字，从"口"，"禾"声。口是用来吃饭、言说的，由于每个人的饮食习性、言说、诉求等各不相同，因此，"和"就有了调和、协调、整合人的差异性的行为、思想、需求以使它们和谐、相生、融合，意思是每个人都有适合自己的饮食、有自己的思想、满足各自的需求等之义。后来，随着"和"的概念拓展延伸，其逐渐"成为涵盖自然（天、地、人）、社会（群、家、己）、内心（情、欲、意）等层面与音乐、绘画、饮食和养生等领域的基本原则，以及修身、齐家、治国、平天下的本质规定"（张海晏，2009）。"和"是有差异甚至相矛盾的事物、思想、方法等之间和谐与共、相辅相成、相生相助，并在此基础上形成系统效应。儒文化的"和"的概念就是如此，逐渐发展成为中国文化心理特质，成为中国人为人处世的基本理念。

（三）儒文化"和"的含义

从儒文化中有关"和"的论述可以看出，"和"有以下几个方面的含义。

1. 和谐

和谐是具有差异的事物或对象之间相互协调、相辅相成、共生互融、和谐与共的系统或状态。就像不同的音符组合在一起构成美妙的音乐一样，只有一根弦发出一种声音，难以构成美妙乐章，使人听起来乏味无趣；只有多根弦弹出的不同声音相互协调，才构成动听的乐曲。和谐是儒文化的"和"的基本含义，"礼之用，和为贵"中的"和"主要就是这一含义。

从儒文化对"和"与"同"的对比性论述来看，"和"是有差异的事物、属性或对象通过相互作用、调和、协调而形成统一或合力的和谐。这种和谐具有十分积极的意义或价值。儒文化的经典著作五经之一《尚书》说："庶政惟和，万国咸宁……和上下……庶官乃和，不和政庞。"（《尚书·虞书·尧典》）古人十分重视"和"的作用，将其作为治理国家的重要方法或途径，可以使天下太平，人民安居乐业。古今中外的历史反复证明"和则利"，即实现和谐对各方都有利。这充分说明了和谐的重要性。

2. 相生关系

儒文化依据《周易》的"一阴一阳之谓道"思想，认为阴与阳的相生相克生成包括人在内的万事万物。《易经·系辞上》指出："天尊地卑，乾坤定矣。卑高以陈，贵贱位矣。动静有常，刚柔断矣。方以类聚，物以群分，吉凶生矣。在天成象，在地成形，变化见矣。是故刚柔相摩，八卦相荡，鼓之以雷霆，润之以风雨；日月运行，一寒一暑。乾道成男，坤道成女。乾知大始，坤作成物。乾以易知，坤以简能；易则易知，简则易从；易知则有亲，易从则有功；有亲则可久，有功则可大；可久则贤人之德，可大则贤人之业。易简而天下之理得矣。天下之理得，而成位乎其中矣。"孔子说："《易》，其至矣乎！夫《易》，圣人所以崇德而广业也。知崇礼卑，崇效天，卑法地。天地设位，而《易》行乎其中矣。成性存存，道义之门。"（《周易·系辞上》）孔子把《易》作为洞察万事万物生发变化的"和（相生）"与"不和（相克）"之道的至高学问，懂得了"和"与"不和"之道，就很容易明白人生的价值或意义，进德修业，既要有远大崇高的目标，又需要从最低级微小的事情一步一步踏踏实实地做起。想一口吃个胖子，一步登天，那只能徒劳无功。西周史官史伯说："和实生物，同则不继。以他平他谓之和，故能丰长而物归之；若以同裨同，尽乃弃矣。故先王以土与金、木、水、火杂，以成百物。"（《国语·郑语》）他明确告诉人们，"和"能生成万物，"同"就不能增益，而只能止步不前。《诗经》说："不竞不絿，不刚不柔，敷政优优，百禄是遒。"（《诗经·商颂·烈祖》）这告诉人们，"竞"与"絿""刚"与"柔"相济相辅相成，就可以获得无尽福祉。孔子盛赞子产说："政宽则民慢，慢则纠之以猛。猛则民残，残则施之以宽。宽以济猛；猛以济宽，政是以和。"（《左传·昭公二十年》）孔子强调"宽"与"猛"相生相济、相辅相成，这样才能政通人和。

上述分析表明，儒文化"和"的基本含义之一是有差异甚至相矛盾的事物之间建立相生相克关系，事物之间的"和"就会不断生成，不断丰富，不断发展。换言之，"和"是事物不断生发、发展、丰富的基本规律、基石或前提。在这里，史伯也指明了"和"的条件：（1）多元性，即至少两个有差异的事物才能建立相生关系；（2）多元各方必须建立一种相生关系，互动互补，相辅相成，否则就无法相互促进、增生、发展。

综上所述，儒文化的"和"具有相生相克之义，主要是相生。相生是事物之间相互促进、相辅相成，彼此增力。对人而言，"和"指人建立与他人、社会、事物和环境的相生关系，即个体实现自己的能量场或气势与他人、事物、环境的能量场或气势相互增生、相互促进。"和"在心理上主要是指心理各部分，如理性与非理性、意识与无意识等的积极相生，形成一种积极的和谐关系。它具有如下特点：（1）心理构成要素上的协调性；（2）为人处世上的理智性；（3）心理体验上的愉悦性；（4）自我同一性；（5）持续时间上的稳定性（马莉岩，2009；石国兴，2007）。

这一意义上的"和"体现出儒文化特别重视天伦和人伦，即人与人之间相互协调合作、取长补短、密切配合。这样就很容易形成系统效应，容易把事情做成。

从合作上看，合作是两个及两个以上的有差异性的个体为了实现各自目标或满足各自的需要而相互配合、协调一致（李炳全和胡海建，2011）。它需要如下条件：（1）合作各方都有合作的愿望，若不愿合作，合作就不能得以实现；（2）合作各方都能通过合作满足各自需要或实现各自目的，若只能满足一方的需要而不能满足其他合作方的需要，这些不能满足需要的合作方就不会合作，合作关系就建立不起来；（3）合作各方分别有互补性的合作能力，比如说我会的你不会，你会的我不会，那你会的正好弥补我不会的，我会的正好弥补你不会的，如此才能合作，若我会的你也会，我不会的你也不会，合作就无法形成；（4）合作的效果要大于各方各自为战时的效果之和，能形成系统效应；（5）各方相互配合、协调一致。

心理学对夫妻关系的研究结果表明，夫妻关系稳定地保持很多年的，不是两个人脾气一样，而是这两个人脾气或性格互补。比如说一个比较急躁，另一个非常沉稳；一个做事冲动，另一个做事深思熟虑。倘若两人脾气都暴躁的话，动不动就吵，像打仗一样，那就不行。当然，若两个人都是抑郁，都不爱吭声，都生闷气，最终结果是，两个人不在沉默中爆发就在沉默中灭亡，所以生闷气时间长了，实在受不了就会爆发；如果没有爆发，气出了心脏病，气出了胃溃疡，最后可能活活生闷气气死了。这说明互补关系是最好的。

古今中外的许多历史事例表明，一些人之所以能取得辉煌成就，除了志同道合以外，很多时候是成一种互补关系。例如，刘邦夺得天下的一个重要原因是他用了一些相互弥补对方不足的人。张良善于运筹帷幄，决胜千里，但若叫他带兵打仗他就可能不行。韩信善于带兵打仗，打仗是个好手，但管粮草不行。萧何管粮草又比较在行。而刘邦的最大特长就是韩信说的一句话"善将将"，即善于用人。

随着社会的发展，社会分工越来越细，知识技能越来越丰富多样，在这种情况下，单个人的作用越来越有限，因此任何人要想做出一番成就，就必须与能相互弥补各自不足的人组成团队。在组成团队时，团队成员要形成一种相生关系，这样才能走向成功。用流行的词来说就是寻找最佳搭档。许多成功的案例莫过于此。

3. 求同、化异、融异

求同、化异、融异是儒文化的"和"的重要含义。求同是指寻找共同点或联结点，它是联结有差异的事物使它们形成"和"关系的基础。化异是化解差异，尤其是化解相冲突、相矛盾的方面，使矛盾或冲突各方能发现其他方所存在的积极方面，形成你中有我、我中有你的相互包容与协调关系。融异是把差异的各方面有机结合起来，融合在一起，形成一个有机整体。

从上述"和"的字源意义和儒文化的"和"思想来看，"和"是相异的各种事物或各方面之和，没有"异"就不会有"和"。"异"是"和"的前提，"和"是相异的多元统一，是不同事物甚至相矛盾或冲突的各方的并存与交融，相成相济，互动互补。这说明，"和"有化异为和、融零散的异为有机的整体之义。通过化异、融异，相异的各方才能相互借助而生生不息，共同发展。前述史伯说的"和实生物……以他平他谓之和"（《国语·郑语》）中的"和"就包含着化异、融异，即"用一物匀适地融入另一物"之义。贾谊说："刚柔得适谓之和，反和为乖。"（《贾子·道术》）这告诉人们，如果能够化刚与柔为和，把它们融合在一起形成共生关系，就可以是刚与柔相互交融、借助、相济。我国的太极拳就是刚柔相济，阴阳相生。思想就是在相异的思想不断争鸣、融合的过程中发展的。常言道，"理越辩越明",可以存在不同的意见,而且大家可以互相交换意见,从而相辅相成,共同进步、共同发展。中国人常说的"集思广益""博采众长""三个臭皮匠顶个诸葛亮""广开言路"等就是在强调化异、融异的重要性和价值。这说明,儒文化的求同、化异、融异是非常富有智慧的为人处世之道,能够促进人的发展。

由于人所站的立场、看问题的角度、认识水平及已有的知识经验等的差异,不同的人看、思、行或做可能存在一定差异,由此导致每个人所看、所思、所行或所做都有可能存在片面性或出现偏差。之所以会存在片面性或出现偏差,是任何人的看(观察)、思(思考)、行或做都是站在一定的立场从一定的角度去看、思、行或做的,都需要一定的立足点或参照系(刘传广,2007)。具体地说,人们的看、思、行或做都是建立在自己的知识经验、认识水平、技术手段、立场观点等基础上,而个体已有的知识经验、认识水平、技术手段、立场或视界等可能存在一定的局限性,由此通过它们而进行的看、思、行或做等也有可能存在局限性。张学新(2014)认为:"科学对世界的表达形式具有相对性。我们只能根据自己的感官来构造世界的形象。这样看来,科学与科学的创建者有十分紧密的联系,科学知识同科学的使用者和理解者也不可分割。没有觉知者的世界是一片混沌,根本无法谈论。有了一个觉知者,有了一个视点之后,才能谈论世界,世界才脱离混沌,呈现出结构和规律,这些结构和规律对于觉知者而言才构成了信息。从这个意义上,觉知者定义了世界,觉知者和被觉知者是相互依存的。但是,觉知者是什么,为什么能觉知,感受性从何而来,又为何如此纷繁多样,这却是无法回答的。有了觉知者,才有感受和语言,才有理解和解释,才有理性和智慧,才有系统的探索和积累,才有科学。"这就是说,即使是科学家所做的科学研究也是从自己已有的知识经验、认识水平、技术手段、立场或视界等出发的,由此他们的研究结果和所建构的科学理论可能有一定的局限性,一般人就更会如此。

为消除这些片面性或偏差,就需要认知、分析人们所看、思、行或做的差异,在此基础上对不同人的看、思、行或做进行整合。其实质就是化异、融异。正是通过化异、融异,才导致人们的思想理论、技术方法、视界等不断扩展、提高、丰富深化。化异、融异可以使人们突破已有的看法、观点、想法、思路等的局限，看到其他不同的看法、观点、想法和思路，从而使看或思更全面、系统，避免狭隘和片面（刘传广，2007）。据此可以说，化异、融异是智慧的源泉。这说明，通过化异、融异，人们可以发现并指出已有的理论或方法的问题或缺陷，对它们提出质疑或批评，弄清自己的问题所在，进而在此基础上消除问题，克服缺陷。西班牙当代哲学家雷蒙·潘尼卡说："智慧的对立面是全知。"（刘传广，2007）这告诉人们，无知并不可怕，也不愚蠢，可怕和愚蠢的是不尊重差异性，拒绝或否定、排斥差异性，不能认识差异性的价值，进而无法实现化异、融异。无知的人如果能够认识到自己的无知，并由此成为自己不断进取的动力，不断地去看、思与反思、行或做并不断接受融和相异面，就可以不断地获取知识，使自己越来越有智慧。如果人们认为自己是全能全知，并武断地认为自己不会错，自己所知都是绝对真理，就拒绝、排斥异于自己的想法、看法、方法等，不会学习与探索、不会接纳他人的意见，最终会使自己变得愚蠢，走向错误与失败。《盲人摸象》的故事生动形象地说明这一点。正因如此，可以说，化异、融异是科学思想或理论发展的一大动力或张力。综观古今中外的思想或理论的发展历程，大多是通过相异思想或理论的争鸣、相互借鉴吸收——化异、融异而不断发展的。

古今中外无数事例表明，建功立业的人都具有化异、融异的素养。常言道："智者千虑，必有一失。"哪怕再聪明的人，也会有失误或考虑不当的时候。那怎样避免不足，消除自己的局限呢？最好的办法或途径就是化异、融异。心理学上有一个法则叫作米勒法则："你若想听懂别人的话，了解他说的是什么，那你就首先必须假定他说的是对的。"因为你假设他说的话是对的，你才会认真地听，然后在听完以后去分析。这样的话，不管他对还是不对，你都能够从中受益。即使不正确，也会知道为什么不正确，避免你犯同样的错误。假如一开始你就认为他胡说八道，鬼话连篇，你就会在心理上拒绝，就不会再认真听他讲，也就不知道人家究竟说的是什么。这告诉我们，化异、融异是人们为好人、处好世应具备的心理素养。不管作为领导者或管理者，还是职员、普通人，都应具有这一素养。

《战国策》中《邹忌讽齐王纳谏》一文如下："邹忌修八尺有余，而形貌昳丽。朝服衣冠，窥镜，谓其妻曰：'我孰与城北徐公美？'其妻曰：'君美甚，徐公何能及公也！'城北徐公，齐国之美丽者也。忌不自信，而复问其妾曰：'吾孰与徐公美？'妾曰：'徐公何能及君也！'旦日，客从外来，与坐谈，问之客曰：'吾与徐公孰美？'客曰：'徐公不若君之美也！'明日，徐公来。孰视之，自以为不如；窥镜而自视，又弗如远甚。暮寝而思之，曰：'吾妻之美我者，私我也；妾之美我者，畏我也；客之美我者，欲有求于我也。'于是入朝见威王，曰：'臣诚知不如徐公美，臣之妻私臣，臣之妾畏臣，臣之客欲有求于臣，皆以美于徐公。今齐地方千里，百二十城，宫妇左右，莫不私王；朝廷之臣，莫不畏王；四境之内，莫不有求于王。由此观之，王之蔽甚矣！'王曰：'善。'乃下令：'群臣吏民，能面刺寡人之过者，受上赏；上书谏寡人者，受中赏；能谤讥于市朝，闻寡人之耳者，受下赏。'令初下，群臣进谏，门庭若市。数月之后，时时而间进。期年之后，虽欲言，无可进者。燕、赵、韩、魏闻之，皆朝于齐。此所谓战胜于朝廷。"这说明，化异、融异，对于个人、群体、事业都是非常有利的。因为相异的方面通常能够弥补自己的局限和偏差。

（四）儒文化"和"的种类或表现

对儒文化思想加以分析，"和"包括与自然和、与社会和、与人和、与事和、与境和、自我和等方面。

1. 与自然和

人与自然的和是指人与自然形成一种相生关系，和谐相处，相辅相成。这主要表现在：（1）人要顺应自然、保护自然、合理利用自然，而不是凌驾于自然之上滥用或破坏自然。换句话讲，就是遵循自然规律，依据自然条件正确合理地保护和利用自然条件，即保护与开发利用相结合。（2）良好的自然为人的生存和发展提供源源不断的有利条件。

与自然和是"天人合一"思想的体现，它为人们的实践活动提供了一个指导性的世界观和方法论，影响着人们的思维方式（高晨阳，2002）和活动方式。与西方不同，中国传统思维不是为了征服和驾驭自然，而是为了把握"自然的人化"和"人的自然化"的契机，达到"天人合一"的境界，期望在人与自然、人与人的关系方面维持一种动态平衡状态，产生一种被称为健康的自我与自然相互和谐的积极状态。

在人与自然的关系中，不管在身体上，还是在心理上，人只有适应环境，恰当利用环境提供的条件，即善假于物，才能更好地生存与发展。倘若不能适应环境，就无法生存，就更谈不上发展与成就，进而谈不上身心健康。人们常说的"靠山吃山，靠水吃水"，就是这个意思。当然，要使人们更好地生存与发展，不只是对自然的开发与利用就够了，更重要的是对适合人生存的自然的保护与改善。只有保护好自然，改善自然状况，维护生态平衡，才能使人有更适宜的生存环境。正因如此，保护和改善环境的人，容易得到人们的尊重，获得尊严；而破坏环境的人，则不仅会遭到自然的报复，而且会遭到人们的不齿与唾弃。

当代生态心理学思想把人的心理乃至整个人看作生态环境的一个组成部分，要求人的心理和行为顺应自然，与自然相互协调。唯有如此，才会心理健康，获得幸福与快乐。如有人因环境不适产生心理问题；有人会因对气候的不正确态度产生认知偏差；有人怨天尤人，总认为老天和他过不去。正因如此，通过引导或调整，实现人与环境的和谐统一——天人合一，就成为提升幸福、尊严等积极心理状态的有效途径或措施。其目的是要求人顺应自然规律，实现人与自然的和谐。

2. 与社会和

人与社会的和是指人们应当与所处的社会形成积极的相生关系：一方面充分利用社会提供的条件按照社会需要来实现自我价值、健康发展；另一方面积极作用于社会，尽己之力促进社会的进步或发展。但是在现实社会生活中，有些人看不惯社会，整天抱怨学校、社会、政府、国家，看不到学校、社会、政府、国家等的积极面，只注意其消极面，每天抱怨、生气，这样不仅容易气坏身体，产生心理问题，而且会使人在生活中充满怨气，不能安心工作，不能够充分认识或发现我们所生活的环境给我们提供的条件。其实，抱怨不能解决任何问题。如果觉得社会存在问题，并且觉得自己对社会问题的解决或改善有所帮助，就应该尽自己所能去改变我们所抱怨的社会，去积极寻找办法解决自己所看到的问题。若不能改变，就想办法离开。如果既不能改变，也不能离开，那就适应。多想想社会的积极方面，少注意社会的消极方面，如此人在这个社会中的心境就会变得平和、恬静、愉快。

3. 与人和

人与人的和是指人与人之间应相互关爱、相互帮助、相融相和、互惠互利，形成一种相生或共生关系。有人认为："人与人交流和相处的默契和融洽，是善于'宁人'。所谓'宁人'，指'自宁宁人'和'自娱娱人'，善于主动积极和理智地化解人际矛盾，让自己和他人都得到心灵上的安静和幸福。"（石兴国，2007）任何人在社会中生活，都不可避免地要与他人发生关系。良好的人际关系可以为人创造良好的心理氛围，使人获得成功，维护人的身心健康。人际心理和谐，不仅能缓解各种压力，对维护健康、预防心理问题和心理治疗十分有益，而且能使个体有动力和积极性，有助于个体成功，避免挫折或失败，从而降低产生心理问题的可能性；也能使个体心里踏实，感受到关怀与温暖，而这些是预防和治愈心理疾患及体验到幸福的良药。

在中国，天时、地利、人和历来被看作成功的三要素，其中"人和"最为关键与重要，起决定作用。"天时不如地利，地利不如人和"说的就是这个意思。"人和"实质上就是人与人之间的心理和谐、和睦相处、荣辱与共。人与人的心理互融和谐，使大家都有一个幸福安康的环境，在这种环境中生活的人都能够体验到幸福。同时，人与人的相互尊重与帮助是"人和"的重要组成部分，而相互尊重可以使人感到有尊严。另外，"人和"又是繁荣昌盛、兴旺发达的重要条件，而无论是国家、地区或群体还是个体，繁荣昌盛和兴旺发达都会给人带来幸福与尊严。从这一意义上可以说，人际心理和谐是幸福与尊严之源。

4. 与事和

与事和表现在如下两个方面。

第一，遇到事尤其是消极事件的积极心态。这是指人们在遇到事和处理事时能保持积极良好的心态，变不利为有利，变困境为顺境，胜不骄，败不馁。有人认为是"人在对待和处理事情或事件时的理智、冷静、适度和乐观，善于'息事'"（石兴国，2007）。"息事"，不仅是平息事端，而且包含临事心态、面对事情的态度和做事的方式与方法；"不是消极意义上的大事化小，小事化了，凡事都做和事佬，而是能够积极主动并理智地处理事情，不为事情或事件所奴役"（石兴国，2007）。其实质是人们在遇到事情、处理事情和做事后的良好的积极的心态。

生活实际和心理学研究表明，在遇到事情，尤其是紧急事情、挫折、失败或困境时，不同的人有不同的心理反应和处理的方式、方法。有的人沉着冷静，有的人则惊慌失措；有的人愈挫愈勇，有的人则退缩失落；有的人信心十足，有的人则悲观失望；有的人坚信方法总比困难多并积极探寻方法，有的人则认为困难总是不能被克服；有人总是分析原因，有人则总是抱怨；等等。不同的反应、态度和处事方式导致事情对人们的心理影响、人生轨迹不同。遇事冷静、平和、想得开的人，能够"荣辱不惊、去留无意"，事情尤其是坏事情对其心理的消极影响小，人生富有成效，常感到幸福；遇事慌张、冲动、看不开的人则会与此相反。勇敢面对困难、迎难而上、勇于拼搏、敢于抗争、不屈不挠的人，能够赢得人们尊重；而懦弱退缩、被困难击倒乃至吓倒的人则被人们看不起，更没有什么尊严可言。

上述分析表明，人能否与事和，是影响人们身心健康的重要因素。如果人们能够做到"不以物喜，不以己悲"，根据"道"及其所体现在人身上的"性"妥善处理喜事与悲事、乐事快事与愁事忧事、顺境困境、好事坏事、利事难事等，对所有事都能想得开，坦然对待，就会维护并增进身心健康，给自己带来无尽的幸福，否则只会给自己带来严重影响身心健康的烦恼、纠结、郁闷、焦虑等负面心理。

综观当代人的众多心理问题，其重要成因之一是人与事不和，集中表现是追求多而杂和过分迷恋某方面，如金钱、美、健康等。追求多而杂，会使自己茫然无所适从，形成多趋冲突，最终一事无成。过分迷恋金钱等某一因素，既会使自己忽视其他各种有益因素，使生活单调乏味；又会形成偏执人格，丧失人生目标，一旦自己所迷恋的东西不能完全得到，就会失去生活的意义与勇气。

第二，根据自己的素养处理事。与事和是儒文化所注重的所做的事与自己特有的"性"尤其是做事能力相合。常言道："没有金刚钻，别揽瓷器活。"这告诉人们，无论做什么事情，都要量力而行，根据自己的素养尤其是能力素养选择那些自己能做的。换言之，自己做事情的素养要与所做事情相匹配，即"和"。如果好高骛远，非要做超过自己能力的、做不了的事，那就是在事情上"德不配位"，不仅做不好事情，而且极有可能使自己遭殃。这实际上是前述的道文化所强调的"合道""合性"的体现，它告诉人们，无论做什么事情，都一定要与"道"在人身上体现的"性"即个体自身的特点相符合，走自己的独特之路。

5. 与境和

与境和是"天人合一"思想的具体体现，它要求具体问题具体分析，根据具体情况、境遇及时调整，以使自己做出恰当行动。

境是指情境，是在一定时间内各种因素、事物、情况等结合在一起而形成的整体氛围与境况。在现实社会生活中，每个具体情境或场合，都存在一种社会行为模式，它规定着人们在该情境或场合的行为表现，人们总是根据特定的情境或场合调整自己的行为以使之与情境中的角色一致。情境或场合不同，人在其中的角色不同，人的行为表现也不同。这就是说，人们的行为表现具有情境特殊性，其行为表现要与所处情境或场合相符合，这就是"与境和"。比如，有些信息单独告诉某个人，既体现出沟通对象在沟通者心目中的地位（只告诉他），又体现出信息的隐秘性。在一些情境中，不用多说，人们就能理解——此时无声胜有声；在另外一些情境中，就需要把信息表达清楚全面；还有一些信息，只有在特定情境中才能被很好理解。

与境和，要求人们采取与当前的情境或人、场合相吻合的行为。那怎样才能做到这一点呢？（1）对情境或场合进行恰当认知。通常情况下，个体行为由其自身对情境或场合的定义（个体自身赋予情境或场合的意义）决定。换言之，个体要先对情境或场合进行认知、判断和评价，确定这是一个什么样的情境或场合，如是正规场合还是非正规场合，自己在这个场合中的身份或地位等，以便表现出与场合一致的行为。（2）认识自己在情境中的角色及地位、作用。由于人们在不同的情境或场合扮演不同的角色，因此就要表现出与场合相应的角色行为，否则其行为就不恰当。如在单位里领导要表现出领导的行为，但在私下场合，它与某个下属是好兄弟好姐妹，就不应再像单位那样表现，否则会被好兄弟姐妹看作装腔作势，摆官架子。（3）要认同自己的角色。如果不认同自己的角色，那自己的表现肯定会不得当或失误。

6. 自我和

自我和是指个体自身表里如一、言行一致，身心健康和谐，身体与心理各部分统一。这种心态的形成主要是人们认识到只有健康的体魄或心灵是不行的，需要个体自身各部分相互协调统一起来。比如，智与德相统一，强壮的身体与聪明的头脑相统一。四肢发达、头脑简单，或头脑灵活、身体虚弱，都无法使人生活幸福和愉快，成就人生。人的心理是一个整体，其各组成部分，如认知、情感、意志和行为及人格的构成因子等相互联系、相互作用、相互影响、相互制约，共同构成一个完整的系统。自我和谐不仅是心理健康的一个重要指标，而且是个体内在心理要求或近乎本能的需要。

在日常生活中，当个体心里充满矛盾或冲突时，个体就会觉得痛苦，甚至瞧不起自己。内心矛盾或冲突越多、越激烈，其内心煎熬或痛苦就越强烈。当知、情、意、行发生冲突时，个体就会不由自主地紧张、不安乃至痛苦，这些情绪又会发挥动力作用，激发或驱动个体自觉不自觉地消除冲突，达到心理和谐。研究表明，自我心理和谐的人善于平衡心理，其基本特征是：知情统一；情意协调；主导心境愉快、乐观，有主观幸福感；欲望需求适中，动机适度，人格统一等；善于立足现实的我，追求理想的我，借鉴过去的我和反射的我，充满自信，悦纳自我，有自知之明；能恰当认识并利用自己的能力；性格和能力互补，若自己能力低，就以"勤能补拙"自励，用性格上的勤奋弥补能力的不足（张敏和刘发生，2009）。

第二节　儒文化中处理困境的智慧

儒文化强调个体自己的修身养性，管好自己的事，使自己身心和谐，即人在人世间如何生活，如何处理好与自然、环境、他人的关系，因此，它是一种为人处世思想。由于人在生活中难免会面临困境，因此儒文化中的处世智慧包括处理或应对困境，即处理好与困境的关系。

一、处理困境与建功立业

南怀瑾等大师研究了中国文化的三大主干——儒、道、佛，把它们应对困境乃至绝境的模式差异概括为：失意时找儒家，失望时找道家，绝望时找佛家；入世找儒家，处世找道家，出世找佛家；建功立业找儒家，身心和谐找道家，心无挂碍找佛家。无论是失意，还是失望、绝望，都是人遇到了困境，遭遇到挫折或失败。不过，一个比一个更严重。失意是指不遂心，不得志，不能实现自己的意愿，它与得意相对。失意时找儒家，儒家思想会告诉失意的人"失意时不能灰心丧气，要振作"，并告诉人们振作的方法或途径。失望指希望没能实现所导致的丧失信心等情绪，它比失意要严重。失望时找道家，道家会告诉失望的人"顺其自然，找回自己，确立适合自己的方向或道路"。绝望指希望断绝或毫无希望，完全丧失了信心。它比失望更加严重。绝望通常因周边环境令人感到无路可走，失望达至顶点时，所产生的极端情绪。绝望往往是在人经历了多次的失败，自信心备受打击，多次遭到背叛的情况下产生的，是人的生活或事业或爱情受到沉重打击而看不到重新开始的希望而产生的情绪状态，如离婚、唯一亲人死亡、众叛亲离、失业、破产、学业一落千丈、被欺凌、患有绝症等。绝望时找佛家，佛家尤其是禅宗会告诉绝望的人："一切皆空，一切包括绝望本身皆虚幻。只要放下一切，心无挂碍，祛除八邪十恶，一切都会好的。"

从儒文化对待困境的态度和应对方式来看，儒文化对困境的处理和应对是非常积极、富有智慧的，能够给予那些经历困境的人以心理慰藉，把困境合理化，进而使人们从失意中走出来。这对处于激烈竞争，容易遭受挫折和失败的人尤其是青少年来说非常重要。在当今强调"大众创业，万众创新"的时代，任何人想要真正在社会上立住脚、成就一定的事业，不可避免地会经历各种各样的坎坷，如爱情挫折、就业困难、创业艰难、生活不如意等。在经历坎坷，遭遇挫折或失败时怎么办？对此，儒文化对待困境的态度和处理方式能够给予他们积极的力量，使他们能够恰当地自我安慰，把困境合理化，进而实现升华。

由于世事艰难，要入世干出一番事业，就不可避免地会遭遇困境。纵观历史上的大儒，无不经受了艰难困苦。儒家创始人孔子一生不得志，处境非常艰难，自己的学说得不到当时统治者的重视。柳下惠按正道做事，却多次被罢免，但仍不改其心性。他说："直道而事人，焉往而不三黜？枉道而事人，何必去父母之邦？"（《论语·微子》）孟子经常经历失意，还到处宣扬自己的学说，但并未受到当时的统治者重视，甚至遭受奚落、诋毁。秦王朝有"焚书坑儒"之举。汉朝董仲舒虽然促成了汉武帝"罢黜百家，独尊儒术"，但是经历了被贬黜的生活。东汉的儒士桓谭因坚决反对谶纬神学，"极言谶之非经""非圣无法"，被光武帝指责为"非圣无法"，险遭处斩。南北朝时期的范缜生性耿直，不怕威胁利诱，拒绝"卖论取官"，一生坎坷。唐代的韩愈反佛除弊甘愿献出"衰朽""残年"，屡遭贬谪。北宋的王安石"天变不足畏，祖宗不足法，人言不足恤"，坚持维新变法，屡遭坎坷但不改其志。北宋张载立志"为天地立心，为生民立命，为往圣继绝学，为万世开太平"。宋代的陆九渊曾遭人陷害而被贬，胸中的抱负得不到施展，临死时不无遗憾地说："先教授兄有志于天下，竟得不到施展就要离开人世。"明代大儒王阳明经历了许多坎坷，被贬官追杀，但不改志向。清末大儒曾国藩虽为清王朝立下了不世之功，但并不得志。中国历史上真正的儒者都经历了坎坷与困苦，形成了儒家的应对困境的智慧。其困境思想既是对儒家的失意、不得志的合理化解释，也是儒家应对困境的经验总结，告诉人们应该如何恰当应对困境。

二、儒文化应对困境的基本思想

综合前述的儒文化思想，可以看出儒家的困境观包含如下几方面的意思。

（一）困境是人成功的重要条件

在儒家看来，困境并不一定是坏事，利用得当，反而有可能成为进德修业的机会。汉代史学家司马迁说道：

"勇者不必死节，怯夫慕义，何处不勉焉！……古者富贵而名摩灭，不可胜记，唯倜傥非常之人称焉。盖文王拘而演《周易》；仲尼厄而作《春秋》；屈原放逐，乃赋《离骚》；左丘失明，厥有《国语》；孙子膑脚，《兵

法》修列；不韦迁蜀，世传《吕览》；韩非囚秦，《说难》《孤愤》。《诗》三百篇，大底贤圣发愤之所为作也。此人皆意有所郁结，不得通其道，故述往事、思来者。乃如左丘无目，孙子断足，终不可用，退而论书策以舒其愤，思垂空文以自见。仆窃不逊，近自托于无能之辞，网罗天下放失旧闻，略考其行事，综其终始，稽其成败兴坏之纪……凡百三十篇，亦欲以究天人之际，通古今之变，成一家之言。草创未就，会遭此祸，惜其不成，是以就极刑而无愠色。仆诚以著此书，藏之名山，传之其人，通邑大都，则仆偿前辱之责，虽万被戮，岂有悔哉！然此可为智者道，难为俗人言也！"（《报任安书》）

这段话说明了战胜的挫折、困境等越大，取得的成就越大。这实际上是要求人们具有坚韧不拔的良好意志品质。前述孟子的"生于忧患，死于安乐"思想也是把困境作为个体"曾益其所不能"的机会。王阳明以自己的亲身经历充分体认到困境的价值和积极意义。他说："某平日亦每有傲视行辈、轻忽世故之心，后虽稍知惩创，亦惟支持抵塞于外而已。及谪贵州三年，百难备尝，然后能有所见，始信孟氏'生于忧患'之言非欺我也。尝以为：'君子素其位而行，不愿乎其外。素富贵，行乎富贵；素贫贱，行乎贫贱；素患难，行乎患难；故无人而不自得。'后之君子，亦当素其位而学，不愿乎其外。素富贵，学处乎富贵；素贫贱患难，学处乎贫贱患难；则亦可以无人而不自得。""惟当利害，经变故，遭屈辱，平时愤怒者到此能不愤怒，忧惶失措者到此能不忧惶失措，始是能有得力处，亦便是用力处。天下事虽万变，吾所以应之不出乎喜怒哀乐四者。"（《王阳明全集·卷六·与王纯甫》）

上述分析表明，困境是对人成功的考验与锻炼。孟子认为，困境是上天的安排，是为了对人进行锻炼，能够促进人进德修业，增益其所不能，使人具有担当巨大社会责任或使命的优秀品质。具体而言，包括以下内容。

1. 困境可锻造出良好的意志品质

人们在面临困境时，通常有两种表现：（1）被困境击垮，在困境面前屈服；（2）更加坚强。儒文化强调的是后者。正是由于困境的作用，因此在与困境的抗争过程中，人的自觉性、自制力、果断性、坚韧性、勇敢献身精神、抗挫折心理能力、驭心力等才被培养出来，并不断增强。

2. 困境可造就自信、乐观向上、吃苦耐劳的性格特征

在困境中，通过不断地解决内外问题，消除一个个障碍，人的自信心、乐观情绪、吃苦耐劳的品质和不畏艰难的大无畏精神会被不断地锻造出来，造就人良好的性格。

3. 困境能提升人的智慧

在面临困境时，为消除困境，使自己能够生存与发展，人不得不去思考、想办法及不断尝试，由此，人的能力尤其是解决问题的能力、随机应变能力和实际操作能力等会不断增强。正如孟子所言："人之有德慧术知者，恒存乎疢疾。独孤臣孽子，其操心也危，其虑患也深，故达。"（《孟子·尽心章句上》）意思是说，人之所以有德行、智慧、谋略、见识，往往是因为生活在忧患之中。那些被疏远的大臣、贱妾所生的儿子，他们内心总是忧惧不安，考虑祸患非常深远，所以他们能通达事理。用现代通俗的话讲就是，一个人要把事业做好，特别是建大功立大业，必然会遭遇不顺心、不如意的困境，只有在战胜这些困境的过程中才能把建功立业所需要的智慧锻造出来。

当今社会实践充分证明了这一点。现在社会中许多做出巨大成就的成功人士的经历及他们的看法都是如此。这种观点至少有两方面的积极作用：（1）给人一种心理安慰与暗示，使人在面对困境时能够保持心理平衡，维护人的心理健康；（2）给人以面对困境、消除困境的信心、勇气、耐心、毅力与决心，甘于承受艰难困苦，"不仅敢坐而且甘坐十年冷板凳"。

（二）应对困境保持积极乐观的态度和情感

儒文化应对困境的智慧告诉人们，在遇到困境时，痛苦、退缩、崩溃无济于事，只有摔倒时自己爬起来，在困境中勇敢站起来才是真正的强者，因此在面临失败与痛苦时，不应该退缩，而应敢于、勇于甚至甘于、乐于面对困境，具备主动选择困境的心态。正因为困境是成功的条件，所以人们应积极地接受困境，并在困境中保持良好心态。儒家先哲相信，要获得成功，非困境不可。他们认为人生道路充满荆棘与坎坷，但认为"前途是光明的"，正是铺满荆棘和坎坷的道路才有光明的前景，因此要求人们在面对荆棘和坎坷时，应始终保持并充满乐观、自信的态度或心态。在我国

历史上，有大量的事例说明了儒文化所要求人们具有的这种态度和良好品质。比如，司马迁忍受宫刑的奇耻大辱，才完成了历史巨著《史记》。王阳明正因为有了众多磨难，才有最终的龙场悟道。

孔子一生颠沛流离，备受坎坷，即使是在受困于陈国和蔡国之间的极其艰难时刻，他仍然以乐观的态度对待困境，把困境作为修炼心性的机会。孟子善于以积极的心态看待"困"的事情，把困境看作天"将降大任"的条件，是对自己的磨炼，使自己保持良好的心态。司马迁也是如此，他把遭遇的大难看作自己成功的阶梯，在遭受宫刑的情况下仍能保持积极的心态。苏东坡一生被贬多次，越贬越远越偏僻越艰苦，但不管被贬到哪里，总能找到乐子，过上逍遥洒脱的生活。王阳明被贬到偏僻落后的龙场，在被一路追杀的情况下仍然保持积极心态，以至于龙场悟道。这些事例都说明，儒文化所强调的对待困境的积极乐观态度和情感，不仅能够避免身心问题的产生，还能激发人的斗志。

（三）困境是培养积极心理品质和增强心理资本的途径或机会

上述分析表明，在儒文化看来，如果对困境利用得当，它们不仅不会成为灾难，而且会成为培养积极心理品质和增强心理资本的途径或机会。因为困境可以增长人的智慧或才干，丰富人的经验，促进人的成熟。

国内外许多实例表明，凡有成就的人都是经历了无数磨难才最终拥有取得成就的素养，积累了丰富的建功立业的经验教训。他们的经历告诉人们，困境是锻造将来建功立业素养的机会或财富。只要能够正确认识困境，摆正心态，就一定能从困境中学到很多。而这些是那些没有经历过困境的人学不到的。

前述孟子说的"生于忧患，死于安乐"，就是告诉人们要有忧患意识或危机意识。一般而言，危机与忧患可以使人始终保持冷静理智的头脑，激发人的潜能，使人产生一种自强不息、奋发向上的精神状态。但遗憾的是，当代许多人缺乏危机意识或忧患意识，片面追求舒适安逸的生活，安于享受平静舒适的生活，并乐此不疲，致使他们在真正的危机来临之时手足无措。遇到一点困难和压力，动不动就躺平、摆烂，这样的人是难以活出精彩、活出有意义的人生的。当然，儒文化并不是要人们放弃舒适的生活，而是要居安思危，在过舒适生活的同时考虑如何使这种生活保持下去，有什么因素可能会导致我们失去这种生活，怎样消除这些因素。

无论是一个国家、一个民族，还是一个群体、一个个体，如果贪图安逸，在安逸中沉沦，骄傲情绪盛行，享乐思想弥漫，就会使人满足现状，颓废丧志，失去奋发进取的动力，最终的结果不仅会使自己失去原有的平静生活，而且会使自己陷入艰难的境地。"自古雄才多磨难，从来纨绔少伟男。"这句话就是告诫人们时刻不忘困境，时时、事事、处处都要想到困难、失败或挫折。

古今中外的众多社会实践表明，人生道路并不平坦，会遇到各种各样的困境或挫折。尤其是在当今社会，竞争日趋多样和激烈，这使人们遭受挫折或失败的可能性大大增加，任何人想回避或不经历困境都只不过是痴人说梦、天方夜谭。正因如此，才要求人们更要有勇气面对挫折和失败。可以预见，随着社会竞争的日趋激烈，"内卷"现象会越来越严重，将有越来越多的人要承受失业、失恋、失关系、失财富、失机会、失平台等压力或问题，人生的道路将更加不平坦。在这种情况和发展趋势下，只有那些积极利用困境培养自己的积极心理品质和增进自己心理资本的人才有可能适应社会，并在社会中找到"用武之地"。

当今很多人总是叹息自己没有机会，但实际上是机会来时把握不住机会。之所以把握不住机会，是他们并未预见到将来可能遇到的困境，在平时并没有为机会做准备。儒文化对待困境的智慧是要求人们在面临难以克服或战胜的困境时，不仅要在心理上接受困境，而且不自暴自弃，不放弃自己的理想与追求，把外修与内养结合起来，在外在条件不具备时发展内在品质，增益其所不能，成就自我，向"内圣"而不断努力；而当外在条件许可时，则以良好的积极心理品质充分利用这些条件建功立业，为社会服务。张载在著名的《西铭》中把这样的思想概括为："知化则善述其事，穷神则善继其志。不愧屋漏为无忝，存心养性为匪懈。……贫贱忧戚，庸玉女于成也。存，吾顺事，没，吾宁也。"其意是说：能了知造物者善化万物的功业（了知我们的道德良知如何成就人文价值），才算是善于记述乾坤父母的事迹；能彻底地洞悉造化不可知、不可测之奥秘，才算是善于继承乾坤父母的志愿。即便在屋漏隐僻独处之时也能对得起天地神明、无愧无怍，才算无辱于乾坤父母；时时存仁心、养天性，才算是事天奉天无所懈怠。贫贱忧戚的生活，是用来帮助人们成就一番事业的。活着的时候，人们要顺从（乾坤父母所要求的）事理；死的时候，要心安理得，安宁而逝。如先秦时的孔子、墨子、孟子、韩非子等人，在没有发挥他们的才干、推行他们思想的条件下，他们仍不断提升自己的才干，完善自己的思想，并不断孜孜以求，到处游说。他们在遇到众多的困境或挫折时，并不认为自己的思想、理想与追求有问题，而是认为时运不济，坦然接受它们。

三、儒文化应对困境的智慧方式或策略

综上所述，儒文化应对困境是非常富有智慧的，它能够给予那些经历困境的人以心理慰藉，把困境合理化，进而使人们从失意中走出来。这对于当代面临众多压力和挑战的人们尤其是创新创业的人们来说非常重要。在当今由于激烈的社会竞争和多方面的巨大压力下，社会中的"内卷"现象越来越严重，以至于相当一部分人尤其是青少年变得"佛系"，出现"躺平"等现象，人们要真正在社会上立住脚，扎下根，建功立业，不可避免地会经历各种各样的坎坷，如爱情挫折、就业困难、创业艰难、生活不如意等。在经历坎坷，遭遇挫折或失败时怎么办？对此，儒家的困境观能够给予他们积极的力量，使他们能够恰当地自我安慰，把逆境合理转化，进而实现升华。其应对困境的智慧方式或策略主要有如下几个方面。

（一）积极承担，越挫越勇

如前所述，儒文化要培养的是"修齐治平"的"通经治世"的君子。要成为这样的君子，就需要在上天安排的困境中磨炼。承担的责任或使命越大，经受的困境就越多越大。

既然困境是上天对人的考验，只要能经得起这样的考验，就能够有大成就。

其实，人生的道路漫长，难免会碰到坎坷而跌倒。跌倒了怎么办？儒文化的策略是：跌倒了，爬起来！跌倒并不可怕，可怕的是颓废沮丧，一蹶不振。如果小孩在学走路时，因为害怕跌倒而拒绝，那么他永远都不可

能学会走路。事实上，每一次的跌倒不过是下一次腾飞的开始。跌倒了，只有勇敢爬起来，才能看到前进道路上的美景。对任何人来说，最糟糕的事情是什么？损失金钱、失去爱情、亲人离别、遭人陷害，还是被病痛折磨？这些都不是。最糟糕的事情是失去信心，从而绝望。除此之外，任何东西失去了，哪怕现在一无所有，也只不过是从头再来，没什么大不了的。人的一生中最大的敌人是自己，只有敢于承认失败，敢于从头再来，才能最终战胜自己，战胜命运。面对失败，没什么可抱怨的，从哪里跌倒，就从哪里爬起来。而不能退缩，更不能封闭自己不去追求。如失恋了就再也不敢追求爱情，事业不成功再也不敢追求事业，找工作失败了就再也不敢找工作。这样苦的只有自己，害的也只有自己，对自己纯害无益。在遇到困境时，最好的办法是勇敢面对困境，想办法战胜困境。

从中华民族遭受的多种多样的灾难来看，它们使中华民族的心理得以洗涤与磨炼，锻造出中华民族吃苦耐劳的品质和强大的挫折承受能力。

中华民族不仅有强大的挫折承受力和韧性，而且具有越挫越勇的积极品质。在遇到挫折或失败时，中华民族首先表现出的行为或策略是大无畏精神，越挫越勇。这是儒文化所包含的应对困境的基本方式。无论在历史上，还是当今社会，越挫越勇都是中华文化心理特质。中国共产党领导的中国革命，遭遇无数的艰难困苦，但共产党人并没有因此而退却，而是迎难而上，最终取得中国革命的胜利。当今社会，许多人经历了多次的失败而不畏惧，最终获得了成功。

越挫越勇是中华文化心理品质，它已植根于中华民族的内心深处，因此，要做有志气、骨气和底气的中国人，首先应当具有这样的积极文化心理品质。当代许多有志向的青少年学习刻苦，在不利的条件下能够取得很大成绩。究其原因，与其心理弹性或抗挫折心理能力及越挫越勇的积极心理素养密不可分。依据儒文化思想，苦难是人生的导师，正是苦难教会了人们如何去战胜苦难，锻造出人生智慧。古今中外无数事例表明，在人生的道路上，越是逃避苦难，遭遇的苦难就越多越大；越是积极迎接并想办法战胜苦难，那么苦难就越来越少。有人把困境比作狗，人越怕它越跑，它就越追人越缠着人，使人永远摆脱不了。但若不怕它，勇敢地迎着它，它要么害怕人

而转身离开，要么友善地对待人，与人成为朋友，成为人的助手或帮手。

（二）恰当归因，排解不良情绪

儒思想家在遭受困境的过程中，逐渐形成了对困境的归因和排解由困境引发的不良情绪的能力。中华传统文化，尤其是儒文化，把遇到逆境归结为包括"天命"和自己的"命运"的"命"。从"天命"的角度讲，困境是上天的安排，非人力能为；是上天对自己的考验，是上天给予自己的机遇。前者使中华民族能够比较坦然地忍受困境，后者使中华民族为遭遇困境而产生乐观的心态。人们常说的"谋事在人，成事在天"就是这个意思。这样通过把困境归因于"天命"，或通过埋怨老天，或通过奋发图强而在困境中保持平和心态甚至积极的心理，避免心理问题的产生。孔子在遭遇众多困厄，抱负得不到施展的情况下，把之归因为命。他说："则非丘之罪也，命夫。"（《孔子家语·困誓》）他宽慰并激励自己："君不困不成王，烈士不困行不彰，庸知其非激愤厉志之始于是乎在。"（《孔子家语·困誓》）这是孔子借以排解困厄或磨难带给自己的困扰的话语，用以激励自己勇敢经受困厄或磨难考验，表现出孔子为了实现自己的抱负而不畏艰难，奋勇向前的积极乐观精神。在孔子看来，困厄或磨难是培养和强化人建功立业的积极心理素养的途径或机会，也是考验人性的试金石。这是一种非常积极的智慧。

儒文化的这种归因策略启示我们，碰到不如意、不顺心的事情，不要把原因都归结为外部因素或不厌其烦地抱怨它们。尤其不要把挫折或逆境归咎于他人，并为此埋怨、责怪他人；也不要将其归咎于自己，处于深深的自责和自我悔恨之中。因为这样的抱怨与责怪不仅对解决问题于事无补，而且会导致自己的心情更加懊恼、糟糕、沮丧，同时会导致人际关系紧张乃至恶化，减少乃至消除他人对你提出合理化建议的可能性。因此，在遇到逆境或挫折时，正确的做法是着眼于问题的解决，积极采取有效的弥补措施将损失和不良影响降到最低；总结经验教训，"吃一堑，长一智"，避免同样的问题再次发生。可以说，每当少一点埋怨时，就会多一点进步。

这些思想值得当今处于激烈竞争中的人们尤其是置身于严峻境遇中的

就业创业的人们学习与借鉴。它告诉人们要顺天道（自然规律）、人道（社会规律和人与人相互作用的法则如黄金法则和白金法则）而行，这样既可以预防挫折或失败，又可以战胜逆境。

儒文化所注重的应对困境的策略之一是合理化，合理化或文饰作用是为自己遭遇到的逆境寻找合理的理由或借口来安慰自己，使自己保持心理平衡，不至于被逆境打倒。孔子说："不怨天，不尤人，下学而上达。知我者其天乎！"（《论语·宪问》）其义是：在自己才能得不到施展的情况下，不埋怨老天，不责备他人，做好自己就行了。这明显是一种自我安慰的合理化策略，这一策略使孔子把自己的一生不得意、不得志而导致的心中的怨气化解。这是非常智慧的化解挫折或烦恼的方法。"道之将行也与，命也；道之将废也与，命也。"（《论语·宪问》）其义是："道"的行与废并不是个人所能决定的，而是由命运决定的，"道"不能推行于天下，是孔子已经知道的，他只不过尽自己的力促使"道行"，甚至"知其不可而为之者"（《论语·宪问》）。这是富有智慧的做人道理，告诉人们要不忘初心，要有锲而不舍、孜孜不倦的执着精神，做该做的事情，只注重过程而不看重结果，但求问心无愧而不管结果如何。人们常说的"谋事在人，成事在天"等说的也是这种应对困境的方式。

儒文化的这种积极解释策略告诉人们，要有乐观的心态，以平常心来看待或对待自己所遭受的艰难困苦，乃至大灾大难。任何事情只要自己尽力了，就没有什么可后悔、可痛苦的。

（三）通权达变，灵活处事

在做某件事遇到挫折或失败时，儒文化强调通权达变、随机应变，改变自己的策略与方向，寻找能够成功的道路或方向。这是非常富有智慧的思想与做法，它告诉人们，在一条路走不通时，不要思维僵化、钻牛角尖，而应懂得权变，仔细观察是否有通往目标的其他道路。倘若能够权变，及时做出调整或改变，就能够发现新的可能性。

通权达变是指做事不应固执一理、毫无变通，而应求真务实，具体情况具体分析，顺应时势的变化作相应的灵活变通。孔子就是通权达变的典型。他虽然很想治世安邦，做出一番事业，但是做到了"危邦不入，乱邦不居。

天下有道则见，无道则隐"（《论语·泰伯》）。他这种做法明显体现出根据社会环境的实际情况来选择自己如何处事。如果国君有道，就出世为仕，实现自己达济天下的抱负；如果国君无道，社会动荡混乱，那就做个隐士修炼自己的身心，静待时机。受孔子的影响，许多儒士通权达变，根据实际情况进退取舍。孟子说："权，然后知轻重；度，然后知长短。物皆然，心为甚。"（《孟子·梁惠王章句上》）这句话十分强调通权达变的重要性。儒文化认为，"忠"是君子应该具有的品质，但"忠"只是对有道明君，若是昏君，则不应"忠"，如果对昏君忠，那就是十分愚蠢的。在齐宣王质疑"汤放桀，武王伐纣"这样的"臣弑其君"时，孟子说："贼仁者谓之贼，贼义者谓之残，残贼之人谓之一夫。闻诛一夫纣矣，未闻弑君也。"（《孟子·梁惠王章句下》）这明显体现出孟子的通权达变。这说明，即使是儒家所强调的仁、义、礼、智、信，也应该根据实际情况做通权达变。淳于髡问孟子："男女授受不亲，礼与？"孟子回答说是礼。淳于髡接着问，既然是礼，那么，"嫂溺，则援之以手乎？"孟子回答说："嫂溺不援，是豺狼也。男女授受不亲，礼也；嫂溺援之以手者，权也。"（《孟子·离娄章句上》）这是一种为人处世的智慧，它启迪人们，无论做什么事情，要把事情做好，就应根据实际情况及时作出变通，知进退、懂取舍，凡事不走极端，动静相宜，举止有度，由此才能获得生命的圆满。

儒文化通权达变的实质是务实，具体问题具体分析，要求人们干什么事都要灵活，随机应变，不能明知一条路走不通还要顽固地走下去。在儒文化的熏陶锻造下，逐渐形成了中国人通权达变的务实品质。儒文化所要求君子具备的通权达变和务实特质主要来自其赖以产生和发展的农耕经济。中国人在长期的农耕劳作中逐渐领悟到：利无幸至，力不虚掷，说空话无补于事，实心做事必有所获。"不耕获，不菑畲，则利有攸往""不耕获，未富也"（《周易·无妄卦》）。意思是说，不以农业耕作为目的，不为收获，不为治田，就会导致杂草横生，土地上长出苍筤竹、萑苇之类的野生植物或者反生的庄稼，虽然不会有什么农业收成，但对畜牧业是有利的。既然没有获得收成的增量，那么当然也就不富。所以，儒文化强调人们辛勤耕耘，勤俭持家，踏踏实实做人做事。这一思想充满辩证性。田地秋后长满了反生的庄稼，这些反生的庄稼，于耕获、于菑畲是"不利有攸往"，因为这些反生的庄稼与野草无异，人们不仅不会从中获得收获，而且导致田地荒芜。反之，若不为耕获，不为菑畬，反生的庄稼则可以像野草一样任意生长，它们反而可以作为放牧的牲畜的饲料，所以说"不耕获，则利有攸往"。这就告诉人们应懂得变通，充分利用看似不利的因素，根据实际情况做出恰当抉择。由此来看，通权达变是行之有效的为人处世之道。通权达变和务实的人，会用发展变化的观点看问题，而不是仅凭老眼光、老经验为人处世，这样才能把事情做好，把人做好。因为事物、情况总是在不断发展变化的，任何人和事都会随时间、地点和环境条件的变化而变化。不同事物具有不同的特点，同一事物在不同时间、环境等条件下会表现出不同的特点。因此，任何人若想把人和事做好，就必须根据具体问题、具体条件通权达变，认识到事情在不同发展阶段所表现出的不同特点，厘清其发展变化的脉络。如果不分时间地点和环境条件，思维僵化、固执地做事，就只会把事情搞砸。这就告诉人们，无论做什么事情，在条件或情形发生变化时，应及时调整自己的策略、方法。

这种占据中国文化主导地位的儒文化所提倡的通权达变和务实作风在历史发展过程中逐渐渗透到文人、士人等社会各阶层，对他们产生了重要影响，使他们具有相应的品质。在儒文化的熏陶下，儒士们都具有"大人不华，君子务实"（《潜夫论·叙录》）的精神。

（四）积极转化，锤炼心理化功

孟子的"生于忧患，死于安乐"、王阳明的"在事上磨"等思想蕴含着把困境、磨难等消极因素转变为积极的含义，实际上是要求人们具有心理化功。

包括儒文化在内的中华文化认为，挑战中包含着机遇，危机中孕育着生机，困境中孕育着顺境，不幸中蕴含着幸运。能否在危机中求得生机，把逆境变为顺境，把不幸变为有幸，关键取决于个人的认识与转化能力。前述的孔子在经历磨难时保持乐观心态，不断用积极的语言或想法激励自己，对磨难进行积极认知，就是心理化功的体现。孔子说："不观高崖，何以知巅坠之患；不临深泉，何以知没溺之患；不观巨海，何以知风波之患。失之者其不在此乎？士慎此三者，则无累于身矣。"（《孔子家语·困誓》）

在有人说孔子像丧家之犬时，孔子不但不生气，反而自我解嘲地说"然乎哉！然乎哉！（真有点像啊！）"（《孔子家语·困誓》）这体现出孔子对困境、磨难进行积极认知和积极体认的思想智慧。按照这一思想进行推论，没有经受困境，就不会有解脱困境的方法；没有痛苦，就不会有化解痛苦的动机和智慧；没有困难，就不会有战胜困难的智慧。儒家的这一思想，成为中华民族战胜困境或磨难的积极心理品质。

儒文化的"变逆为顺"思想告诉人们，当遇到困境或磨难时，不要第一个念头就是"这下全完了，我被彻底毁了""我怎么这么倒霉"。那样会使人看不到自己的优点和困境或磨难带给自己的积极之处。实际上，任何事情都有正反两面的作用，正如人们常说的"有得必有失，有失必有得"，它到底产生什么作用，关键是看人们如何认识和对待它。如果遇到困境或磨难时要问自己："现在有什么是可珍惜和可挽回的？""我现在应该做什么？最需要做的是什么？我应该怎样去做？""我在这一事件中哪些方面做得较好，哪些方面做得不好？""这件事会给我什么样的启示？我应该从中得到什么样的经验教训？"等等。这样既使人保持良好的心态，磨炼其意志，又会使人从中受益，增益其所不能，同时会使人对自己有更清醒的认识，为今后做出更为恰当的选择奠定基础。这就要求我们在遇到挫折或失败时，多从好处着想，而不要只盯着坏处。例如，突然失业当然令人难过，但转念想想，它给了自己寻找更好工作的机会与压力，也使自己有机会重新自我认识、自我提高和参加培训，这样就会使自己有不一样的心情和收获。

凡事都有正反两面，但一些人在遇到困境或磨难而焦虑、痛苦或郁闷时，只是注意到自己的不幸，看到自己的缺点，而没有注意到自己的优点，以至于不能充分利用自己的长处弥补自己的短处，克服困境或磨难，反而在逆境中越陷越深，对自己越看越低。这是缺乏智慧的认知和做法。依据上述儒文化的智慧，应当想办法把困境或磨难作为增益己所不能的机会和途径。

在儒文化看来，人生难免会遭遇各种各样的困境、挫折或失败。在遭遇这些困境、挫折或失败时，是一蹶不振，消极颓废，还是勇敢面对，积极应对？是被困境、挫折或失败击倒，还是积极主动地去迎战它们，想方设法战胜它们，在战胜它们的过程中增益己所不能？儒文化强调的是后者，其态度是满怀信心，乐观积极，持之以恒，坚持不懈。

孔子说："譬如为山，未成一篑，止，吾止也。譬如平地，虽覆一篑，进，吾往也。"（《论语·子罕》）这明确告诉人们，做任何事情，都应坚持不懈，勇于向前。只有坚持不懈才能积土成山，最终达于成功。如果半途而废，就会前功尽弃，功亏一篑，留下终身遗憾。

孔子一生屡遭困境，"穷于陈蔡之间，七日不火食，黎羹不糁，颜色甚惫……再逐于鲁，削迹于卫，伐树于宋，穷于商周，围于陈蔡"（《庄子·杂篇·让王》《庄子外篇·山木》），但仍能"弦歌于室"，在困境中修炼自我。正如孔子所言："抱仁义之道以遭乱世之患，其何穷之为？故内省而不穷于道，临难而不失其德。天寒既至，霜雪既降，吾是以知松柏之茂也。陈蔡之隘，于丘其幸乎。"（《庄子·杂篇·让王》）孔子的这段教导弟子的话有如下几层意思：（1）困厄提供给人磨炼良好品质的机会，因此遇到困厄是幸运的事，应感到高兴。正因如此，孔子受困而歌。（2）困厄、挫折是人生路上必然遇到的。人生道路本来就是既有坎坷也有平坦大道，这是很正常的现象。既不可能只有坎坷，也不可能只有平坦大道，所以遇坎坷时不必沮丧，走平坦大道时也不要忘乎所以。（3）不能因遭遇困厄、挫折或失败而改变自己的初心、志向、德性，要为自己没有因困厄、挫折和失败等而改变自己的初心、志向、德性等而骄傲、愉悦。（4）困厄是人生导师，正是困厄使人明白什么是坚强，如何坚强，并从中体认或感悟"道"，即"通于道"。（5）"通于道"的途径是内省，因此遇到困厄、挫折或失败时应学会思考和反思，对自己进行认识，强化自我修养，增益己所不能。

人们常说："不经历风雨，怎能见彩虹""失败是成功之母"等，但事实并非完全如此。对有些人来说，失败是成功的台阶，但对另一些人来说是一蹶不振的"凶器"：（1）假如失败了就退缩、自卑、自暴自弃的话，那失败永远都是失败，不可能成为成功之母。因为失败者不敢面对失败，不敢做出改变。（2）失败了，虽然没有被失败击倒，也没有自卑、自暴自弃，但没有总结教训，没有分析问题出现在哪儿，没做出改进，以至于还犯同样的错误，遭遇同样的失败或挫折。如此，失败还是失败，怎么成为成功的"母亲"呢？既然如此，那怎样才能使失败成为成功之母呢？儒文化的智慧是在失败中不断总结经验教训以增长自己的智慧。孟子说："爱人不亲反其仁，治人不治反其智，礼人不答反其敬。行有不得者，皆反求诸己。"（《孟子·离娄章句上》）这告诉人们在遇到困境、挫折或失败时，要善于反省，弄明白自身所存在的导致困境、挫折或失败发生的因素，进而消除这些问题，使自己成长，如此才能避免以后的挫折、失败。在孟子看来，不仅要对自己的成败进行总结，而且要对他人的成败加以总结。他借用《诗经·荡》中的"殷鉴不远，在夏后之世"，告诉人们要善于借鉴他人的经验教训。《礼记·乐记》中的："好恶无节于内，知诱于外，不能反躬，天理灭矣"指出，通过反省总结经验教训是达至天理的根本途径。儒家经典《大学》指出："知止而后有定，定而后能静，静而后能安，安而后能虑，虑而后能得。"这明确告诉人们，无论处于什么境遇，即使是非常糟糕的困境，都要明白自己要达到的境界或志向，由此才会志向坚定，进而保持内心宁静，不受困境等内外因素扰乱心神，平心静气地分析思虑，总结经验教训，唯有如此才能有所得。宋代思想家朱熹指出："自吟以往，更愿反躬自省，以择乎二者之间察其孰缓孰急，以为先后。"（《朱子全书·朱文公文集·答王晋辅》）这也在强调通过反省而总结经验教训的重要性。从历史上儒士的表现来看，他们在遇到困厄时，通常通过反省来激发自己的困境智慧（程旺，2014）。《周易正义》指出："蹇难之时，未可以进，惟宜反求诸身，自修其德，道成德立，方能济险。"（《周易正义·蹇卦》）这告诉人们在困厄尤其是险境时能泰然处之，平心静气地分析总结，唯有如此，才能渡过难关。宋代大儒程颐和程颢也表达了同样的思想："君子之遇艰阻，必反求诸己而益自修。"（《周易程氏传》）

儒文化的这一思想智慧，既是儒士们的实践经验真实写照，也是他们总结概括出来的人们应对困厄或艰难困苦的积极策略。古今中外无数人的经历表明，失败了，跌倒了，再爬起来，只能说是勇敢、坚强，这种坚强、勇敢可能会变成固执。换言之，光有勇敢是不够的，要想不再跌倒，并走得更好，就要通过在困境和艰难困苦中的思与反思进而进德修业。如何才能做到这一点呢？其中的关键是在遭遇到"风雨""失败"时的心态、态度、行动等。如果心态好（把它们看作锻炼成长的机会，看到积极的方面）、态度正（我能行，我一定能战胜困难，有面对的勇气等）、行动积极（寻找机会、总结经验教训、寻找补救措施、积极发现有价值的东西等），就会增长智慧，为成功打下基础；反之，容易对自己失去信心，对"风雨"等产生恐惧，从而导致逃避、重复犯错误，甚至放弃等行为。

常言道："吃一堑，长一智。"王阳明说："经一蹶者长一智，今日之失，未必不为后日之得。"（《王守仁全集·寄薛尚谦》）其义是说，受到一次挫折，便得到一次教训，增长一分才智。实际上这是从挫折或失败中获得经验教训。它告诉人们，在遭遇挫折或失败后，能够去分析原因，找出问题的所在，有所长进，增长智慧，避免同样的错误再次发生，才能通过一个个失败使自己最后不失败即成功了。这时，失败才能真正成为成功的"母亲"。这就告诉我们，无论在成功道路上遇到什么失败，遇到多少失败，遇到多大失败，都不要气馁、失落、自暴自弃，而是要勇敢面对失败，把失败当作磨炼自己的手段或途径，不断总结经验教训，败中悟道，败中增慧，败中明心。

（五）强化耐心与韧性，静待时机

强化耐心与韧性，静待时机是"需卦"所体现出的心理品质。孔子受困于陈蔡之间时，境遇十分糟糕。学生子路质问他："为善者天报之以福，为不善者天报之以祸，今夫子累德积义怀美，行之日久矣，奚居之隐也？"孔子回答子路说："王子比干不见剖心乎！女以忠者为必用邪？关龙逢不见刑乎！女以谏者为必用邪？吴子胥不磔姑苏东门外乎！夫遇不遇者，时也；贤不肖者，材也；君子博学深谋不遇时者多矣。由是观之，不遇世者众矣，何独丘也哉！且夫芷兰生于深林，非以无人而不芳。君子之学，非为通也，为穷而不困，忧而意不衰也，知祸福终始而心不惑也。夫贤不肖者，材也；为不为者，人也；遇不遇者，时也；死生者，命也。今有其人不遇其时，虽贤，其能行乎？苟遇其时，何难之有？故君子博学、深谋、修身、端行以俟其时。……昔晋公子重耳霸心生于曹，越王勾践霸心生于会稽，齐桓公小白霸心生于莒。故居不隐者思不远，身不佚者志不广。女庸安知吾不得之桑落之下？"（《荀子·宥坐》）。孔子的这个回答至少说明如下几个问题：（1）天下有本事、有德性的人遭受困厄是常有的事，但他们并不因遭受困厄而改变自己的志向或抱负，而是忍耐，甚至视为锻炼自己的机会。（2）生逢其时，有机会时，要抓住机会，一展胸中抱负；生逢乱世，没有机会时，就加强自我修养，进德修业，静待时机，以便将来有机会时能建立更大的功业。（3）人们进德修业并不是为了显摆自己，也不是为了建功立业，而是为了遭受困厄时使自己免于困顿，遭受祸患或打击时使自己意志不衰退甚至增强，遭遇生死祸福考验时思想坚定不动摇，明白事理。所以，君子耻于"学以为人，教以为己，仁义之慝，舆马之饰（勤奋学习用以求取他人的夸赞，注重教诲是为了炫耀自己，用仁义作为奸恶勾当的掩护，讲求高车大马的华贵装饰）"（《庄子·杂篇·让王》）。（4）困厄、生于忧患是磨炼人的意志、智慧、志气、骨气、底气和勇气等积极心理品质的机会。没有经受困厄或生死忧患的考验，人就会缺乏远虑、远大志向、心理韧性或心理弹性等。没有远虑就必有近忧，没有远大志向就不可能成就宏大功业，没有心理韧性或心理弹性就很容易被艰难困苦击倒。（5）人是为自己而活的，不是为别人而活的，人厚实自己的德行和才能，不断进德修业，是为了自己活得更有价值、意义，活得更加精彩，而不是单纯为了得到他人的赏识。就如同兰花的芳香是出自内在的那样，不是为了得到人的欣赏而芳香，也不会因没有人欣赏而不芳香。"养志者忘形，养形者忘利，致道者忘心矣。"（《庄子·杂篇·让王》）

孔子的这一思想是极具智慧的人生态度和积极乐观的心态，遵循这一思想，可以锻造出坚忍、困苦承受力、忍辱力、恕等积极心理特质。坚忍是指人能忍耐的至高程度。"忍"是"心上一把刀"，说明要能忍受常人不能忍受之痛之苦之辱。在孔子、孟子等儒思想家看来，在遇到困厄尤其是自身无法克服、无法控制的艰难困苦时，坚忍既是一种有智慧的应对策略，也是一种静待时机、寻找合适机会的办法，同时是一种心理调适、恢复心理平衡的智慧方法。忍辱力是对一切屈辱打击及外界一切寒热饥渴等困厄的承受或忍受能力，即能够忍受辱骂打击，以及饥寒等苦，行难行之行、忍难忍之忍。其核心是"自辱"。人在成长的过程中，一定会遇到许多阻碍，挫折毁谤。在遇到艰难困苦、挫折毁谤时，能够不怨不怒，由忍化恕，人的心自然就会平静。忍辱是磨炼人的心智的过程，如果人能够修炼到外忍饥寒，内忍七情六欲，道志不馁，不畏困难，那么他在遭遇困厄、挫折、毁谤、侮辱时，便能不怨不怒，由忍化恕，心自安之，不为艰难困苦、挫折失败、谩骂侮辱扰乱内心，使自己内心快乐。

（六）不忘初心，坚定方向

儒文化强调，心有所本、内有所主，强调自觉、自主，不会为外物牵引（程旺，2014），无论遇到什么困厄或挫折、失败，都不能迷失自己的人生志向或目标，否则将会一事无成。孔子以身作则，不为穷困而改节，他说："君子修道立德，不谓穷困而改节。为之者，人也，生死者，命也。"（《孔子家语·在厄》）他盛赞颜回在任何穷困的境遇都能够保有自己的志向，进德修业，"一箪食，一瓢饮，在陋巷，人不堪其忧，回也不改其乐"（《论语·雍也》）。孟子说："存其心，养其性，所以事天也。夭寿不贰，修身以俟之，所以立命也。"（《孟子·尽心上》）孟子的这段话有如下意思：（1）无论在什么境遇，即使是极端恶劣的境遇，都要保持人的本心，培养人的本性，这就是对待天命的方法。短命也好，长寿也好，我都不三心二意，只是修身养性，等待天命，这就是安身立命之道；（2）无论做什么事，尽心尽力就好，成败与否，都保持积极乐观心态；（3）自己能做的是进德修业以待时机，所以在任何时候都要坚定自己的目标和人生方向，不断进取。王阳明也表达了同样的思想。他说："尽心、知性、知天，是生知安行事；存心、养性、事天，是学知利行事；夭寿不贰，修身以俟，是困知勉行事。"（《传习录》）这说的是人生的三种境界。第一种境界，尽心、知性、知天的人能够尽其本心，体悟德性，通晓天道，所有的言行都能自然而然地符合天道，能把我们与生俱来的天赋德性完全展现出来；第二种境界，存心、养性、事天的人看到了天道和自己的天性，但是本心还存在私欲，能意识到自己因为私欲所蒙蔽并不能完全让自己的天性展现出来，还需要时刻提醒自己修心养性，顺应天道而让自己的本性良知得以展现；第三种境界，修身养性以尽天性，而不是为了改变命运，不能因为生老病死、寿命长短、富贵贫穷而改变修身养性的心，困勉前行以与天性和天道相见。

最容易导致初心迷失的是有了私心、有了自我，因此儒文化保持初心的智慧之一是忘我或无我。孔子的处世之道是"毋意、毋必、毋固、毋我"（《论语·子罕》）。就是不要主观臆断，不要对事情绝对肯定，不要固执己见，不要以自我为中心和评判标准。之所以如此，原因在于最容易导致人出现偏差的是以自我为中心。例如，以自己的认知或见识为评判标准，以自身利益为圆心，受自己的欲望驱使。王阳明指出："圣人之学，以无我为本，而勇以成之。"（《王守仁全集之三·悟真录·别方叔贤序》）。把无我放在做人的非常高的境界。"天地生意，花草一般，何曾有善恶之分？子欲观花，则以花为善，以草为恶；如欲用草时，复以草为善矣。"（《王守仁全集》）这明确指出人们常常以自己的好恶作为判定事物的标准，心中总有个"我"存在。人若有"我"，则在认识世界、为人处世、建功立业时就容易受自己的认知水平和能力、需要、态度、价值观等的局限，使自己的心理活动和行为受种种"我"的因素，如"我"的看法、想法、做法、态度、价值观等的影响，由此很有可能因为"我"的认知水平、欲求、情绪、经验、视界等的影响或限制而产生偏差，产生不了智慧。例如，把自己喜欢的都认知为好的，进而想得到它们；把自己厌恶的都视为不好的，拒斥或避开它们。反之，人若无我，不以自己的情欲、认知、想法、目的等为中心，不受"我"的种种烦扰，不被任何事物、观念、思想、风俗、经验束缚，才能真正合于道，由此遵循"道"把事情做好。

通常情况下，人们在遇到困境或遭遇到挫折或失败时，十分关注自己，考虑的也都是自己，如"我失败了怎么办？""我的地位、名声会受到很大影响""我做不好别人该怎样看我？"等，都是围绕自己来考虑问题。这样就会受到自我的羁绊，使思维受到抑制，很难冷静考虑如何抛开自我，怎样消除困境。就很容易注意不到改变困境的途径与措施，限制对自己潜能的挖掘和发挥。因为过分关注现时的自我，就注意不到或忘却了真正的自己，忽视了自己的力量，限制了自己的能力。与关注自我紧密联系在一起的是关注结果，尤其是消极的结果。在做事尤其是重大事情前，一直关注自己是否能成功，总在考虑万一不成功会怎样，并为之焦躁不安、忧心忡忡，结果使自己在进行活动前就把能量无谓地消耗殆尽。在做完事情尤其是失败之后，沉湎于事情的结果之中而不能自拔，为结果而悔恨、懊恼、伤心。这些会使自己无法静下心来考虑或寻找解决问题的办法或途径，最终导致失败。就像一些运动员参加重大比赛、高中生参加高考那样，不能静下心来全身心地投入比赛或考试，进而影响自己在比赛或考试中的水平发挥。

宋代著名文学家王安石在《游褒禅山记》中这样写道：

"夫夷以近，则游者众；险以远，则至者少。而世之奇伟、瑰怪，非常之观，常在于险远，而人之所罕至焉，故非有志者不能至也。有志矣，不随以止也，然力不足者，亦不能至也。有志与力，而又不随以怠，至于幽暗昏惑，而无物以相之，亦不能至也。然力足以至焉，而不至者，于人为可讥，而在己为有悔；尽吾志也，而不能至者，可以无悔矣，其孰能讥之乎？"

用现在的话讲就是：近的地方，来的游客比较多，险峻而且比较远的地方，到的人比较少，然而世界上奇妙的、瑰丽的奇异景观，常常在险峻且较远的地方，能到这些地方的人非常少，非有志向的人不能到达。有志向，不随便停下来，然而力量不够也不能到达。有志向和力量，同时又不随便懈怠，到达幽深黑暗容易迷路的地方，如果没有外物的帮助，也不能到达。然而力量和条件足以到达而没有到达，对别人来说可能成为讥笑的对象，对自己来说则会感到后悔；尽我的志向和力量也不能到达，没有什么可后悔的，别人又怎么能讥笑呢？

王安石的这段话对我们有以下几点启示：（1）无论做什么事，要尽心尽力，只要尽自己所能，不管成功与否，都没有什么可后悔的；（2）做事情要注重过程，不要在乎结果，尽自己的力量做好每一步，不要后悔，更不要灰心；（3）做事情要抛开自我与结果，充分发挥自己的水平，尽心做事，不要在乎别人的评说；（4）人与人有差异，每个人只要充分利用各种条件和力量办事就好。这些启示与我们阐述的内容有关的主要是"重过程，不重结果""抛开自我与结果"。常言道："事至无悔而止矣，成不可必也。"意思是，做事情只要能做到自己不后悔就行了，成功并不是必不可少的；也是告诉人们重视过程，尽心做事就行了。

从现代心理学的角度讲，太过于关注自我与结果，会导致心理紧张；而心理紧张会把智慧活动和身体力量引向错误的方向，抑制智慧和身体力量的积极效用，影响活动效果，进而导致失败或挫折。而失败或挫折会使人更加容易紧张，从而形成一种恶性循环。

第三节　儒文化中身心保健智慧

儒文化中有丰富深邃的关于身心保健的智慧，这种身心保健的智慧对于当今人们具有非常重要的意义和现实价值。儒文化中身心保健智慧有许多方面，前述的恕之道、和之道、积极乐观心态等便是十分重要的身心保健的智慧方法或途径。除此之外，儒文化非常重视进德养德、节欲的身心保健作用或价值。

一、进德养德

如前所述，儒文化主要是一种德文化，非常强调德的重要性。在儒文化看来，德不仅是人的心理境界，而且是人身心保健的重要途径和条件。换言之，修德进德能够促进人的身心健康。所谓德心统一，是指修德与修心并重，心理治疗与品德养成相统一。儒文化崇德为上、品行至上，修德一直是最为儒家看重的。这种理念也融入儒文化的身心保健理论，把修德作为预防与治疗心理疾病及促进身心健康的重要途径。孔子明确提出"仁者寿"的观点，他说："知者乐水，仁者乐山；知者动，仁者静；知者乐，仁者寿。"（《论语·雍也》）这是告诉人们，智者的乐是动性的，他们明白事理，反应敏捷而又思想活跃，性情好动就像水不停地流一样。仁者的乐是静性的，他们安于义理，仁慈宽容而不易冲动，性情好静就像山一样稳重、深厚、宁静，内心世界一般不会为各种因素尤其是艰难困苦所扰乱，不太容易发脾气，也不容易冲动，看事情冷静，先难而后获，因此其寿命通常会比较长。"内不伤性，外不伤物，上不违天，下不违人，处正居中，形神以和。"（《申鉴·俗嫌》）用现在的话说就是，有仁德的人，不论对己、对人、对物、对天，皆不违背中和之道，故灾祸不致降临其身，而且仁者常自我反省，谨言慎行，心中坦然，没有愧疚，亦无忧虑，必然长寿。"将身有节，动静以义，喜怒以时，无害其性。"（《孔子家语·五仪解》）用现在的话说就是，仁者行动有节，合乎道义，喜怒适时，立身行事有操守，懂得培养自己高尚的性情。倘若"夫寝处不时，饮食不节，逸劳过度[1]……嗜欲无厌而求不止者[2]……忿怒不类，动不量力者[3]"（《孔子家语·五仪解》），就会损伤自己的身心，导致非正常死亡，这样的人寿命短。因此，孔子告诉人们若想身心健康长寿，那就需要"知止""克己""有度"。这与当今积极心理学所讲的身心保健之道十分吻合。

《中庸》指出："大德者必得其位，必得其禄，必得其名，必得其寿，故天生之物，必因其材而笃焉。故栽者培之，倾者覆之。《诗》曰：'嘉乐君子，宪宪令德。宜民宜人，受禄于天。保佑命之，自天申之。'故大德者必受命。"其义是说，有大德的人必定得到他应得的地位，必定得到他应得的财富，必定得到他应得的名声，必定得到他应得的长寿。所以，上天生养万物，必定根据它们的资质而厚待它们。能成才的得到培育，不能成才的就遭到淘汰。《诗经》上说："高尚的君子，有美好的德行，让人民百姓安居乐业，享受上天赐予的福禄。上天保佑他，任用他，给他以重大的使命。"所以，有大德的人一定会承受天命。《中庸》中的这段话告诉人们，修德有益于身心健康。

（一）修德可以保持身心平衡

害止利为是儒文化坚持的重要原则。它包括两层含义：一是认为对自己有利的事情要去做，有害的不要去做；二是做有利于社会、群体或他人的事情，不要做对社会、群体或他人有害的事情。正如三国时期的政治家刘备所云："不以恶小而为之，不以善小而不为。"其中，后者是人的良好道德品质的体现，最为重要。中国文化具有明显的利他主义特征，一直强调"和为贵"和"与人为善"，认为这不仅是维护社会和谐稳定的重要条件，而且可使个体避免许多心理困扰，正所谓"不做亏心事，不怕鬼叫门"。一般而言，道德高尚的人，心里踏实、处事泰然，会经常保持平和乐观的心态，

---

[1] 起居没有定时，饮食没有节制，时常让身体过度疲劳或无限度地放逸。这些都是因自己不懂得爱惜身体，使身体受到损伤。

[2] 对于自己的嗜好欲望，不肯节制，贪求无厌。

[3] 愤怒时不懂得克制自己，意气用事；不自量力，不计后果地行动。

心胸坦荡，精神饱满而喜悦，时时刻刻处于放松状态，由此能免除各种焦虑与恐惧，做到"仁者不忧"（《论语·宪问》）和"坦荡荡"而不"长戚戚"（《论语·述而》）。这已为许多事实证明。与此相反，那些德薄甚至缺少德行的人，时时、事事、处处想方设法算计他人，无论事情的大小都与他人斤斤计较，总是担心失去自己已有的功名利禄等，或害怕无法获得自己想要获得的名声、经济利益、社会地位、权势等，做了对社会、对他人不利的事，便会受到良心的谴责，整日担心天谴或遭报应，感到愧疚不安；又担心社会、他人对自己背弃、排斥乃至惩罚报复，感到心神不宁，充满焦虑或恐慌，以至于疑神疑鬼、草木皆兵；同时，又会导致人际关系的恶化，使自己处于不良的人际氛围之中。所有这些既是心理问题的根源，又是心理问题或疾患的重要组成部分。

（二）修德可以为自己营造和谐健康的心理氛围

常言道："好人有好报，恶人有恶报。"这虽带有迷信或宿命论色彩，但说出了增进心理健康和心理治疗的一个浅显道理。依据儒文化，道德品行的好坏，主要在于是否利他。在中国，道德品质高的人往往是那些事事、时时、处处为他人考虑的人。由于中国人相信"善有善报，恶有恶报，不是不报，时候不到"，因而利他行为一般会为自己创造良好的有益于健康的氛围。主要表现在以下几个方面：（1）避免因他人嫉妒而对自己造成的伤害或破坏和由此所形成的矛盾心理。中国的俗语"枪打出头鸟""树大招风""人怕出名猪怕壮"等，都道出了人有较强的嫉妒心和对嫉妒心的恐惧。人之所以害怕嫉妒，是他人的嫉妒会给自己带来伤害或破坏，这样的事情屡见不鲜。但是，人又存在"出人头地"等心态。人之所以想"出人头地"，是为了赢得较高的社会地位或身份，取得某种社会"特权"（特殊待遇）。这就会形成害怕招致嫉妒和想突出自我的矛盾。这一矛盾处理不当，就会导致心理失衡，产生焦虑等心理问题。但有良好道德修养的人通常不会如此。其原因：一是他们比较谦虚，并不认为自己比他人出色；二是他们通常把成功归功于群体或他人，而把失败、过错、挫折归咎于自己，不抢功争功，敢于、勇于甚至替他人承担责任；三是他们通常把自己的成果与他人分享，使他人从自己的成就中受益；四是他们非常内敛，"不显山不露水"，以极其平常的心态对待成败得失；五是他们不争名夺利，只注重自己内在修养的提高。（2）获得有益于健康的积极心理体验。品行好的人由于乐于助人等原因，他们通常会赢得他人尊敬，从而满足尊重或自尊的需要；会"不争之争"，因不追求或竞争功名利禄反而赢得较高的社会地位和身份，获得并体验人生价值感、成就感与自豪感；会因只讲付出不求回报的行为和自己内在修养的不断提升而产生积极的情感体验。所有这些心态或体验，本身既是心理健康的标志，又是预防和消除心理问题及增进身心健康的有效途径。（3）品德高尚的人常常会获得他人的支持或帮助，从而更为有效地克服人生旅途中自己难以克服的困难或挫折，使自己更健康顺利地发展。俗话说，"独木不成林""在家靠父母，在外靠朋友"。由于单个人力量的有限性，即使是能力很强、很全面的人也难以做到"万事不求人"，也会遇到解决不了的问题，也需要他人的帮助，即使是看起来很笨的人往往会在最困难的时候发挥难以取代的作用。

有这么一个故事：一位种庄稼的能手，经常培育出高产的新品种，每次都能在"最佳农产品比赛"中获胜。但他并不把新品种据为己有，而是分发给其他人。有人说他傻，而他却说这样对他很有益：其一，如果不分发给他人，只有自己的庄稼长得好，收成高，会招致他人的嫉妒，而他人的嫉妒会使他人疏远自己并损害自己的庄稼，这样自己反而要操很多心，浪费大量的时间与精力在其他事情上，反而对自己不利；其二，庄稼生长需要花粉传授，倘若只有自己田里的庄稼好，而周围田里的庄稼劣，蜜蜂、风等会把自己田里的优良花粉传到其他田里的庄稼，而把其他田里的劣种花粉传给自家庄稼，这样自己的庄稼收成也不好；其三，在一小块试验田里培育的品种是否具有推广价值，需要在更大范围进一步验证，他把种子分发给他人，实际上等于他人免费为自己做试验，这对自己有益无害，何乐而不为；其四，大家庄稼都长得好会成为自己不断探索、不断改进或超越的动力，促使自己不断培育出更好的品种。笔者认为除这四点外，还有一点——"一人富不是真的富，大家富才是真正富"。把优良种子分发给他人，该农业能手会感到心里踏实和喜悦，也会得到他人的尊敬，获得他人所不能获得的社会地位与身份。这一事例说明了品德与心理健康的关系。正因如此，中国心理治疗思想把修德融入心理治疗，并作为心理健康维护

和心理治疗的重要措施。

二、节欲

欲是欲望、欲求、需要等。其字源意义是因欠缺而产生对某些东西的追求。在儒文化看来，欲望能够扰乱人的心神，使人的身心失去平衡，导致身心问题，所以人要维护乃至增进自己的身心健康，要节欲。

孔子认为，人的欲望应适当，适当的欲望对人是有益的，如果超过一定的度，尤其是强烈成贪欲，那就会严重影响人的身心健康。孔子说："名实者，圣人之所不能胜也。"（《庄子·内篇·人世间》）这告诉人们，就连圣人都不可避免地追求名声和利益，何况一般的普通人呢？"饮食男女，人之大欲存焉。死亡贫苦，人之大恶存焉。故欲恶者，心之大端也。"（《礼记·礼运》）这明确指出人都有欲望，人有欲望是正常现象。"富而可求也，虽执鞭之士，吾亦为之。如不可求，从吾所好。"（《论语·述而》）这就是说，不管是财富、权力、名声等，只要合乎道，都可以去追求，去获取。当然，如果不合乎道，就不能去追求富贵，这时候就要做自己喜欢做的事情。这说明，孔子并不否定人的欲望，而是要合理合道地满足自己的欲望。在他看来，欲富恶贫是人的一种共同的普遍的倾向或基本人性，承认人们追求财富的必然性和合理性。正所谓："君子爱财，取之有道；贞妇爱色，纳之以礼。"（《增广贤文·上集》）如何才能合理满足自己的欲望呢？孔子认为，欲望适度、合道、量己之力之能。欲望适度是指把人的欲望保持在适当的范围内，既不能太强，也不能太弱。太弱起不到动力作用，太强则会使人失去理智而变痴，思维受局限，导致人焦虑或恐惧。合道是合乎道义，即采用恰当的方法或途径满足自己的欲望。正如孔子所言："富与贵是人之所欲也，不以其道得之，不处也。贫与贱是人之所恶也，不以其道得之，不去也。"（《论语·里仁》）量己之力之能是指人的欲望要与自己的能力一致，不要产生超越自己能力的欲望，否则这样的欲望难以实现，使自己产生心理不平衡，甚至导致严重的身心障碍。例如，孔子不反对当官，甚至想当官，但对他来说，能当则当，不能当则不强求。

孟子说："养心莫善于寡欲。其为人也寡欲，虽有不存焉者，寡矣；

其为人也多欲，虽有存焉者，寡矣。"（《孟子·尽心章句下》）用现在的话说就是，修养内心的方法，没有比减少欲望更好的了。一个人如果欲望很少，那么善性即使有迷失的部分，也是很少的；一个人如果欲望很多，那么善性即使有保存的部分，也是很少的。这明确告诉人们，欲望过多过强很容易导致人的迷失，很容易利令智昏，成为欲望的奴隶，其结果是"欲望的列车"失去方向、轨道和控制，横冲乱撞，坠入万劫不复的深渊，由此极有可能导致身心问题。

儒家经典《礼记·大学》指出："修身在正其心者。身有所忿懥[1]，则不得其正；有所恐惧，则不得其正；有所好乐，则不得其正；有所忧患，则不得其正。"这明确告诉人们，忿懥、恐惧、过分高兴、忧患等情绪会扰乱人的心神，导致人的身心问题。"欲动情胜，而其用之所行，或不能不失其正。"（《大学章句集注》）这实际上是在告诉人们，要想身心健康，就应适当控制自己的七情六欲。

朱熹指出："明德者，人之所得乎天，而虚灵不昧，以具众理而应万事者也。但为气禀所拘，人欲所蔽，则有时而昏；然其本体之明，则有未尝息者。"（《大学章句集注》）这明确告诉人们，人的气禀、欲望会蒙蔽人明理的心，使人头脑不清晰，失去理智。因此，为保持清醒的头脑，有必要控制人的欲望。

王阳明说："尽夫天理之极，而无一毫人欲之私。""此心无私欲之蔽，即是天理，不须外面添一分。""心即理也，无私心即是当理，未当理便是私心。若析心与理言之，恐亦未善。"（《王守仁全集·卷六》）这明确告诉人们，心即理，要想知心明心，存天理，就不要有私欲。

儒文化的节欲思想是非常有用的身心保健智慧。古今中外无数事例表明，功名利禄等外物容易导致人迷失自己的本性，对它们的过分欲求乃至贪求会使人丧失理智、变痴变傻，心里纠结想不开，情绪不稳定，很容易产生焦虑、抑郁、苦闷、过分激动或兴奋等情绪，影响人的身心健康。因此，人要使身心健康，增进身心健康水平，就要清心寡欲。这与当今的积极心理学一致。现今的心理学研究表明，消极情绪很容易干扰大脑的积极活动，

[1] 忿懥指愤怒、生气、不满、怨恨等情绪。

使人的思维不清晰。比如，激动起来非常激动、悲伤起来非常悲伤等，人就容易受情绪左右。如此，情绪不仅不会起到积极作用，而且会起到消极作用，使人们不能冷静地对当前情况进行分析，注意力范围变窄，意识变得狭隘，判断力、理解力降低，思维受到阻碍，甚至中断。所以，在日常生活中，若要让人做出冲动的举动，让他认识不清问题，最为有效的办法就是刺激他，让他产生强烈的消极情绪。相反，积极情绪则能促进脑内血液的循环，刺激或激发神经细胞兴奋，进而促进大脑神经的联通。以前联系不通或没有暂时神经联系的，也会由于兴奋而突然接通，使人头脑活跃，思路开阔，思维敏捷，迅速高效地解决问题。概言之，积极情绪是一种动力激发机制，可使大脑处于最佳活动状态，把人的潜能激发出来并使之得到充分发挥，智力活动效率高。

参考文献

一、论文

常晨，陈玉苗.孔子的和而不同思想及其现代价值 [J].才智，2009（11）：207-208.

常瑞华，王苗苗，相青.人格对工作满意度的影响：心流的中介效应和调节效应 [J].中国健康心理学杂志，2016，24（3）：393-396.

陈鼓应.道家在先秦哲学史上的主干地位（下篇）[J].中国文化研究，1995(3)：1-10+4+11.

陈鼓应.《庄子》内篇的心学 (下)：开放的心灵与审美的心境 [J].哲学研究,2009(2)：25-35+68.

程旺.论儒家的"困境智慧"[J].孔子研究，2014（1）：24-33.

储朝晖.探析孔子之"心"[J].北京大学教育评论，2004（1）：95-98.

单虹泽.论中国哲学体用关系的发展历程 [J].衡水学院学报，2018（4）：100-105.

复旦大学哲学学院.中国传统儒家思想与 21 世纪 [J].国际学术动态，2010（6）：13-15.

高志强 . 生生：儒家超越死亡焦虑的根本路径 [J]. 心理学探新，2019，39（2）：
　　109-113.

何彦彤 . 王阳明 "忠恕一贯" 思想探赜 [J]. 武汉理工大学学报（社会科学版），
　　2019，32（1）：121-126.

金富平 . 论 "仁者，浑然与物同体"：儒家仁德思想对生态伦理研究的启示 [J].
　　南京林业大学学报（人文社会科学版），2010（4）：14-18.

荆其诚 . 英国、法国心理学概况 [J]. 心理学报，1981，13（4）：454-458.

荆世华 . "教人求真" "学做真人"：浅议陶行知的德育思想 [J]. 教育理论
　　与实践 . 1991（3）：39-44.

景怀斌 . 儒家式应对思想及其对心理健康的影响 [J]. 心理学报 .2006，33
　　（1）：126-134.

乐国安，沈杰 . 潘菽：中国当代心理学的重要奠基人 [J]. 南京大学学报（哲
　　学·人文科学·社会科学），1996（1）：37-42.

李炳全，胡海建 . 文化心理学论有效教学条件 [J]. 肇庆学院学报，2011（4）：
　　65-68.

李炳全，杨慧，张旭东 . 六祖惠能的积极心理学思想蕴涵 [J]. 心理学探新，
　　2020，40（1）：14-17.

李炳全，叶浩生 . 文化心理学的基本内涵辨析 [J]. 心理科学，2004，29（1）：
　　62-65.

李炳全，张旭东，叶枝青 . "心" 的本体性、根本性与前在性 [J]. 苏州大学
　　学报（教育科学版）. 2018，6（2）：95-102.

李炳全，张旭东 . 惠能 "心量广大" 的文化心理学解读 [J]. 心理学探新，
　　2021，41（1）：3-7.

李炳全，张旭东 . 惠能的 "心" 之本体论思想及其心理学理论价值 [J]. 南京
　　师大学报（社会科学版），2019（3）：70-79.

李炳全，张旭东 . 主体性建构：中国传统心学的积极心理思想论析 [J]. 南京

师大学报 (社会科学版), 2021（5）：75–83.

李炳全，周莹，梁琰 . 中国文化心理学视界下的音乐实质探究 [J]. 心理学探新，2017，37（1）：8–11.

李洪卫 . 孔子论 "直" 与儒家心性思想的发端：也从父子 "互隐" 谈起 [J]. 河北学刊，2010，30（2）：227–231.

李景林 . 二程心性论之异同与儒学精神 [J]. 中州学刊，1991（3）：53–60

李诗男 . "儒术" 与 "奴术"：鲁迅《儒术》与胡适《说儒》思想之论析 [J]. 文学与诗学，2021（2）：206–221.

梁山 . 浅析孟子养心论 [J]. 华夏文化，2016（4）：61–64.

刘昌 . 道的体验：论作为体验心理学的中国传统心理学 [J]. 南京师大学报（社会科学版），2021（5）：66–74.

刘昌 . 论作为人文科学的体验心理学 [J]. 南京师大学报（社会科学版），2022（4）：70–78.

刘传广 . 哲学的智慧 [J]，民主与科学，2007（3）：38–39.

罗羽，张慧兰 . 国内外死亡教育发展现状分析与展望 [J]. 护理管理杂志，2018，18（3）：175–179+184.

马莉岩 . 基于心理和谐理论的个体需要特征研究 [J]. 科技风，2009（5）：104.

钱耕森 . 儒学在 21 世纪给人们的启迪 [J]. 学术界，2000（2）：187–195.

任俊，施静，马甜语 . Flow 研究概述 [J]. 心理科学进展，2009，17（1）：210–217.

沈顺福，WEI G Y . 圣学即心学：儒家哲学史的心学进程 [J]. 孔学堂，2022，9(1)：48–60+150–161.

唐琳 . 荀子的知 "道" 心与养心 [J]. 理论月刊，2012（4）：52–54.

汪凤炎 . 刍议中国文化心理学 [J]. 赣南师范学院学报，2003（2）：29–35.

王青 . "大众文化" 对文化的解构：法兰克福学派大众文化批判理论新解读 [J].

齐鲁学刊，2013（2）：77-81.

王诗语. 海德格尔与庄子关于人与世界关系观点的联系与区别 [J]. 西部学刊，2020（14）：139-142.

肖雁. 荀子德论研究 [J]. 管子学刊，2002（4）：31-35.

许纪霖. 外圆内方：近代中国知识分子的双重人格 [J]. 社会科学研究，1987（5）：58-63.

杨国枢：心理学研究的本土契合性及其相关问题 [J]. 本土心理学研究，1997（8）：75-120.

杨少涵. 论孔子的"心学" [J]. 江淮论坛，2010（4）：70-75.

杨文登，叶浩生. 荆其诚的国际心理学思想与实践 [J]. 心理学报，2009，41（9）：902-910.

杨鑫辉，汪凤炎，赵凯. 论潘菽"建立有中国特色的心理学思想" [J]. 心理学动态，1997，5（3）：46-52+69.

于月洁，栾奕. 德育是素质教育的灵魂 [J]. 理论导刊. 2001（7）：53-54.

臧宏. 说《论语》中的"知" [J]. 安徽师范大学学报（人文社会科学版），2020，48（2）：54-64.

张岱年.《周易》与传统文化 [J]. 周易研究. 1991（1）：5-7.

张岱年. 传统文化之我见 [J]. 人民论坛. 1998（6）：50.

张岱年. 中国传统文化的分析 [J]. 理论月刊. 1986（7）：34-39.

张海晏. 中国文化"和"的精神 [J]. 资治文摘（管理版），2009（1）：114.

张敏，刘发生. 论和谐心理状态的结构 [J]. 企业家天地（下半月刊），2009（10）：231-232.

张庆松. 中希古代神之人性差异比较 [J]. 学理论，2009（5）：34-35+3.

赵卫东. 儒家文化根源性探析 [J]. 东岳论丛. 2020，41（10）：38-43.

赵卫东. 儒家文化与中国人的生命底色 [J]. 孔子研究，2019（3）：24-32.

郑开.道家心性论研究 [J].哲学研究.2003（8）.80-86.

朱翔飞.孔子与《易传》：论儒家形而上学体系的建立 [J].周易研究，2002
　　（1）：19-27.

二、著作

阿雷恩·鲍尔德温，布莱恩·朗赫斯特，斯考特·麦克拉肯，等.文化研
　　究导论 [M]，陶东风，译.北京：高等教育出版社，2004：4-7.

车文博.中外心理学比较思想史：第三卷 [M].上海：上海教育出版社，
　　2009：526-530.

陈鼓应.道家文化研究第三辑 [M].上海：上海古籍出版社，1993：1-6.

傅小兰.荆其诚心理学文选 [M].北京：人民教育出版社，2006：145-153.

高晨阳.中国传统思维方式研究 [M].济南：山东大学出版社，2000：69.

胡适.说儒 [M]// 牛其贞.胡适论学近著：第一集.济南：山东人民出版社，
　　1998.

黄光国.知识与行动 [M].台北：心理出版社，1998：1-164.

贾题韬.贾题韬讲《坛经》[M].上海：上海古籍出版社，2011：209.

李炳全，杨威.大学生逆商培养理论与实践研究 [M].北京：中国书籍出版社，
　　2019：6-59.

李炳全，张丽玲.人际关系心理学 [M].北京：科学出版社，2017：158-
　　160.

李鹏程.当代文化哲学沉思 [M].北京：人民出版社，1994：36.

李益荣.社会和谐论 [M].太原：山西人民出版社，2006：64-75.

李约瑟.文明的滴定：东西方的科学与社会 [M].张卜天，译.北京：商务
　　印书馆，2016：9-13.

米哈里·契克森米哈赖.心流：最优体验心理学 [M].张定绮，译.北京：
　　中信出版集团，2017：1-6.

钱穆．民族与文化 [M]．香港：新亚书院，1962：5-7.

沙莲香．传播学 [M]．北京：中国人民大学出版社，1990：59.

唐君毅．中国哲学原论 [M]．北京：中国社会科学出版社，2005：79.

万明钢．文化视野中的人类行为：跨文化心理学导论 [M]．兰州：甘肃文化出版社，1996：7.

汪凤炎，郑红．中国文化心理学 [M]．广州：暨南大学出版社，2004：83-84.

汪凤炎．中国文化心理学新论：上册 [M]．上海：上海教育出版社，2019：1-320.

王国猛，徐华年．朱熹理学与陆九渊心学 [M]．成都：西南交通大学出版社，2006：1-20.

沃尔特·米勒．这是我的错 [M]．李征途，译．长春：吉林文史出版社，2004：1-64.

习近平．习近平谈治国理政：第二卷 [M]．北京：外文出版社，2017：126-127.

向世陵．中国哲学智慧 [M]．3 版．北京：中国人民大学出版社，2013：1-20.

许苏民．文化哲学 [M]．上海：上海人民出版社，1990：110-118.

杨启光．文化哲学导论 [M]．广州：暨南大学出版社，1999：20-123.

叶浩生．西方心理学的历史与体系 [M]．2 版．北京：人民教育出版社，2014：362.

曾仕强．圆通的人际关系 [M]．北京：北京大学出版社，2008.

章太炎．原儒 [C]// 章太炎全集：第一辑·太炎文录初编．上海：上海人民出版社，2014.

郑雪．积极心理学 [M]．北京：北京师范大学出版社，2014：9.

周晓虹．现代社会心理学：多维视野中的社会行为研究 [M]．上海：上海人民出版社，1997：59-63.

朱为鸿，李炳全．大学文化视域的书院制理论建构 [M]．北京：高等教育出版社，2013：5-12．

三、学位论文

彭维．生命意义感对大学生无聊倾向性的影响 [D]．南京：南京师范大学，2012．

张晓旭．高觉敷心理学思想研究 [D]．南京：南京师范大学，2010．

四、古籍

班固．白虎通义 [EB/OL]．[2021-07-08]．https://www.xmedu.net.cn/guoxue/guji/859.html.

班固．汉书 [EB/OL]．[2022-12-16]．https://gj.zdic.net/archive.php?aid-763.html.

陈寿．三国志 [EB/OL]．[2012-08-09]．https://www.shicimingju.com/book/sanguozhi.html.

陈淳．北溪大全集 [EB/OL]．[2023-07-07]．https://www.zhonghuadiancang.com/leishuwenji/beixidaquanji/.

范晔．后汉书 [EB/OL]．[2023-03-16]．http://guoxue.lishichunqiu.com/shibu/houhanshu/.

公羊高．春秋公羊传 [EB/OL]．[2012-08-09]．http://www.guoxuemeng.com/guoxue/gongyangzhuan/.

穀梁赤．春秋穀梁传 [EB/OL]．[2012-08-09]．https://gj.zdic.net/archive.php?aid-2447.html.

桓宽．盐铁论 [EB/OL]．[2021-05-26]．https://www.zggdwx.com/yantie.html.

皇甫谧．针灸甲乙经 [EB/OL]．[2022-04-09]．http://www.quanxue.cn/CT_ZhongYi/JiaYiIndex.html.

黄帝内经 [EB/OL]．[2022-07-09]．http://book.sbkk8.com/gudai/gudaiyishu/

huangdinajing/.

黄宗羲. 宋元学案 [EB/OL]. [2022-12-01]. https://www.zhonghuadiancang. com/leishuwenji/songyuanxuean/.

孔颖达. 左传正义 [EB/OL]. [2021-06-12]. http://www.guoxue123. com/jinbu/ssj/ zz/.

老子. 道德经 [EB/OL]. [2022-01-07]. https://www.daodejing.org/.

黎靖德. 朱子语类 [EB/OL]. [2019-02-14]. http://guoxue.lishichunqiu.com/ zibu/zhuziyulei/.

林逋. 省心录 [EB/OL]. [2019-02-14]. https://www.sohu.com/a/294630807_100110703.

刘安. 淮南子 [EB/OL]. （2012-07-22）[2012-05-22]. http://www.guoxue. com/?book=huainanzi.

刘宝楠. 论语正义 [M]. 北京：中华书局，1990.

罗大经. 鹤林玉露 [EB/OL]. [2021-07-09]. http://www.guoxue123. com/zhibu/0301/ 03hlyl/index.htm.

墨子 [EB/OL]. [2012-08-09]. http://www.guoxue.com/?book=mozi.

欧阳修. 欧阳修全集 [EB/OL]. [2022-10-19]. http://t.icesmall.cn/bookDir/1/174/0. html.

尚书 [EB/OL]. [2021-02-26]. https://www.gushicimingju.com/dianji/ shangshu/.

邵雍. 皇极经世 [EB/OL]. [2021-11-14]. http://www.guoxuemeng.com/guoxue/ huangjijingshishu/.

司马迁. 史记 [EB/OL]. [2021-04-28]. http://www.guoxuemeng.com/ guoxue/shiji/.

宋史·赵普传 [EB/OL]. [2021-07-09].http://www.5156edu.com/html/z3257m2527 j698. html.

苏洵. 心术 [EB/OL]. [2021-06-13]. https://so.gushiwen.cn/shiwenv_ed48228ffc82. aspx.

王畿. 王龙溪先生全集 [EB/OL]. [2020-11-20].https://www.zhonghuadiancang.

com/leishuwenji/wanglongxixianshengquanji/.

王守仁. 王阳明全集 [M]. 吴光等编校. 上海：上海古籍出版社，1992.

王阳明. 传习录 [EB/OL]. [2022–04–22]. http://book.sbkk8.com/gudai/chuanxilu/.

王阳明全集 [EB/OL]. [2021–07–09]. http://book.sbkk8.com/gudai/wangyangmingquanji/.

吴兢. 贞观政要 [EB/OL]. [2021–06–13]. http://book.sbkk8.com/gudai/zhenguanzhengyao/.

薛居正. 势胜学 [EB/OL]. [2019–08–15]. https://www.51kxg.com/archives/6753.

荀子 [EB/OL]. [2021–07–08]. http://www.guoxue.com/?book=xunzi.

颜师古. 汉书颜师古注 [EB/OL]. [2023–03–13]. http://ab.newdu.com/book/
    b2056.html.

颜之推. 颜氏家训 [EB/OL]. [2021–07–08]. https://www.gushiwen.cn/guwen/yanshi.aspx.

扬雄. 扬子法言 [EB/OL]. [2022–11–04]. https://guoxue.httpcn.com/book/b4ee3
    417c47f4642a95693aeb0b00104/.

曾国藩. 曾国藩家书 [EB/OL]. [2021–04–28]. https://www.yiyiwenku.com/
    zengguofanjiashu/.

张载. 正蒙 [EB/OL]. [2019–12–15]. http://www.360doc.com/content/19/1215/14/
    5950366_879885439. shtml.

赵善璙. 自警篇 [EB/OL]. [2021–07–07]. https://www.zhonghuadiancang.
    com/rulizhexue/zijingpian/.

郑玄注，孔颖达疏. 礼记正义 [EB/OL]. [2021–07–08]. http://www.guoxue123.
    com/ jinbu/ssj/lj/index.htm.

周敦颐. 通书 [EB/OL]. [2021–03–23]. https://zhuanlan.zhihu.com/p/359228168.

周公旦. 周礼 [EB/OL]. [2021–07–28]. https://www.gushiwen.cn/guwen/zhouli.aspx.

周易 [EB/OL]. [2021–04–28]. http://www.guoxue.com/?book =zhouyi.

朱熹. 大学章句集注 [EB/OL]. [2021–05–11]. http://www.guoxue123.com/
    jinbu/0401/0000/001.htm.

朱熹. 论语集注 [EB/OL]. [2021–07–05]. http://www.guoxue123. com/jinbu/0401/

01lyjz/index.htm.

朱熹.孟子集注[EB/OL].[2022-12-01].http://www.guoxue123.com/jinbu/0401/01mzjz/index.htm.

朱熹.仁说[EB/OL].[2019-10-09].http://www.360doc.com/content/19/1009/21/659789_865804544.shtml.

朱熹.朱子语类[EB/OL].[2022-12-01].http://guoxue.lishichunqiu.com/zibu/zhuziyulei/.

左丘明.春秋左传[EB/OL].[2012-08-09].http://guoxue.httpcn.com/book/chunqiu/.

左丘明.国语[EB/OL].[2022-11-01].https://gj.zdic.net/archive.php?aid-804.html.

五、网络文献

360百科.奉献精神[EB/OL].（2022-12-29）[2023-05-25].https://baike.so.com/doc/5412108-5650233.html.

39健康网.养生先养心 心平则寿长[EB/OL].[2007-09-10].http://cm.39.net/079/10/123406.html..

百度网.中国人为什么不需要上帝："阴阳"思维与古代中国人的信仰[EB/OL].[2020-08-08].https://baijiahao.baidu.com/s?id=1674439562123295979&wfr=spider&for=pc.

道客巴巴网.俞敏洪浙江大学演讲稿：在绝望中寻找希望[EB/OL].（2012-12-22）[2022-9-22].http://www.doc88.com/p-900285402595.html.

冯友兰.原儒墨[EB/OL].[2013-03-22].https://www.docin.com/p-619753792.html.

顾明远.教育该如何立德树人[EB/OL].（2014-05-22）[2022-07-22].

http://edu.people.com.cn/n/2014/0522/c1006-25048587.html.

鲁迅.中国人失掉自信力了吗？[EB/OL].（2009-11-04）[2022-05-04]. http://www.5156edu.com/page/09-11-04/50693.html.

人民网.今天,为何要提"核心素养"？（深聚焦）[EB/OL].（2016-10-13）[2022-9-22]. http://edu.people.com.cn/n1/2016/1013/c1006-28773930.html.

人民网.习近平：在哲学社会科学工作座谈会上的讲话[EB/OL].（2016-05-18）[2022-8-15]. http://politics.people.com.cn/n1/2016/0518/c1024-28361421-3.html.

人民网.胡锦涛在中国共产党第十八次全国代表大会上的报告[EB/OL].（2012-11-08）[2022-12-08]. http://cpc.people.com.cn/n/2012/1118/c64094-19612151.html.

搜狐网.中国如今有多强大？英国专家研究20年：中国人将团结印在骨子里[EB/OL].（2019-12-05）[2022-12-18]. https://www.sohu.com/a/358452087_120269993.

王凯.商道：论道迪斯尼之一：不是冤家不聚头[EB/OL].（2009-08-29）[2022-11-29]. http://news.sohu.com/20090829/n266310266.shtml.

新华网.习近平：在庆祝中国共产党成立100周年大会上的讲话[EB/OL].（2021-07-15）[2022-9-15]. http://www.xinhuanet.com/2021-07-15/c_1127658385.htm?ivk_sa=1023197a.

新华网.习近平在清华大学考察时强调 坚持中国特色世界一流大学建设目标方向 为服务国家富强民族复兴人民幸福贡献力量[EB/OL].（2021-04-19）[2022-09-19]. http://www.xinhuanet.com/politics/2021-04-19/c_1127348921.htm.

秀水拖蓝.内用黄老,外示儒术[EB/OL].[2012-08-13]. http://www.360doc.com/content/12/0813/03/5079158_229859586.shtml.

央视网．立德树人，为民族复兴提供人才支撑：学习贯彻习近平总书记在全国
高校思想政治工作会议重要讲话 [EB/OL]．（2016-12-08）[2022-09-08].
http://news.cctv.com/2016/12/08/ARTIDajATUy6TXqJPWq19Fj6161208.
shtml.

张学新．回声论证：科学有可能解释意识吗？ [EB/OL]．（2014-02-27）
[2022-07-21]. https://www.docin.com/p-771042855.html.

赵新法．立德树人：教育的根本任务 [EB/OL]．（2012-12-03）[2022-07-21].
http://dangjian.people.com.cn/n/2012/1203/c117092-19773912.html.

中国政府网．习近平：决胜全面建成小康社会 夺取新时代中国特色社会
主义伟大胜利：在中国共产党第十九次全国代表大会上的报告 [EB/OL].
（2017-10-27）[2022-07-21]. http://www.gov.cn/zhuanti/2017-10-27/
content_5234876.htm.

中国政府网．中共中央国务院印发新时代公民道德建设实施纲要 [EB/OL].
（2019-10-27）[2022-07-21]. http://www.gov.cn/zhengce/2019-10-27/
content_5445556.htm.

中央政府门户网站．教育部印发完善中华优秀传统文化教育指导纲要[EB/OL].
（2014-04-01）[2022-07-21]. http://www.gov.cn/xinwen/2014-04-01/
content_2651154.htm.

六、报纸

潘菽：我国现代心理学的奠基人之一 [N]. 光明日报，2006-09-06.

石国兴，高志文．心理和谐结构探析 [N]. 光明日报，2007-07-19.

孙伟．孔子的心性理论 [N]. 中国社会科学报，2018-05-22.

七、工具书

古代汉语词典编写组．古代汉语词典 [M]. 北京：商务印书馆，1998.

黄希庭 . 简明心理学辞典 [M]. 合肥：安徽人民出版社，2004.

中国社会科学院语言研究所词典编辑室 . 现代汉语词典 [M]. 5 版 . 北京：商务印书馆，2005.

八、外文文献

CHENG J Q, LAN F X. Modern Chinese Psychology: Its Indigenous Roots and International Influences[J]. International Journal of Psychology，2001，36：408–411.

CHENG J Q. Psychology and the Four modernization in China[J]. International Journal of Psychology，1984, 9：57–63.

CHENG J Q. Psychology in China[C]// CRAIGHEAD W E, NEMEROFF C E. International Handbook of Psychology. London: Sage, 2001: 570–584.

GEERTZ C. From the native's point of view: On the nature of anthropological understanding[M]// SHWEDER R A, LEVINE R A. Culture theory. Cambridge: Cambridge University Press, 1984.

HARRIS M, JOHNSON O. Culture Anthropology[M]. Allyn & Bacon: A Person Education Company, 2000：256.

KASA M, HASSAN Z. Antecedent and Consequences of Flow: Lessons for Developing Human Resources[J].Procedia–Social and Behavioral Sciences, 2013, 97: 209–213.

KIM U. Culture, Science, and Indigenous Psychology[C]// MATSUMOTO D. The handbook of culture & psychology. New York: Oxford University Press, 2001.

LAZEAR E P. The Peter Principle：Promotions and declining productivity[J]. Journal of Political Economy，2004,112(S1)：141– 163.

LEE J, SUM S. Clinical psychology and culture[C]// MATSUMOTO D. The

handbook of culture & psychology. New York: Oxford University Press, 2001.

LI B Q, DU H X. On Confucian Thoughts on Mortality Anxiety Management[J]. International Journal of Humanities and Social Science, 2020, 7(4): 97– 102.

LI B Q, DU H X. The Roots of Chinese Cultural Psychology that China Cope With COVID–19 Disease[J]. Advances in Social Sciences Research Journal, 2020, 7(7): 872–881.

MACKAY N. Psychotherapy and the idea of meaning[J]. Theory & Psychology, 2003, 13(3): 359–386.

MATTENS F. Perception, body, and the sense of touch: Phenomenology and philosophy of mind[J]. Husserl Studies, 2009, 25(2): 97–120.

MCNAMEE S. Bridging incommensurate discourses[J]. Theory & Psychology, 2003, 13(3): 387–396.

NEEDHAM J. Clerks and Craftsman in China and the West: Lectures and Addresses on the History of Science and Technology[M]. Cambridge: Cambridge University Press, 1970: 1–10.

NEEDHAM J. Grand Titration: Science and Society in East and West. Torento: George Allen & Unwin Ltd., 1969: 8–11.

PENG K, AMES D R, KNOWLES E D. Culture and human inference[C]// MATSUMOTO D. The handbook of culture & psychology. New York: Oxford University Press, 2001: 246–247.

PETER L J, HULL R. The Peter Principles: Why things always go wrong[M]. New York：William Morrow & Company, 1969.

PLUCHINO A, RAPISARDA A, Garofolo C. The Peter Principle Revisited：A Computational Study [J]. Physica A，2010, 389(3)：467–472.

SHWEDER R A. Cultural psychology: what is it?[M]. New York: Cambridge University Press, 1993a: 3.

SHWEDER R A. Cultural Psychology: Who needs it?[J]. Annu. Rev. Psychol., 1993b, 44:506.

TAYLOR J H. Physicalism and phenomenal concepts: Bringing ontology and philosophy of mind together[J]. Philosophia, 2013, 41(4): 1283–1297.